逐梦边城

向祎 ◎ 著

湖南师范大学出版社

图书在版编目（CIP）数据

逐梦边城／向祎著 . --长沙：湖南师范大学出版社，2017. 9
ISBN 978 - 7 - 5648 - 3009 - 0

Ⅰ.①逐⋯　Ⅱ.①向⋯　Ⅲ.①高中 - 学校管理 - 研究 - 湘西土家族苗族
自治州　Ⅳ.①G637

中国版本图书馆 CIP 数据核字（2017）第 246505 号

逐 梦 边 城
Zhumeng Biancheng

向　祎　著

◇组稿编辑：李　阳
◇责任编辑：李红霞　廖小刚
◇责任校对：赵婧男
◇出版发行：湖南师范大学出版社
　　　　　　地址/长沙市岳麓山　邮编/410081
　　　　　　电话/0731 - 88873071　88873070　传真/0731 - 88872636
　　　　　　网址/http：//press. hunnu. edu. cn
◇经销：新华书店
◇印刷：河北浩润印刷有限公司

◇开本：710mm×1000mm　1/16
◇印张：20. 5
◇字数：368 千字
◇版次：2017 年 9 月第 1 版
◇印次：2024 年 9 月第 2 次印刷
◇书号：ISBN 978 - 7 - 5648 - 3009 - 0
◇定价：68. 00 元

凡购本书，如有缺页、倒页、脱页，由本社发行部调换。
投稿热线：0731 - 88872256　13975805626　QQ：1349748847

自序

边城十年教育梦

　　作为教育工作者，我和大家一样，有一种情怀，有一个梦想，愿把自己一生精力奉献给教育事业。来边城高级中学（人们简称为边高）执教、执事，寻求自己的梦，也算是逐梦。今天，回头看看一晃十二年的梦境，看看边城高级中学自2005年兴建以来的办学足迹，我乐于同大家分享其中的艰辛与快乐，还有困惑……

十二年来，我和边高做了些什么

　　2005—2006学年度为"科学奠基年"。以机制建设为重心，实现教师的大融合，初成《边城高级中学治校典章》，制订了学校"一五"规划。

　　2006—2007学年度为"规范管理年"。以申报湘西自治州示范性普通高级中学为重心，规范办学行为，实施素质教育，提升办学品位，实现湘西自治州示范性高中挂牌。

　　2007—2008学年度为"课改探究年"。响应全省普及实施新课程的号召，认真贯彻新课程理念，积极探究课堂教学改革的有效模式。

　　2008—2009学年度为"质量提升年"。以推进和深化新课程改革为重心，总结"471"学习策略和"525"德育工程，稳步提升教育教学质量。

　　2009—2010学年度为"创建迎检年"。围绕创建湖南省示范性普通高级中学的目标，有效规范办学行为，彰显办学特色，顺利通过湖南省示范性普通高级中学的评估。

　　2010—2011学年度为"整改提高年"。进一步深化改革，优化管理，规范办学，打造特色，实现湖南省示范性普通高级中学挂牌。制定"二五"规划，成功创建湖南省现代教育技术实验学校和湖南省文明单位。

　　2011—2012学年度为"精细管理年"。改革教师任用制度，健全评教机制，深入推进课堂教学改革，努力增强学校核心竞争力，成为全国高中课程改革联盟发起学校之一。

2012—2013 学年度为"作风建设年"。以提升执行力为核心，大力加强作风建设，锻造素质优良、有战斗力的教师队伍，确保学校的可持续发展。

2013—2014 学年度为"文化建设年"。推进民族文化进校园，以龙狮、苗鼓、蚩尤拳等为载体，着力加强校园文化建设，筹建国际部，努力培养"世界的边城人"。

2014—2015 学年度为"庆典总结年"。学校坚持"人本"发展观，坚持培养"世界的边城人"，全面推行素质教育，教学质量和办学水平实现新提高。

2015—2016 学年度为"开放创新年"。加大办学开放创新力度，加强数字校园建设，引进专业培训机构协同艺术教学，承办全国高中化学微课暨名师工作室建设边城论坛和湖南省中学生田径赛，获评为湖南省体育传统项目学校。

2016—2017 学年度为"深化改革年"。依据教育发展供给侧改革理论，对学校办学管理、体制机制、队伍建设、课堂教学进行了一系列的深化改革。正式出版教学和管理的系列校本教材，开设日语小语种教学，增建艺体综合楼等三栋校舍。

三个五年规划，我是怎么做的

2005 年制定的《边城高级中学办学章程》规定：学校办学理念为"以人为本、素质为宗"。2013 年提出培养"世界的边城人"的办学目标，是办学理念的个性化表述。我们的办学理念的形成过程可以简单地概括为从"尊重教育共性"出发，到"兼顾学校个性"。学校每个五年发展规划时期，我具体是怎样做的呢？

1. "一五"规划（2006—2010 年）时期，解决温饱型教育

走进边城，促成教师大融合。面向全国招聘来自 8 个省的 260 多名教职工，在教学、教研、管理以及生活等方面和谐融合；要留住教师，要发展教师，要提高教师幸福指数。

实现学生大转变。对于大面积"德困生"，急需培养其良好的行为习惯，培养其纪律意识、公民责任等，以期立行修品，立德树人；对于大面积学困生，要追求"低进高出"，尽快改变本土生源大量外流状况；对于大面积贫困生，给予大力资助，不让一个学生因经济困难而辍学。

推进学校大提升。边高没有历史，没有积淀，从零开始。创建湘西自治

州示范性高中，创建湖南省示范性高中，创建全国民族中学示范学校，一步一步，踏踏实实，我们全部实现了。

2. "二五"规划（2011—2015年）时期，探索个性化教育

花大气力在德育、教研和民族文化等方面努力探索创新，进而形成特色。

（1）生成学生德育特色——"525"德育课程等。

力争实现每个学生有爱好、有特长、有个性。学校、家庭、社会三位一体共同参与学生思想品德教育。

（2）生成教研教改特色——"471"学习策略等。

自"一五"后半个时期至"二五"初期的探索实践，形成"为学而教"的教学理念，生成"八环节""三落实"教学策略、"471"学习策略、激情课堂等成果，承担省级以上30多个相关课题研究并结题，教师发表论文300余篇。

（3）创民族文化特色，实现民族文化进校园等。

积极探索推行"先行先试"的办学新举措，经过十年的探索与实践，形成了独具一格的艺体办学特色，积极推进龙狮、苗鼓、苗拳、苗绣等民族文化进校园，编撰校本教材，开设校本课程，实现了文化教育与艺术、体育教育的完美结合，为广大学子构筑了多元发展的成才之路。"二五"期间，学校被评为"湖南省非物质文化遗产（蚩尤拳）传承学校""湖南省勤工俭学劳动实践基地""湖南省体育传统项目学校""全国青少年校园足球特色学校"。

3. "三五"（2016—2020年）规划时期，提炼个性化理念

在学校"一五""二五"发展探索的基础上，十年校庆之后，学校在"三五"之初，逐步明确并坚定立足于培养"世界的边城人"的办学理念，戮力办好人民满意的教育。

办人民满意的教育，我从三个层面谋划近期发展目标。一是校园环境建设，致力建设生态绿色、安全文明、全息数智、多元开放的现代校园。二是师资队伍建设，戮力打造爱国守法、爱生敬业、博学善研、开拓进取的教师队伍。三是学生素质培养，倾力培养身心健康、德才兼备、智能并优、复合创新的建设型人才。

而培养"世界的边城人"也正是我们办学理念的个性化的新表述，其内涵，有这样的阐释：

一是具有世界胸怀，开阔环球视野，即具有开放精神。

二是弘扬民族文化，永葆民族本色，即传承民族特色。

三是推进民族发展，促进世界繁荣，即有作为的建设型人才。

这就要求学校给予孩子最宝贵的财富——健康、幸福和担当精神。

健康——身体健康，习惯健康，心理健康。

幸福——有受人尊重、受人赏识、和睦友爱的人际关系，有享受优质教育、学有所好、好即乐学的学习机会，有勇于进取、乐于奉献、不诱于名利的幸福心理。

担当——做一个能够自理、自立、自律的人，做一个有家庭责任感的人，做一个有社会责任感的人，对家庭、对社会、对民族、对国家有所奉献。

下一步，我是怎么设想的

第一，继续弹好特色办学的"三弦琴"。按照学校"三五"规划之规定，除了教师队伍建设、精细化管理、信息化发展等手段之外，我们将继续在德育、教研和民族文化建设三方面打造学校特色，弹好三根弦。

第一根弦，学生德育。要将前面的成果进一步系统化、校本化，要将学生校园实践活动进一步规范和深入，要将湖南省勤工俭学劳动实践基地的管理上档次。

第二根弦，教研教改。深入推进激情课堂、高效课堂；对新常态、新高考，对选科走班，对职业规划等新问题要未雨绸缪。

第三根弦，民族文化。新建艺体综合大楼，扩大专业生规模；深入推进民族文化进校园和校园足球运动；筹划游泳馆等工程。

第二，开辟合作办学的多种渠道。探索并规范国际部、小语种教学；加强与高校自主招生、开设大学先修课程的合作；加强与初中生源学校的教育教学探究协作；加强与中职、高职学校的合作，进一步强化教育的实践功能。

以上是我对边城高级中学办学理念的探索和教学管理实践的总结与展望，由此，我从我与边高办学设计、努力实践、自身总结到社会评价等方面，集成我的《逐梦边城》，以求从中发现边城高级中学发展壮大的轨迹，指导我前行。今亦以此奉献给我的同事。

是为自序。

向　祎

2017 年 8 月

目 录

第三部分 | 总结评价篇

第一部分

设 计 篇

培养世界的边城人

——对边城高级中学高中教育的思考与践行

湖南省花垣县是沈从文小说《边城》的故事原型所在地，因而雅称"边城"。花垣县委、县政府征地 300 余亩、斥资近 2 亿元，于 2005 年建成了一所公立普通高级中学——边城高级中学，奏响了振兴民族教育的奋进凯歌。学校保持 60 个教学班、3000 余名在校生的规模，其中少数民族学生近 90%。学校全面推行素质教育，坚持"以人为本，素质为宗"的办学理念，实现了民族教育的跨越式发展。

边城高级中学的办学目标浓缩为一句话，即"培养世界的边城人"——具有民族情怀和国际视野、具备从边城走向世界的知识和能力、能够弘扬民族文化并融入时代潮流的新一代边城人。本文试从培养"世界的边城人"的由来、奋斗途径及未来展望三个方面阐释边城高级中学对高中教育的思考与践行。

一、培养"世界的边城人"的由来

（一）源于对本世纪前的边城历史纵深思考

1. 地域的不便与封闭

花垣县位于湘西自治州西北部，处云贵高原东缘，平均海拔五百米。这里交通闭塞，古代大宗物资进出基本靠窄险河道的水运，运输量有限。《永绥厅志》载：永绥至辰州，滩险 162 公里，滩险 87 处，而陆地交通极不发达。自元代置土司和清代镇三苗，营道、烟道、盐道等，发展缓慢。直到本世纪初，花垣县境内仅有 319 和 209 两条在县城边交汇的国道陆路运输动脉。地域的闭塞，导致文化近亲繁衍的封闭性。

2. 经济的滞后与开发

花垣土地资源虽丰富，但相对贫瘠；矿产资源丰富，但潜藏污染危害；水能资源丰富，但开发难度较大；森林覆盖率高、生物资源丰富、生态保持较好，但自然灾害也不少。加上基础建设落后、农业现代化整体水平不高，导致农业落后，其他产业更是萎靡，属于典型的老少边穷的国家级贫困县。

从"改土归流"时汉族移民和新技术引入，到"乾嘉苗民起义"后傅鼐实施"苗防屯政"及采取教化措施，到抗战人才迁入大后方，到新中国建立以后的知青下乡、改革开放、西部大开发等，花垣经济往往依赖外力而发展，也折射出其教育滞后与人才匮乏的严峻问题。

3. 民族的矛盾与融合

涿鹿之战后，以蚩尤精神为内核的古苗文化便在长江中游及洞庭流域繁衍。秦汉以后，由于统治者压迫，苗民不断起义并退守西南。清代，花垣是乾嘉苗民起义的策源地，其间民族间禁婚禁商，十分严酷。

纵观历史，涉苗民族矛盾其实是华夏正统文明与少数民族文明之间的碰撞，而每次矛盾冲突之后，都会迎来进一步的大融合。

4. 文化的传承与研究

花垣是苗族聚居区，全县30万人，苗族占77.3%。由于与外界沟通不多，受外来文化渐染甚少，语言、服饰、习俗等至今保持着鲜明的民族特征。苗族原来是有文字的，从"改土归流"禁止习用苗文后，苗文一直没有被恢复。苗族文化长期口传心授，没有系统的文字记载，正面临着传承人流失、文献资料流失、科研项目流失的困境。诚然，苗族文化，亦有精华与糟粕并存的现象，其传承与发展，需要革故鼎新。如苗巫，包括宗教神话、歌舞音乐、哲学及道德等，需要去粗取精，去伪存真。

5. 教育的困境与发展

回顾前一个多世纪，我们可以用"三起三落"来概括花垣民族教育发展。一起一落：乾嘉乱后，注重教化苗区，兴办公私学馆蔚然成风；而后受江山易主、时局割据之影响，渐趋低迷。二起二落：辛亥、五四以来，萌孕的民主科学的新教育；抗日战争时期，国立八中迁入、国立茶峒师范学校兴起，成为花垣近代教育之高峰；战后随着两校拆迁，发展脚步又渐缓，至"文革"而走向教育低迷。三起三落：自改革开放后，教育复苏；至90年代，因制不如人，导致师不如人，生不如人，教育发展趋缓。

（二）源于对本世纪初的边城现状横截解析

1. 本世纪初的花垣经济

世纪之交，花垣摇身变为"东方锰都"。探明的锰矿储量居湖南省之最，全国第二；铅锌矿储量居湖南省第二，全国第三。矿业经济迅猛发展，花垣县经济快速增长，"十一五"时期，全县生产总值超过50亿元，财政总收入突破 7 亿元。其后，花垣县加强矿山整治整合，控制粗放开采，从严治污，适逢国际矿价低迷，矿业发展势头趋缓。其发展趋缓的根本原因在于本地的人才匮乏和科技落后。一些民企，也因知识和技术相差甚远，无法与外界合作，仅能成为普通的融资参与者。

花垣的经济发展不均衡。目前还有相当一部分人没能脱贫。2013 年，习近平总书记在花垣十八洞村村考察，首次提出"精准扶贫"理念，如今十八洞村的扶贫模式已在全国推广，但是花垣县离全面脱贫奔小康，还有一段艰难的路要走，其核心就是教育要扶贫，科技要扶贫。

2. 本世纪初的苗族文化

在汉族文化及西方文化等外来文化的强势融入的过程中，苗族文化逐渐"汉化""西化"。越来越少人会说苗语，一些苗族节日名存实亡，很多民族工艺也是举步维艰。而现代苗学理论基本上是借用汉语或西方的外来语言，始终没有形成自己的理论体系和知识结构，故长期处于文化表达、沟通和解读的"失语"状态。建构一种新型的，苗汉共融，中西合璧，既有时代精神又有传统意蕴的苗族文化体系，显得十分迫切而艰巨。

3. 本世纪初的花垣教育

进入 21 世纪后，花垣教育有了长足进步，但全县基础教育和人口文化素质仍处于全州落后地位。截止到 2010 年，全县具有高中以上文化程度的约 4 万人，文盲 1.3 万多人，文盲率 4.56%（《第六次全国人口普查公报》）。

2005 年建成边城高级中学，花垣县迈开了建设教育强县的第一步。十二年来，花垣县坚持"科教兴县，基础教育优先发展"的战略，形成了"政府主导、部门支持、社会参与"的教育投入模式，逐步改善办学条件，优化办学结构，推进均衡发展，加快教育信息化，全面提升教育教学质量。

但是花垣教育的规模和质量都还有待提高。以 2010 年为例，在规模上，初中在校生 11685 人，而高中在校生 3985 人，其中县内就读 3403 人；在质量上，同年全县三本以上上线 240 人，约占毕业生的 25%；而湘西自治州三本以上的上线率为 56.8%。

另因外地教育优势，每年数以千计的学生选择在外就读，带来不少社会问题。首先，学生成长出现问题。亲情缺位，家教缺失，孩子易受外界不良风气影响。其次，家庭经济负担加重。择校、住宿、交通、生活等费用，每生每年不低于 5 万元。再次，县域经济文化塌方。矿业经济的资本积累大都被转移到外地，人才不愿意回归本土就业。

（三）源于对边城人的时代人文性格的解读

苗民在历史发展中形成了朴实的善恶观（顺天为善、逆天为恶，顺理为善，逆理为恶，顺情为善、逆情为恶）、英雄观（光明正大、性格豪爽、重情重义、意气当先、争强好胜、耻于懦弱）、生活观（勤劳俭朴、助人为乐、追求自由、热爱生活）、忠孝观（尊祖宗、孝父母、忠朋友），同时逐渐铸就了不屈不挠、自强不息、正义勇敢、勤劳朴实、淳朴善良的人文性格。边城人生活在湘鄂川黔边区的武陵山脉间，长期按家族扎寨聚居，一定程度上也积染了民族情结浓、地域观念重、民族意识狭隘的弱点。

现代边城人的人文性格特点如下：

1. 英勇无畏

数百年的湘西匪患，使那种"匪气"在边城人身上扎下了根。这种"匪气"在边城人的心中不是那种蛮横无理、无事生非、欺凌弱小的流氓秉性，而是一种简单、质朴、醇厚的彪悍气派。说直白点就是"人不犯我，我不犯人；人若犯我，我必犯人""人敬我三分，我敬人七分"，也许正是这些简单而直白的做人规范，才酝酿出边城人特有的气质——敢拼、敢打、不怕死。边城人可以为朋友两肋插刀，也会因为一句话不和而聚众斗殴。重情重义、爱憎分明，这就是边城人的"匪气"。

2. 聪明能干

明清以来，大量汉人涌入，当地土著与汉人通婚，大体上没有限制，久而久之，这里既有土著被"汉化"，同时，又有更多的汉人被"土化"。民族间的杂处，后代有较高的智商，已为世人所公认。

3. 纯朴善良

历史上，边城既是苗、侗、土家等少数民族的聚居地，又是湘黔川三省交界区域。新中国成立以来，各省、各民族间和谐相处，共同开发这片土地。在这样的背景下，与人为善，和气生财，成为边城人为人处世的宗旨。

4. 勤劳尚美

在精神文化方面，悠扬的苗歌流淌浪漫的情愫，凸显苗族人民热情大方与能歌善舞。如果说苗族服饰是一种"穿在身上的活的历史"，那么苗族民歌就是"挂在嘴上的活的历史"。这些都彰显勤劳智慧与尚美如流的民族性格。

5. 感恩豪爽

边城人热情好客，团结互助，知恩图报，宁为知己者两肋插刀。

6. 谦卑隐忍

湘西苗族人在受苦受难时，要么是爆发，要么是隐忍。在隐忍中，便表现出湘西苗族人的谦卑本性。

（四）融入世界的边城人应具备的人文素养

当今的边城人需要融入世界，而这些人应具备何种人文素养呢？

1. 崇德与尚法

对"匪气"赋予新的时代内涵，首先必须改良人野蛮的一面，必须弘扬以"仁"为核心的道德观念，在青年一代中建立包括"智、仁、勇"，"恭、宽、信、敏、惠"和"温、良、恭、俭、让"等的道德范畴体系，使他们注重接受共产主义教育和自我道德修养。另一方面，必须树立法制意识、民主意识，不盲从、不迷信，富有责任感。

2. 自主与合作

"匪气"里的诸多正能量因子，其实包含着自主的霸气和合作的和气。新时代边城人必须具备独立自主、自强意识。在决定个人前途命运和参与公众事务时应独立自主，不依赖，不盲从，不畏权威，不受成见旧俗的束缚。以超强的主人翁意识和主体地位去努力实现自我发展、自我完善，有效维护个人、集体、国家的利益。现代产业链的分工特点，强调合作。任何工作都需要团队分工协作。理解、沟通、信任、合作、共赢，已经成为社会生产生活中最广泛的共识。

3. 传承与创新

民族传统文化是民族凝聚力的基核。因此，努力传承传统文化，继承并使之发扬光大，是民族复兴的基础，也是边城人成为"世界的边城人"的前提。继承的命脉在于创新。冲决"匪文化"的山寨圈子，要具有锐意进取的精神、敢为天下先的胆识、积极参与国际竞争的勇气。

4. 开放与兼容

走向世界的边城人，无疑急需培养开放与兼容的民族精神。必须让年青一代边城人形成开放的思维方式，从狭隘的地方主义、本位主义、民族主义的传统观念中解放出来，改变过去长期而普遍存在的内向闭锁、故步自封的消极观念，以开阔的视野、开朗的心态、开放的姿态投入生活，拥抱世界。

（五）源于对民族教育的目标定位

1. 政策导向

2001 年教育部《基础教育课程改革纲要（试行）》要求调整和改革基础

教育的课程体系、结构、内容，构建符合素质教育要求的新的基础教育课程体系。

2010 年颁布的《国家中长期教育改革和发展规划纲要（2010—2020年)》，把教育摆在优先发展的战略地位，把育人为本作为教育工作的根本要求，把改革创新作为教育发展的强大动力，把促进公平作为国家基本教育政策，把提高质量作为教育改革发展的核心任务，到 2020 年基本实现教育现代化。

2015 年国务院印发《关于加快发展民族教育的决定》，要求认真贯彻党的教育方针和民族政策，以立德树人为根本，以服务改善民生、凝聚民心为导向，保障少数民族和民族地区群众受教育权利，提高各民族群众科学文化素质，维护民族团结和社会稳定，为实现"两个一百年"奋斗目标和中华民族伟大复兴的中国梦，培养造就德智体美全面发展的社会主义合格建设者和可靠接班人。

2. 理论支撑

国际 21 世纪教育委员会 1996 年发表《教育——财富蕴藏其中》，文中提出教育的四个支柱，即学会求知、学会做事、学会生存、学会共处。并提出 21 世纪人才素质的 7 条标准：开拓精神；道德品质和责任感；适应能力和创造能力；扎实的基础知识和能解决实际问题的能力；终身学习，能适应科学发展趋势；健康个性；和他人协调和国际交往的能力。

该委员会 1998 年发表《为了 21 世纪的教育——问题与展望》指出，全国一致和长期性是成功的条件，资金是教育改革必要的但非充分的条件，教育改革的新目标是提高教育质量，教育需求是变革的因素之一，目前教育变革战略呈系统化特点。

美国学者考夫曼的《教育的未来》提出六项学习内容：接近并使用信息、培养清晰的思维、有效的沟通、了解人的生活环境、了解人与社会及个人能力。

3. 《边城》文化寓意

透过《边城》两家后代的经济生活和爱情故事，可以洞悉近现代苗族文化命运：简正淳美而又封闭落后的苗族文化，于矛盾中和谐存在，并陷入固守与突破的两难境地。翠翠如果是传统苗文化的化身，那么天保、傩送就是走向外界、寻求突破文化困境的早期边城人的代表；他们或出走或伫望，都在启示我们：办民族教育就必须培养"世界的边城人"。

二、培养"世界的边城人"的奋斗途径

边城高级中学建校十二年来，矢志培养"世界的边城人"，以创品牌意识为引领，逐步走出边城，走出湘西，走出湖南，走向全国，走向世界。学校先后实现湘西自治州示范性普通高级中学、全国民族中学示范学校、湖南省示范性普通高级中学等一系列重大目标，亦先后成为"全国和谐校园之星""全国高中课改联盟发起学校""全国青少年校园足球特色学校""湖南省非物质文化传承学校"等。学校从科学管理、平台搭建、教师培养、课程设置、学生培养、校园文化建设等方面，努力培养"世界的边城人"。

（一）科学管理：筑牢民族教育的保障机制

1. 实施校长负责制

学校在筹建与初建时期，实施的是教育局代管制，建校一年后，学校拟定《边城高级中学校长负责制条例》，在条例中规定了校长职责、校长权限、校长必须处理好的几个关系。2006 年 8 月县委县政府任命校长为法人代表，确立了校长对学校全面负责、党组织保证监督、教代会民主管理相结合的管理体制，从而充分发挥了校长办学治校的聪明才智，引领学校全面发展。

2. 制度建设

边城高级中学建校之初，力避花垣教育"制不如人"之弊，将学校的建章立制作为建校工作的重中之重。2006 年拟定了体系较完善、特色较鲜明、可行性较强的《边城高级中学治校典章》，2008 年再次修订，以后又经过每年度教代会的不断修订、增补、审定。《办学章程》确立了培养"世界的边城人"的育人目标，这为边城高级中学举办有特色、高水平的民族教育奠定了坚实基础，指明了正确方向，构建起了团队精神。

3. 中层管理激励机制

学校中层机构设有学校办公室、督导室等 11 个处室（中心）。各处室（中心）主任作为学校的中层领导干部，在副校长的领导下负责相关具体工作。中层干部的选拔任用，按照"能者上，平者让，庸者下"原则，采取学校任命和竞聘上岗的方法。学校任命，即经过各方面推荐、民意测评、公示等环节后，直接任命领导群众广泛认同的德才兼备者担任某个处室的负责人；竞聘上岗，即校内教职工报名参选，通过竞选演说、代表投票选举、校级管理机构考核、公示通过等系列环节后，被聘任为某处室的主任或副主任。为

激发中层干部创新意识，不时采取轮岗制，轮流交换负责学校各处室的领导工作。

4. 精细化管理

学校实行"三线"立体化垂直管理。"三线"主要指行政管理线、教学教研管理线、学生德育安全管理线。各层级、各部门分工合作，步调一致，共同推进学校各项工作的执行与落实。

学校工作实施目标管理与流程管理相结合模式。目标管理注重全过程的量化考评，及时督促，逐层问责。每个年级由年级组长主持日常管理，一名副校级领导联系督促。细化各项工作要求，由学校职能部门量化，对各年级进行周评比、月评比、学期评比，量化结果于周五的校长办公会议上进行通报。如作业布置和批改制度、课外辅导制度、电化教育制度等十几项工作制度，都配有相应检查的表格，定期统计，形成教师的教和学生的学的各方面大数据，为规范教师的教育教学行为，提升教学效果，提供了重要参考。在流程管理方面，学校提供了"政府采购工作流程图"等几十种服务工作的流程图，做到各环节专人负责，责任明晰，也有各种表格台账，记载清楚。各环节的失职将受到严肃追责。

毋庸置疑，机制健全筑牢了学校的教育根基，这是可持续迈开"弘扬民族特色"和"融入世界文化"这两条腿的根本保障。

（二）平台搭乘：迈开走向世界的坚实步伐

学校创建伊始，便怀着走向世界的雄心，着手搭建多层次平台，创建品牌，助推学生教师快速成长，助推学校快速发展。

1. 搭乘民族教育平台，创建全国民族中学示范学校

搭乘该平台，旨在依凭党的民族政策、民族教育理念和兄弟民族学校交流，来创新办学渠道，提升教育教学质量。2009 年春，学校实现了全国民族中学示范学校挂牌。学校组织教师积极参与民族教育的教科研活动：发表评审教研论文；参加业务学习与竞赛；研讨校园民族文化建设；组织学生进京参加 2010 年全国民族中学艺术节演出竞赛；在校长论坛上分享"多样化发展学校"等专题发言。2016 年春，学校成功承办了"全国民族中学教育协会高中化学微课资源共建共享暨名师工作室建设管理边城论坛"。这一平台帮助学校实现了弯道超车，使学校跻身全国民族地区优秀学校行列。

2. 搭建省示范校平台，提供跨越式发展的教育资源优势

建校以来，按照教育主管部门规范办学、科学发展的基本要求，创建各级各类示范性教育品牌，以优质效应，来实现学校、教师、学生共同扎根民族、同步走向世界的三赢格局。2007 年建成"湘西自治州示范性普通高级中学"，成为湘西自治州"课改样板校"；2010 年被评审为"湖南省示范性普通高级中学"，同年验收为"湖南省中小学现代技术实验学校"，彰显了学校不断提升的品质与活力。

3. 搭建交流平台，织就多维度提升网络

学校积极探索寻求平台。一方面，学校与兄弟学校合作交流学习，搭建交流平台，2007 年，学校成为湘黔渝边区三大交流窗口校之一；2011 年参与由全国 20 所高中名校成立的"全国高中课改联盟"，学校定期派教师参与活动，先后组织教师参加高考研讨、教学竞赛、学科研讨、教研组建设、青年教师成长论坛等活动；2013 年春，学校成功承办了"全国高中课改联盟"校史地体三科"同课异构"教学竞赛。另一方面，学校放眼世界，成立"国际部"，搭建国际教育的平台。引进外籍教师进课堂；与加拿大的一些大学合作，组建"中加班"，与韩国的一些大学合作，组建"中韩班"，学生高中毕业后，通过考试合格，直接进入加拿大、韩国的相关大学学习；设立高考小语种教学课程，组建日语班。国内交流平台与国际教育平台的搭建，增强了学校与外界的交流和学习，助推了学校在教育教学上的改革与创新，开阔了教师与学生的视野。

4. 搭建数字化校园平台，实现低碳高效育人

信息化时代，为实现培养"世界的边城人"提供了前所未有的良好契机。学校努力建设数字化校园，抢占现代教育技术发展与运用的制高点。

首抓网络基础设施建设。现已建成了主干千兆、桌面百兆的校园网络，实现了办公楼、教学楼、教职工宿舍、学生宿舍等所有校园区域的信息点全覆盖。

次抓教师现代教育技术和教育理论培训。受训教师达 100%，实现了教师"五个转变"：从仅掌握少量计算机入门知识到熟练操作计算机；从照搬使用他人课件到自己开发课件；从单纯上网查找资料到自己动手制作网页；从使用粉笔上课到熟练运用多媒体教学；从强制运用电化教学手段到自觉使用电化教学手段的转变。

再抓信息技术的广泛应用。实施引领、督查、比赛、开发资源等措施。目前，100%的学科运用现代教育技术教学，100%的教师能运用现代教育技术进行课堂教学，83%的总课时能运用现代教育技术教学。

（三）教师培养：打造具有文化融合功能的师资

学校注重打造一支具有民族情怀和国际视野、又能融通民族与世界文化的高素质教师队伍。

1. 追慕贤良，招贤纳士

将外来的高素质人力资源为边城所用，无疑是短期内拉近边城与世界的距离的有效办法。建校时，学校面向全国招聘高学识高水平的教师68人，从县内选调优秀教师67人，组建学校首任教师队伍。继后陆续补充应届本科师范毕业生，并特聘英语口语外籍教师，韩语、日语培训教师等。

2. 提升师德素养

学校把师德建设放在办学的至高地位上，常抓不懈。实施师德建设五机制，即师德建设机制、约束机制、评价考核机制、奖惩激励机制、责任追究机制。搭建丰富多彩的活动载体，让教师在活动中提高综合素质。诸如现代教育理论学习、师德专家讲座、组织教师开展文体健身活动、开展教师读书活动、撰写读书心得、撰写"教师个人成长故事"、开展法制教育、评选"师德标兵"等，有力促进了师德建设工作，让师德建设永远在路上。

3. 名师工程，青蓝工程

名师名家是教育改革和发展的领导力量，打造庞大的名师队伍，促进本区域内教育均衡发展。在名优教师培养上，学校针对不同的对象，采取"名师带徒""名师工作室"等有效措施，使教师成为合格教师、教坛新秀、教学能手、学科带头人四个档次，逐层提升，最终成为名师名家。

学校依托湖南省网络资源名师工作室（高中化学）和州县学科带头人，进行校本研修。在他们的引领下，认真教学教研，近几年学校先后承担了省高中数学、政治、化学微课及中央电化教育馆高中化学实践社区的资源研发任务。其中高中化学微课资源被省基础教育资源中心作为模板推送到中央电化教育馆，得到了中央电化教育馆高度肯定，并委托我校为其征集修改审定微课样品101个。

青蓝工程，要求青年教师在名师的带领下，制定出三年成长、五年骨干、七年成名师的成长规划。学校采取一系列措施支撑教师在职学习和提升。

4. 加强教研，提升师资

教科室和专家委员会，联动学校其他管理部门，具体管理指导和监督学校教科研工作。结合学校教学教研实际，有目的、系统地确定教研内容，为教育教学提供有力指导，促进教师的思考与钻研。

教师教研选题结合本校教育教学实际；课题的审定、实施须得到专家委员论证、审核、监督和评估；教师个人积极研究各种教育教学方法，反思自己的教学并形成教学风格；学校保障教研经费，并运用精神和物质奖励等措施，激发教师的教研热情。

十二年间教师发表论文300余篇，评审交流论文获省级以上奖400余篇；围绕新课程教学，学校承担了州级以上研究课题33个，全员参与。28个课题顺利结题，其中20个课题成果获国家级、省级奖励，教师参加全国各级教学比赛屡获佳绩。

5. 务实师训，提升教师专业魅力

坚持校本培训。2005—2016年，学校对全校教师进行了一系列培训。他们参加现代教育理论、现代教育技术培训，学会熟练操作电脑；参加继续教育培训和新课程改革培训，深入理解新课标的精神实质；每个学期学习一本教育教学理论著作并做好笔记，撰写论文；积极主动地参加课题研究培训。

配合各级教育主管部门开展培训。2013年19人参加国培农村中小学教师远程培训，12人参加省级培训；2014年207人参加湘西自治州新课标远程培训，205人参加州内教师公需科目培训；28人完成非学历远程培训学习，38人参加湖南省高中各学科骨干教师培训学习。全校教师每年基础培训率100%，高级骨干培训平均每年不少于50人次。

同时，学校积极选送教师外出培训；通过举办"边城论坛"、专家讲座等方式，将全国各地专家邀请过来，送培上门；为了传承民族文化，采取拜民间艺人为师的方式学习，近年来蚩尤拳传人、花垣苗鼓王、苗绣大师等先后多次到校传艺授徒。

（四）课程设置：提供多元文化的素质教育套餐

从边城走向世界，让世界来到边城，归根到底是文化的交融，是文明的碰撞。为此我们在推进素质教育和新课程改革的背景下，结合花垣县现实条件，依据《湖南省普通高中课程方案》，创造性地实施国家课程、因地制宜地开发学校课程，构建了一套独具特色的多元课程体系。

1. 落实国家课程

推进素质教育过程中，学校严格执行国家课程标准，按照课程规定的学习领域、科目、模块来设置课程，安排足量的教学时间完成国家课程规定的学习任务，保证每一位学生的学习都涉及语言与文学、数学、人文与社会、科学、技术、艺术、体育与健康、综合实践活动八个领域。

2. 校本课程开发

学校着力研发并开设具有一定民族特色和本校特色的校本选修课程，以提高课程的适应性和选择性。学校重点在立足本土资源、传承苗族传统文化、开阔学生视野、丰富教育教学上加以研发。在立足本土资源传承民族文化方面，目前学校编写"苗绣""苗拳""湘西苗族文化""舞龙舞狮""少数民族中学生经典阅读""校园风景作文选""乡土地理""苗族银饰""民间剪纸""乡土生物""湘西动植物"等课程教材。其中"苗拳""苗鼓""舞龙舞狮"课程卓有成效，已成为学校的三张名片。沈从文小说《边城》也是民族文化研究的必修校本课程。在开阔学生视野方面，开设了"诗歌阅读与鉴赏""诗歌分类鉴赏""走进历史热爱历史""神奇的肌理艺术""生活中的化学50问""唐诗中的'花花世界'"等校本课程。

2012年8月，学校又撰写了题为《开发校本教材　运用校本教材》的校本指导纲领，再次规范校本课程的开发与设置。

3. 运用校本课程

研发的校本教材，就在课内外使用。教师依照"苗拳""苗鼓""舞龙舞狮"课程，指导学生练拳、习鼓、舞龙狮，并编印教材让学生阅读。

在这样的课程体系下，学校的教育教学飞速发展，仅从艺体生高考来看，二本上线人数，从2005年的几人发展到2016年的60多人，2016届毕业生满兴林成为花垣县自恢复高考以来第一个考上清华大学美术学院的学生。

（五）学生培养：造就融通多元文化的时代英才

在21世纪的今天，作为一所民族地区的高中，我们培养学生必须坚持民族性与世界性相统一的基本原则。因此，学校探索确立了培养学生的模式方法。

1. 德育实施三管齐下模式

培养"世界的边城人"自然以德育为首。学校的德育工作实施三管齐下模式。一是日常管理（即人们所说的德育常规管理）；二是校本探索的学生

"我的成长记录"管理；三是实施校本"525"德育课程管理。

2007 年秋，学校新创学生"我的成长记录"管理，运用自我激励、榜样激励、故事启迪、自我执行、同学激励、教师激励、家长分享诸种合力来促成中学生养成良好的学习生活习惯。成长记录既是学生成长档案，更是学生自我教育、自我管理的具体体现。让班主任与责任教师承担教书育人的具体职责，对每个学生的实际成长过程跟踪指导；让学生家长时刻能了解孩子、鼓励孩子、引导孩子，并分享孩子成功的喜悦。

"525"德育课程以人为本，让学生学会做人、学会做事、学会学习、学会生活；使德育工作课程化、网络化、规范化、程序化、全员化，推动学校德育工作全方位深入开展。前"5"指五大节日，即体育节、科技节、艺术节、感恩节、社团节；"2"是指两大领域，即学校、家庭、社会三位一体教育领域和社会实践活动领域；后"5"指五大系列，指学生德育工作的五个教育系列：法制安全教育系列、爱国主义教育系列、行为规范与文明礼仪养成教育系列、励志教育系列、自主学习与自我管理的自我教育系列。

2. 学生在"471"学习策略中成长

学校坚持"以生为本、为学而教"的原则，积极探究并推行"471"学习策略，构建了课堂教学的新模式。即有效学习的"4 个必要环节"与"7 种良好学习习惯"和"1 本《我的成长记录》"。以此促进学生在精细化的学习过程中成长。

学校强调以学生学习能力的三个层面，全力推进教学改革，即学生全部由教师指导完成任务层面；学生通过学习自主解决完成任务层面；学生自主解决完成任务层面。最终师生合作践行，达到教学追求的最高境界：实现学生能学、会学、学会三大目标。

3. 学生社团，培养自主学习和自我管理能力

走向世界的学生，必须是综合素质高、实践能力强的人才。据此，学校艺体中心、团委、信息中心、各学科组辅导学生组建社团平台。学校目前有 20 多个学生社团。从发掘弘扬苗族文化角度出发，成立了苗鼓社、苗拳协会、龙狮协会、苗绣协会等；从培养学生的现代意识出发，成立了摄影协会、动漫社、街舞社、创意社、科技协会等；从学生个性出发，成立了篮球协会、足球协会、边城文学社、听风音乐社、奥赛兴趣小组等。为激励学生社团开展活动，学校派出相关机构和老师进行辅导，组织举办一年一度的"五节"

活动。

除了学生社团外，还有学生课堂学习小组。将班级内学生分为 A、B、C 三个层次，均衡组合基本保证每个小组有两个 A、两个 B、两个 C，通常 6 人为一组。选择热心而能力强的小组长和课代表。班主任负责构建、指导学生学习小组自我管理，班内小组互评。科任教师担任某几个小组的责任教师，从学习、生活、心理等方面加以辅导。

4. 传承民族优秀文化

在教学班级的设置上，组建文化班、体育班、美术班、音乐班、日语班等。这些班级，在完成国家规定的课程学习外，还开设相关苗族优秀文化习俗的课程。在教育教学方法上，寻求特色，在文化交流模拟课上，学生用汉语、英语、苗语及日语等语种进行国际交往礼仪练习。开展苗族赶秋节、拦门酒等仪式教育活动，组织师生穿戴苗族服饰，模拟苗族礼仪，共享苗族节日情结，调动了师生传承本民族优秀文化传统的热情，升华了民族自豪感。学生在苗鼓、龙狮义演和苗绣、苗族剪纸手工艺品义卖活动中，不仅积淀了民族文化素养，还为学校"守护天使"爱心协会积累了基金。

5. 开阔学生的国际视野

学校组建合作互助学习小组，培养合作意识和竞争意识；开展丰富多彩的活动，将央视新闻联播作为学生每日必修课程，举办时事政治竞赛、国际时评论坛、培养学生的前瞻意识和行动意识；创办校园广播站时事播报栏目，引导学生在思想上走出本民族的局限，走进世界的广阔海洋，让他们自觉思考符合时代发展方向的人生意义，进而自觉地去认识世界。

2010 年，学生参加湖南省中小学机器人大赛获省一等奖和省二等奖各一项。2011 年，学生参加北京"全国民族中学艺术节"，参演的民族舞蹈《桃花汛》获得金奖；2014 年四省边区苗族赶秋节上，学生表演的苗族服饰秀惊艳全场；2014 年学校足球队参加全省少数民族运动会获一枚银牌、一个第四名、一个第五名的好成绩；2015 年 12 月，学校被评为"湖南省体育传统项目学校"。十一年来，我校培养出的学生已遍布全国，部分学生已走出国门，成为世界公民。

（六）校园文化建设：积沉育人内涵

校园文化的育人途径是积淀与濡染。学校在建校办校过程中，从环境建设设计创意、学校命名、校园建筑命名到物质文化建设、精神文明建设、民族优秀文化传承，进而发展到团队、班级、期刊、图书、办公室等诸多文化的建设，都倾注了育人的内容。

校名"边城高级中学"取自沈从文《边城》，大门匾额由画坛大师黄永玉赐墨；校内的北清湖荟萃人文，寓意颇丰；学校环境，一处一景，美中育人。有外地考察者即兴题词"远看是公园，近看是花园，温馨是家园，学校是乐园"。师生在此尽享"春之盎然、夏之绚烂、秋之风韵、冬之纯洁"。

从建校第一天起，学校着力凝聚师生敢为人先，努力创绩的无畏与奉献精神；凝练的办学理念、校训、校风、教风、学风等，引导师生提升核心素养，从而形成了学校积极上进的团队风貌。

"民族文化进校园"推进经历了三个阶段：一是本区域民族文化渗透校园；二是民族优秀文化进校园；三是优秀民族文化在校园里传承。

办学十一年，校园文化建设扎实推进，这在 2016 年湖南省校史志评审获一等奖的《边城高级中学校志（2005—2015）》中有所体现。

三、培养"世界的边城人"的未来展望

时代在变化，学校要发展，花垣人民对高质量教育的需求依然如故。由此学校办学与育人的基本思路还是"立足边城，走向世界"。边城，是个性化的，是民族的，也是世界的。学校将一如既往地秉持培养"世界的边城人"的目标不动摇，培养大批综合素质优秀、个性发展充分、具有国际视野和能力的人才。做好"四坚持"：教育改革坚持务实与创新相结合，人才培养坚持共性与个性发展相结合，生态建设坚持保护与开发相结合，文化建设坚持摒弃与弘扬相结合。

（一）建设研究型教师队伍

教师队伍的专业成长目标是能够坚持终身学习和研究，能够适应教育发展的新形势、新理念，能胜任多元教学的需要。教师要培养学生成为既具民族情怀又具国际视野，融通民族文化与世界文化的"世界的边城人"，就先要有强烈的民族情怀与国际视野，热爱民族文化并能理性扬弃，了解外国文化，懂得交流借鉴。还要具有引导学生认识世界的能力与方法，解决学生内心的狭隘民族主义、资产阶级自由化等思想观念的困惑。对于教师民族情怀和国际视野的培养，主要通过学科拓展和校本研修的途径，必要时，加以专题培训。

（二）建设开放式课程体系

校本课程体系，除了国家课程同步配套的各类教辅校本之外，还将开设个性特点相对鲜明的多元课程，主要分为以下七类：（1）湘西自然生态课程。在"边城高级中学植物志"的基础上，结合学生实践活动需要，增设"绿化园艺常识""北清湖物候与生态养殖""锰三角生态环境的检测与改善""诗意栖武陵"等校本课程；（2）民族文化课程。在现有的苗族文化课程"苗拳·苗绣·苗鼓""舞龙舞狮"等基础上，增设"苗族节日与习俗""苗族民间文学选读"等校本课程；（3）德育课程。在《我的行为准则》《我的成长记录》的基础上，完善"525德育课程校本丛书"，增加《社会主义核心价值观》《青少年交友礼仪》等；（4）安全救生课程。在消防交通安全常识、防雷防震减灾、禁毒反邪教等基础上，增设"急救常识""游泳"等校本课程；（5）社团活动课程。鼓励学生在老师指导下率先开发本社团自主课程；（6）生涯规划课程。增设"生涯规划指导"（暂时与"中学生心理辅导"归并为一个课程）；（7）国际视野课程。在校刊《边城风》增设"环球视野"栏目，积累全球的自然和社会的知识，为将来修编相关校本课程打基础。

（三）建设兼容性课堂格局

注重打破传统课堂观，积极建构世界视野、互联网条件下的新型课堂，全面深入推进"互联网＋教育"创新模式。今后五年之内，学校课堂不再是单一地由课桌、讲台、黑板加粉笔构成了。一方面要大力推进数智教室，开拓虚拟课堂，建设数字化实验室等，实现教育教学及管理高度信息化；另一方面随着课程建设的深入，图书馆、科技馆、体育馆、艺术馆、游泳馆、实验室、校园电视台及绿化带等场所的利用率和利用质量将会大幅提高，都将成为真正的魅力教室，将校园劳动实践基地建设成省级乃至国家级示范基地；再一方面使校外实践基地成为更广阔的社会实践大教室，进一步拓展围墙外绿色实践活动，如德育实践基地、社区服务基地、民族文化实践基地、锰三角环保实践基地等。

（四）建设科学性教师评价体系

深入探索教师教育教学的评价体系，有效地、科学地评价教师科技贡献。

总之，调动一切积极因素，创造一切有利条件，为培养"世界的边城人"做出新贡献。

边城高级中学"一五"发展规划

（2006—2010 年）

边城高级中学自 2004 年筹建，2005 年夏秋招生开学以来，开创了花垣教育的新格局。为实现可持续发展，特编制 2006—2010 年学校五年发展规划。

一、指导思想

坚持以邓小平理论和"三个代表"重要思想为指导，以科学发展观统领全校工作，全面贯彻党的教育方针，全面实施以德育为首位、以课堂教学为中心、以培养学生创新精神和实践能力为重点、以炼就健康体魄为基点的素质教育。遵循"高起点、高规格、高质量、高速度"的发展原则，解放思想，更新观念，确保质量，创建特色。内抓管理，外树形象，办人民满意学校，使之成为湘鄂渝黔边区示范性现代化的窗口学校。

二、办学目标

（一）总体目标

坚持"以人为本、素质为宗"的办学理念；以发展为主题，以创建为动力，完善管理机制；优化教师的教育思想、师资队伍、育人环境"三项建设"；改革教学内容和教学方法，建立健全教育教学质量评估体系；凝聚合力，努力建设一流的师资、一流的质量、一流的管理、一流的设备、一流的环境，培育大批优秀的社会主义现代化的"四有人才"；在五年内实现"建校—兴校—强校—创名校"的发展目标。

（二）具体目标

1. 扩大办学规模

为适应民族地区教育发展需求，逐年扩大招生，形成 60 个高中教学班建制。

2. 规范办学行为

坚持社会主义办学方向，依法治校，依教育规律办学，让学生、家长、社会、人民群众满意。

3. 建立长效机制

依托《边城高级中学治校典章》，设置校级、中层和基层三级管理机构，落实教育教学教研的管理、考评、奖励和问责的长效管理机制。

4. 建设师资队伍

通过招聘、培养、评选等方式，建立一支师德高尚、爱岗敬业、学识精深、结构合理、和谐奋进的教师团队。

5. 提升办学质量

德育工作创特色，学生思想品德优秀率达95%以上，合格率为100%；以课堂教学为中心，向课堂45分钟要质量，使学生的合格率、优秀率达州内一流水平，高考本科（二本）上线率超全省平均水平。

6. 教育科研成果

学校或教师每年在课题研究、校本开发、学科竞赛等方面，有两至三个获州级以上奖项的成果。

7. 美化校园环境

建设省级以上园林式单位，加快实现校园绿化、美化、净化、人文化，各类教学仪器设施达国家一级指标要求。

8. 推广教育技术

信息技术与教育教学有效整合，三年内实现"湖南省中小学现代教育技术实验学校"挂牌。

9. 创建示范学校

积极创造条件，2008年申报"全国民族中学示范学校"，2009年申报"湖南省示范性普通高级中学"。

三、主要措施及要求

（一）优化教育思想

把教师的素质提高与观念转变作为坚持社会主义办学方向、坚定育人理念的大事来抓。不断深入开展素质教育与课程改革，帮助教师确立正确的教育观、质量观、人才观，努力增强六种意识（机遇意识、发展意识、质量意识、忧患意识、争先意识、服务意识），自觉培养三种理念（关注学生身心发展，以学生为主体的理念；为学生终身发展奠定基础的素质教育理念；实现创新教育与教育创新的理念）和三种品质（善于与学生合作、沟通的品质；敢于承诺、敢于创新的品质；善于学习、主动研究，勇于构建个人教育教学风格的品质）。

坚持现代教育理论的学习培训。采取集体学习与个人自学相结合，每学年聘请专家学者来校进行教育理论讲座，定期对学习笔记进行检查评定，把学习培训纳入年终考核管理之中。

（二）加强学校管理

1. 实施校长负责制

校长全面主持学校行政及教育教学工作，依法行使人事调配权、财务处置权、行政决策权、对师生奖惩权。校长在治校办学中协调处理好与校务会议、与党组织、与工会、与教代会之间的关系。学校党委认真发挥政治核心和保障监督作用，支持校长依法行政，推进校长负责制；依《党章》规定，抓好学校党组织的自身建设，抓好党员先进性"三卡管理"，充分发挥党员先锋模范作用。

实行校长全面负责、党委保证监督、教职工民主管理"三位一体"的管理机制。横向分权，调动"一班人"的积极性；纵向放权，调动"各层人"的积极性；民主管理，调动全体教职工的积极性。构架分工明确，各司其职，相互协调的管理格局，做到行政管理规范化，决策程序民主化，工作进程有序化。

2. 加强领导班子建设

学校党政工团领导时刻要增强执政素质，力求凸现"五性"。一是廉洁性。坚持定期召开班子民主生活会和教职工对班子成员测评会；坚持校务公开，领导成员做到廉洁自律，保持高尚品德；接受各种监督，努力提高个人廉洁素养。二是先进性。领导成员通过学习，掌握科学发展观精髓，树立发展管理、人本管理、服务管理的思想，对学校办学目标、办学特色、办学思路有清晰的认识。在学校管理、学校建设、教育科研等方面充分发挥引领作用。三是科研性。领导成员积极承担或参加州级、省级、国家级教育科研的课题研究，积极撰写、发表教育教学论文，对教师教育科研工作进行良好的指导。四是务实性。工作踏实，与教师同甘共苦，深入教学第一线，认真听、评课，与教师交朋友，关心他们的成长与发展。在管理中，抓好一条线，蹲好一个点，指导一门课，带好几个人（徒弟），善于做实事，做好实事。五是创新性。敢于从科学的理念出发，在理论和实践两个层面上，对学校的办学定位、管理模式、制度建设进行有效的探索与思考，积极创新，开创新局面。

3. 健全党政工团妇各机构

2006年初选举、配齐党政工团妇各机构领导成员，明确职责；2008年底前完成正副校长上岗培训。加强党支部建设，党委下设语文、数学、外语、文综、理综和行管六个支部，党群组织依照其组织要求及时完成干训任务。干训中，领导干部要坚持理论联系实际，不断总结学校管理的成功经验，充分发挥其战斗堡垒作用和共产党员的先锋模范作用。

4. 健全完善教代会制度

工会成员应该积极主动地实施民主管理，充分发挥其主人翁意识。坚持工会五年一换届，一年一次教代会的工作制度。认真开展"模范职工之家"创建活动，使"模范职工之家"创建水平达到省级标准。

5. 实行年级组长负责制

各年级组长认真进行教育教学管理，督导本年级班主任、任课教师做好自己的教育教学工作。实行年级组集体办公，教研组、学科备课组定期开展教研活动。年级组长、党支部书记、工会组长要同心协力，搞好本年级工作。

6. 建立健全各项规章制度

一方面依照法纪法规及教育政策，结合学校实际，制定一系列规章制度并贯彻实施。同时对制定的管理制度，要不断完善，杜绝失职、渎职行为；对有关学校发展的重大决策和涉及教职工切身利益的制度，要提交教代会审议通过。规章制度经一两年实践后，再结合实际予以修订，使之能有效地规范办学行为。另一方面健全激励机制。在逐步完善校内结构工资制度的基础上，充分发挥精神与物质以及人文情感的激励作用。全面推行全员聘任制和结构工资制，即中层领导竞争上岗，教师聘任上岗，全面树立教职工的质量意识和竞争意识，打破"铁交椅""铁饭碗"和"铁工资"的传统模式，建立适应现代教育要求、充满活力的管理机制。

7. 加强文明创建工作

建设精神文明、物质文明、政治文明、生态文明，争创文明单位，一年一个新层次。

（三）提高师资水平

1. 加强师德建设

认真开展师德建设活动，严格师表规范。要求教师自觉模范地遵守法纪法规，自觉遵守教师职业道德规范。建设具有思想境界高、人格魅力强、内涵修养深、敬业爱岗、乐于奉献的教师队伍。同时学校每年组织一次大型的师德建设活动,评选表彰"师德标兵"。

2. 实施名师工程

学校实施"名校造就名师,名师支撑名校,名师培育高徒"的"名师工程"。重视对学科教学骨干的发现与培养,鼓励他们学理论、钻业务、育人才、搞科研、勇创新、敢冒尖,造就一批在省、州内具有影响力的"名教师"。积极鼓励那些育人业绩突出、学识水平高的高级教师申报特级教师,增大特级教师在学校教师队伍的比例。

3. 实行多元评价

科学构建多元评价方法,引领教师提升师德和专业成长水平。各职能部门依据实际,科学地制订各自的评价方案后,学校将其综合,日臻完善,力求在"十一五"时期内构建起科学完善的评价体系。通过评价杠杆,认证教师工作,尊重教师劳动,激励他们快速成长。

4. 落实阅读规划

大兴读书活动,夯实教师专业成长的根基。学校积极倡导鼓励教师坚持"终身学习",把读书学习纳入对教师评价体系之中,督促教师依照自己的"个人三年发展计划""个人读书三年计划"进行有效学习。

5. 搞好师徒结对

签订"师徒合同",老教师引领入伍新教师转换角色,委任其担任班主任工作,以教学常规去规范其教学行为,定期组织他们进行教学汇报和班主任工作汇报。

6. 推进校本研修

实施校本研修制度,提高教师整体综合素质。青年教师要过好"六关",即思想道德关、教学技能关、教材教法关、教育理论关、信息技能关、教学科研关。骨干教师要认真积累总结经验,发挥骨干作用,如积极参加省州教学教研竞赛;积极培训学生参加省州学科奥赛或科技创新大赛;积极主持或参加国家级课题研究……科研要出成果,教育教学实践要勇于探索创新,从而形成个人的教育教学风格与特色,成为学科"领头人"。

7. 开展教学竞赛

学校定期开展教学竞赛活动,提升教师教研水平。每学年上下学期分别举办一次"教学研讨会""青年教师优质课竞赛"或"骨干教师示范课"活动，年终举办一次"课件评比会"，评选优秀教师，予以表彰。

8. 加强培训交流

创造条件，搭建平台，鼓励教师在岗研修成才。选派教师参加州级以上科研部门举办的专业或课改培训班学习；组织教师外出考察学习；鼓励教师努力提高现代教育技术操作能力，利用共享资源，提高学识与教学能力；鼓励教师撰写发表教育教学论文，自 2008 年起，将教师发表的论文收集汇编成册进行交流，此后一年一辑。

9. 改善教师待遇

关心教师，努力提高教师的政治地位和经济待遇。积极发展教师加入中国共产党组织；鼓励支持教师参加学术团体；积极推荐教师先进事迹参评州级以上先进、劳模等荣誉称号；积极建设良好的工作环境；积极为教师排忧解难，在不违背原则的前提下，协助教师解决子女入学就业、夫妻分居、职称晋升等问题。

（四）落实教育教学

1. 建设德育队伍

坚持德育为先，按照《中学德育大纲》，建立健全德育机构与队伍，形成党政工团齐抓共管、教师全员参与的管理格局；构架学校、社会、家庭"三位一体"的德育网络，形成德育工作长效机制。组建以校长为第一责任人的德育工作小组，选派一副校长主抓；成立关心下一代工作协会；政教处主持德育日常管理工作，团委会、学生会组织学生开展德育活动，配齐德育工作专兼职人员；选派聘任年轻、责任心强的教师担任班主任。学校必须爱护班主任，尊重班主任工作，激励班主任尽职、尽责、尽心做好班级工作；不定期组织班主任考察学习，帮助他们认真探索班主任工作新规律，建立新常规；加强班集体建设，要求班主任认真组织好"主题班会"，培养学生积极分子，认真做好转"差"工作。从而形成健康的集体舆论，形成良好的集体传统，建立良好的学风和班风。

2. 建立德育平台

利用校园网站、校园广播站、国旗下讲话等平台，丰富学生生活，进行学生自我教育；组织学生参加校园网络信息编辑，在网络上发表评论；组织学生编辑校园广播稿并进行广播；组织学生在升旗仪式后进行国旗下讲话，以正确的舆论引导学生。

建设富有育人功能的校园环境，营造浓烈的校园文化氛围。抓好校园文化、绿化、净化、美化等育人文化建设，在校园内适当场所增设雕塑、标牌、警示牌、宣传橱窗、名人头像、条幅标语等，以提升学生的审美水平，陶冶学生的高尚情操；设立永久性的校史陈列馆、展览室；办好《边城风》校报，充分发挥它们的育人功能。

建设心理咨询室。认真研究探索青年学生的心理教育规律，定期进行心理健康教育，帮助学生排除心理障碍，聘请心理学专家来校讲座，培养学生的健康心理。

3. 发挥德育合力

利用当地社会、自然的教育资源，开辟德育基地，组织学生定期或不定期到基地进行社会实践与学习。办好"四校"（业余团校、业余党校、法制学校、家长学校），上好"四课"（班会课、法制课、党团课、时事政治课）。加深学生对团的认识，对党的热爱，树立团员先锋的意识；聘请法治副校长，进行法制宣传教育，每学期举办一期法制讲座，让学生懂法用法，增强法制观念；每周周日至周五，组织学生集体收看中央电视台新闻联播节目，增强学生的责任意识，激励学生积极上进。

4. 推进"两会"自治

加强团委会、学生会的建设。充分发挥学生干部在学生思想政治工作中的积极作用，以提高学生的自理、自治能力，增强他们的才干。依照学校制定的"学生一日常规"和"学生学习常规"，认真规范学生思想及学习行为，使之养成良好的行为习惯。

5. 扶贫渗透德育

抓好困难学生的救助、帮教工作。拓宽贫困生救助渠道，抓住发放仪式的有利时机，对全校学生有效地进行感恩立志、报效社会的教育；以科学的人才观评价其他困难生和后进生，实施"转化包干制"，让每一个教师认定一个后进生转化任务。在转化中，时刻发现他们的亮点，给予信任鼓励，通过教师的关怀激励、尊重激励、信任激励和支持激励，逐步实现师生在愿望、目标、意识、进取等诸多方面的接轨。

6. 教学渗透德育

充分发挥课堂在德育工作中的主渠道作用，在课堂教学中实施德育渗透。政治课教师授课既要让学生增强政治理论的分析能力，又要让学生提升思想素质，依据教材贴近现实，贴近学生思想实际，有针对性地实施德育渗透；其他学科教育教学也应抓住时机，做好德育渗透工作。理科着重进行辩证唯物主义思想方法的教育，注重以科学成就和我国著名科学家作出的贡献教育学生爱科学、爱祖国；文科注重德育与教材内容的紧密结合，进行多方面的思想教育。

认真开展好一年一度的新生军训工作。进行严格的军事训练，引导他们在增强国防意识的同时，增强纪律观念，使学生尽快适应新的学习环境，以良好的精神面貌投入到新的学习和生活中。

7. 规范招生教学工作

坚持依法招生，严格招生纪律，规范招生行为，严格管理学籍，多渠道救助贫困生，严格控制辍学率，认真做好保生工作。

端正教风、学风、考风。建立"爱生、敬业、博学、善研"的教风；"勤学、善问、精思、笃学"的学风；"诚实、认真、细心、守纪"的考风，逐步形成"人文和谐、奋进创新"的校风。

坚定不移地抓好教育教学常规，认真贯彻《湘西自治州中小学教学常规》，修订完善学校教学常规管理制度，健全教学质量监控、调整机制，每学期对教学常规进行两次检查和评比。坚持"以人为本，面向全体学生"的教学理念，尊重学生思维，培养学生创新能力。教学上做好培育尖子生、转化后进生、促动中间生工作，整体提高教学质量。

坚持按教育规律办事，抵制片面追求升学率等不良倾向，不办快慢班，不收寄读生，不在节假日期间补课，不加班加点，努力减轻学生课业负担，严格控制学生在校活动总量。开足、开齐课程，特别要有计划高标准地进行通用技术教育，保障其设备、场地和师资的需求，培育学生具备良好的劳动观念和一定的生产劳动技能。

8. 推进教育信息化

加快教学与管理的规范化、信息化进程。规范实验室、电教室、语音室、电子备课室、多媒体教室等专用教室和图书馆管理，提高使用效益，逐步实现教学手段信息化，多媒体教学普及化。

努力做好信息技术与学科教学的整合工作。在教学中运用新技术、新方法，加强软硬件建设，努力打造一流学校的现代教育技术应用环境；在投管用研上下功夫，探索运用现代教育技术优化教学的有效途径。在本规划期内，积极申办建设"湖南省中小学现代教育技术实验学校",并尽早实现挂牌目标。

9. 认真开展第二课堂教学

组建学科课外活动小组,抓好学生数、理、化、生和信息技术奥赛培训工作,以促进理科教学,推荐选送优生参加学科奥赛和科技创新大赛,力求在省内获奖;抓好校园文学社团创作活动,以创作活动为阵地,培育文学尖子;重视艺术教育,培养学生审美能力和艺术创造能力,组建多种形式的校园艺术团队,每年举办一届艺术节,有目的、有计划地培养具备文艺特长的人才,形成校本培养艺术特长生的体系;在开发学生智能,培养学生特长过程中,抓好"小发明、小制作、小论文"的研究性学习,培育学生研究创新能力,推荐其优秀作品参赛参展,获取省级以上奖励。

10. 大力开展艺体教学

全面贯彻落实《中小学体育工作条例》和民族文化进校园的精神。让学生上好艺体课和艺体校本课程,做好"三操",搞好艺体专业培训。大力开展丰富多彩的学生艺体活动,努力提高学生身体素质,使体育合格率达100%,体育达标率达95%。常年抓好校田径队和校篮球代表队的训练工作,保持良好的竞技水平。坚持每年举办一届全校学生田径运动会和元旦晚会,以班组建代表队,学生参与人数占总数一半以上。积极创建省级体育传统项目学校,并使之能尽快实现。

11. 创造教学教研成果

尊重教师劳动和创新思维,健全评教新体系,使评教体系更具时代性、科学性、激励性。建立健全毕业会考、高考、奥赛、教研及常规教学的评估和奖励制度。积极构建"以省级、国家级课题研究为龙头,校本课题研究为基础,改革教育教学方法为中心,提高教育教学质量为目标"的教研模式。鼓励教师进行各种教改实验,组织教师进行新课程标准背景下的校本教学模式的专项研究工作,开展好教师校本研修和校本教材的开发工作,认真完成国家、省科研单位下达的课题研究任务。

(五)搞好后勤服务

1. 加强财务管理

严格执行财务制度,遵守财经纪律。实施"一级核算,分项管理"制度,规范开支审批手续,自觉接受上级审计机关和教职工的监督,增收节支,做到少花钱，多办事，办好事。

2. 充实教学资源装备

充实图书馆。增加图书期刊，使图书收藏量达到每位学生平均 30 册以上；教学参考书 200 种以上，期刊 150 种以上；室内相关设施配套，2007 年建成电子阅览室。加大电子信息设施建设，逐年添置电子办公设施，本规划期内，每间办公室配备一台电脑，2007 年前校园内实施电子监控系统装备，建设好高灵敏度的电子监控考室。

4. 加强校园环境"四化"

做好校园"绿化、硬化、净化、美化"建设工作，通过两三年努力，使绿化覆盖率达 40%，人行道地面硬化达 100%，积极争创州省园林式单位，2006 年前实现州园林式单位挂牌，2007 年前实现省级园林式单位挂牌。

5. 强化饮食服务与卫生工作

认真贯彻实施《中小学卫生工作条例》，办好学校医务室，做好疾病预防群防工作，严格控制近视疾病率，增强学生体质体检合格率。

加强学校商场、食堂及服务中心的管理，认真落实工作人员职责，完善奖惩制度，实现服务质量、经营效益、社会效益同步，严格控制食堂利润率，做到让学生满意，让家长满意。

6. 加强校产管理和校企创办

管好用好校产。每年定期对校产进行一次清理维修，做好校产进账、出账的登记和分类存档工作。发展校办企业，大力创收增资，争取实现年利润逐年增多。

四、附则

本规划须经学校教职工代表大会审议通过，一经通过即开始实施。为实现本规划，学校将适时制订年度工作计划，并认真组织实施。

在本规划实施过程中，随着教育改革发展不断深化、国家新政策的出台和学校的发展，可对本规划进行修订、补充或调整。

2005 年 9 月 15 日

边城高级中学"二五"发展规划

（2011—2015 年）

边城高级中学历经五年，实现了由建校—兴校—创建省级示范校的历史性跨越，开创了花垣县的教育辉煌。为持续健康发展，依照《中华人民共和国教育法》《国家中长期教育改革和发展规划纲要》等文件精神，以及高中教育发展形势，结合县域发展和学校发展实际，特制定本规划。

一、指导思想

坚持以邓小平理论和"三个代表"重要思想为指导，深入贯彻落实科学发展观，全面贯彻党的教育方针，全面实施以德育（抓领导班子政德、抓教工师德、抓学生品德）为首位，以教育科研为动力，以课堂教学为中心，以培养学生创新精神和实践能力为重点，以炼就健康体魄为基点的素质教育。遵循"高起点、高规格、高质量、高速度"的发展原则，进一步提升教育教学质量，解放思想，更新观念，创建特色。内抓管理，外树形象，办人民满意的学校，打造三湘示范性名校。

二、办学目标

（一）坚持德育首位

立德树人，把抓领导班子政德，抓教职工师德和抓学生品德融入教育教学的全过程。着力建设一支事业心、责任心、进取心、凝聚心强的高素质干部队伍；努力打造一支师德高尚、业务精湛、结构合理、充满活力、爱岗敬业的专业化教师队伍；精心培养遵纪守法、诚实守信、团结互助、艰苦奋斗、积极向上的学生队伍。全面落实"525"德育工程，加强班主任建设。

（二）坚持教学中心

实施"名师工程"，抓好教师专业素养，健全教师管理制度和评价激励机制，进一步激发和保护教师教学的积极性、主动性、创造性；坚持教学常规，规范教学过程，开齐开足新课程要求的考试和考查科目；配备合格师资，合理把握教学进度，着力提高学生的学习能力、实践能力和创新能力；深化新课程改革，抓实教学研究，实施有效教学，教学生学会知识、学会动手动脑、学会生存生活、学会做人做事；规范招生秩序，提高招生质量，加强控辍保学工作，2012年秋季以后，确保高中生总数达3300人以上；全面提高学生综合素质，办好人民满意的教育。

（三）坚持质量兴校

全面提高教育教学质量是学校发展的核心任务，全体教职员工要牢固树立以全面提高质量为核心的教育发展观。首先，提升教学质量。改进教学方法，以课堂教学为中心，向课堂45分钟要质量，使学生学业水平考试合格率、优秀率达到省内一流水平，高考本科（二本）上线率超全省平均水平，体育达标率95%以上。其次，提升教育科研质量。积极组织教师参与课题研究，寻求教育教学新方法。最后，提升管理质量。创造条件，积极创建申报"湖南省文明标兵单位""国家级文明单位""省民族团结模范单位""国家级民族团结先进集体""湖南省模范职工之家""国家级园林式单位""国家级安全文明校园""国家级现代教育技术实验学校"。

（四）坚持特色强校

教师和学生既要形成群体特色，又要保持个人特色；学科和学校既要形成时代特色，又要具有民族特色。

（五）主要指标

1. 教学质量指标

层次	目标				
水平考试	全校一次性合格率不低于95%，全州列前三名				
高考	以2010年二批本科上线为基数（139人），年增长率不低于20%				
	年份	2011	2012	2013	2014	2015
	二本以上上线数	167	200	240	288	345
	二本以上录取数	207	240	280	328	375

2. 特色办学指标

科目	目标					
音乐 舞蹈 播音	学业水平考查合格率为100%，60%学生会敲击苗鼓					
	高考二本	年 份	2011	2012	2013	2014	2015
		上线数	14	18	23	30	40
		录取数	18	22	27	32	40
美术	学业水平考查合格率为100%，80%学生钢笔字过关					
	高考二本	年 份	2011	2012	2013	2014	2015
		上线数	13	17	22	29	39
		录取数	20	24	30	35	45
体育	学业水平考查合格率为100%，60%学生会一项民族体育运动					
	高考二本	时间（年）	2011	2012	2013	2014	2015
		上线数	7	9	12	16	21
		录取数	7	9	12	16	21
信息技术	学业水平考查合格率为100%；80%学生打字速度为30字/分钟，会使用一种软件					
通用技术	学业水平考查合格率为100%；100%学生有作品存档					
研究性 学 习	学业水平考查合格率为100%；100%学生已完成一个课题					
社会实践 社区服务	学业水平考查合格率为100%；100%学生有成长记录、活动记载					

3. 专任教师发展目标

学历、职称 ＼ 时间	2011	2012	2013	2014	2015	五年完成论文、课题
本科学历	96%	98%	99%	100%	100%	每年至少有一篇论文在校级以上交流或发表，论文共五篇
研究生学历	4%	5%	6%	7%	8%	主持一个课题研究，每年至少有一篇以上论文在校级以上交流或发表，论文共五篇
中级职称	38%	40%	38%	36%	35%	三篇论文，在校级以上交流，两篇论文在正式报刊上发表

（续表）

时间 学历、职称	2011	2012	2013	2014	2015	五年完成论文、课题
高级职称	21%	23%	25%	26%	28%	完成两堂校级讲座，发表两篇论文，一年一篇在校级以上交流，完成一个课题研究
特级教师	2%	2%	2%	3%	3%	一期一堂校级讲座，一年发表一篇论文，至少主持一个课题研究

注：课题研究专指教育机构主办的教科研单位的立项课题。

4. 重点项目建设目标

项目	建设性质	所在地	建设规模和主要内容	起止年限	总投资	资金来源
图书馆	新建	小树林	约 3000m²	2011—2012	510 万	县财政
塑胶跑道	整修	运动场	现有面积	2012—2013	280 万	县财政
民营初中	新建	新征地	约 4000 m²	2011—2012	1000 万	入股
河道美化	新建	清水河	200m	2012	50 万	县财政
教师住房	新建	规划中	7200 m²,约 60 套	2014—2015	规划中	私人 + 县财政
厕所用水改造	扩建	校园内	教学楼办公楼	2011	20 万	学校
地下车库	新建	综合楼	700 m²	2013	50 万	学校
美术室舞蹈室	装修	原开水房	160 m²	2011	10 万	学校 + 县财政
音乐器材	新配			2011—2012	50 万	县财政 + 学校
标本陈列室	新配	原图书室	200 m²	2011	20 万	县财政 + 学校
民族文化陈列室	新配	新图书馆	120 m²	2012—2015	50 万	县财政

三、主要措施及要求

（一）优化教育思想

把教师的素质提高与观念转变作为坚持社会主义办学方向、坚定育人理念的大事来抓。推进素质教育与课程改革的不断深入，帮助教师树立正确的教育观、质量观、人才观，努力增强六种意识（机遇意识、发展意识、质量意识、忧患意识、争先意识、服务意识），使之自觉形成关注学生身心发展、以学生为主体、为学生终身发展奠定基础的三种理念和善于与学生合作沟通、敢于承诺敢于创新、开发与设计校本课程、善于学习主动研究勇于构建个人教育教学风格的四种品质。

全面提高学生综合素质。深入推进课程改革，全面落实课程方案，保证学生全面完成省厅规定的各门课程的学习；创造条件开设丰富多彩的选修课，为学生提供更多选择，促进学生全面而有个性的发展；积极开展研究性学习、社区服务和社会实践，加强对学生的理想、心理、学业等多方面指导。

规范办学行为。严格依照省厅颁发的文件要求，开齐开足课程课时；不办重点班、快慢班；节假日不成建制补课；不办补习班，不招补习生。

（二）优化学校管理

1. 优化学校行政管理机制

实行"校长全面负责、党委保证监督、教职工民主管理"三位一体的管理机制。

加强行政各职能部门建设。健全机构，明确职责，各职能部门要牢固树立服务教育教学的整体意识。通过民主管理，调动全体教职工的积极性。构建分工明确、各司其职、相互协调的管理格局，做到行政管理规范化，决策程序民主化，工作进程有序化。坚持守卫有责，反对淡化职责；坚持有为创绩，反对疲软平庸；坚持协作互动，反对旁观指责；坚持常规管理，反对散乱无序。

进一步健全各项规章制度。依照法纪法规及教育政策，结合学校实际，完善《治校典章》，使之有效地规范办学行为。健全激励机制。在逐步完善校内结构工资制度的基础上，充分发挥精神与物质以及人文情感的激励作用。全面推行全员聘任制和结构工资制，即中层领导竞争上岗，教师聘任上岗，教研组长、备课组长公推上岗。全面树立教职工的质量意识和竞争意识，建立适应现代教育要求、充满活力的管理机制。

实行年级组责任制。各年级组认真进行教育教学管理，督导本年级班主任、任课教师做好自己的教育教学工作。落实年级组集体办公制度，蹲点年级的副校级领导指导督促年级组依照校务会决策办事，发现问题及时报告校务会研究解决。年级组是学校管理的基层机构，具体落实学校教育教学的各项措施，既要接受校级蹲点领导的指导，也要接受学校各职能部门的指导，更要团结引领本年级组教师，培育好本年级学生，使之成人成才。

积极开展普法教育，促进师生员工提高法律素质和公民意识，自觉知法守法，遵守公共生活秩序，做遵纪守法的楷模。大力推进依法治校，依法办学，从严治校。尊重教师权利，加强教师管理。保障学生的受教育权，对学生实施的奖励与处分要坚持公平、公正原则。

加强综合治理，切实维护学校和谐稳定。改进学校思想政治工作，加强校园文化建设，深入开展平安校园、文明校园、绿色校园、和谐校园创建活动；发挥工会作用，解决好师生员工的实际困难和问题；完善矛盾纠纷排查化解机制；加强校园网络管理；建立健全安全保卫制度和工作机制；加强师生安全教育和学校安全管理，提高预防灾害、应急、避险和防范违法犯罪活动的能力；完善学校突发事件应急管理机制；加强校园和周边环境治安，为师生创造安定有序，和谐融洽，充满活力的工作、学习和生活环境。

做好档案建设工作。学校设置专人主管，配齐处室资料员，要求资料员必须积极收集、高标准整理好各学期、各处室的档案资料，特别要做好省示范校的督导评估迎检资料的整理。

坚持文明建设。建设精神文明、物质文明、政治文明、生态文明，争创文明单位，一年一个新层次。在本规划期内，实现省级文明标兵单位挂牌的目标。

2. 优化学校党工团管理机制

坚持以人为本，坚持"研究先于决策，服务大于领导，协调多于控制，观念重于方法，环境优于制度"的管理理念；构建现代学校管理体系，形成以"落实目标责任"为核心，以"规范管理、目标管理、民主管理"为主要内容，以"科学、民主、高效、和谐"为基本特征的具有我校特色的科学高效的教育目标管理办法；形成科学的考核、评价和激励机制。

充分发挥党委政治核心和保证监督作用。首先支持校长依法行政，推进校长负责制；其次依《党章》规定，抓好学校党组织的自身建设，落实党支部建设，抓好党员先进性教育，充分发挥党员先锋模范作用。

优化完善教代会制度。工会认真组织会员积极主动地实施民主管理，充分发挥主人翁意识，每年召开一次教代会。认真开展"模范职工之家"创建活动，使"模范职工之家"创建水平逐年提升。学校的重大决策以及事关教职工福利的重大举措应提交教代会审议通过再予以实施。坚持校务公开，对学校校务重大举措、财务、教师考核、出勤、职称评审、评选先进模范、录取学生、救助贫困生、收费标准等事宜进行公开。公开形式有：大会报告、公示牌、督查通报、新闻媒体、校园网络等。妇委会应积极维护女教职工及儿童的合法权益，组织女教职工开展活动，做好计划生育工作，确保生育国策落到实处。

团委要成为团结、引领青年学生的核心。要加强自身组织建设，积极配合党组织及校行政开展工作；积极组织青年学生开展有益身心健康的各种活动，抓好青年学生的社会实践和社区服务活动，做好青年学生的感恩教育和贫困生的救助工作；促进学生自主发展、特长发展；认真实施社区服务学分认定。

（三）队伍建设

1. 强化干部队伍建设

着力建设一支事业心、责任心、进取心、凝聚心强的高素质的干部队伍。班子成员要树立全局、合作、服务、责任和榜样意识以及超前意识、到位意识和科学创新意识，要以正确的思想引导人、高尚的人格熏陶人、以实际行动带动人，形成一个"理论学习好、团结协作好、廉洁自律好、工作实绩好"的强有力的领导集体，要不断提升管理水平，提高办事效率。

建设廉洁、勤政、团结、创绩的领导集体。学校党政工团领导时刻要增强执政素质，力求凸现"五性"，落实学校管理的过程，实现学校各阶段目标。"五性"必须重申：

一是廉洁性。做到廉洁自律，保持高尚品德；接受各种监督，努力提高个人廉洁素养。二是先进性。掌握科学发展观精髓，树立发展管理、人本管理、服务管理的思想，对学校办学目标、办学特色、办学思路有清晰的认识，在学校管理、学校建设、教育科研等方面充分发挥引领的作用。三是科研性。积极承担或参加国家级、省级、州级教育科研的课题研究，积极撰写、发表教育教学论文，对教师教育科研工作进行良好的指导。四是务实性。工作踏实，与教师同甘共苦，深入教学第一线，认真听课评课，与教师交朋友，关心他们的成长与发展。在管理中，抓好一条线，蹲好一个点，指导一门课，带好几个人（徒弟），善于做实事，做好实事。五是创新性。敢于从科学理念出发，把理论和实践相结合，对学校办学定位、管理模式、制度建设进行有效的探索与思考，积极创新，开创新成绩。

加强学校党风廉政建设的监管工作。严格执行党风廉政建设责任制，加大教育、监督、改革、制度创新力度，坚持行政班子和校级领导年终述廉述职制度。坚决惩治腐败，积极推进政务公开、校务公开。加大学习，规范从教行为，坚决杜绝损害师生利益的不正之风。

2. 加强师资队伍建设

加强教师职业理想和职业道德建设，增强广大教师教书育人的责任感和使命感。教师要关爱学生，严谨笃学，淡泊名利，自尊自律，以人格魅力和学识魄力感染学生，做学生健康成长的指导者和引路人。这就需要将师德表现作为教师考核、评价和聘任的首要内容。

提高教师业务水平，完善教师培训制度。优化队伍结构，提高教师专业水平和教学能力，倡导教师在岗提高学历，积极组织教师参加国内培训与教研竞赛，逐步实现优秀教师到国外交流学习的愿望，造就一批教学名师和学科领导人才。大兴读书活动，夯实教师专业成长的根基，积极倡导鼓励教师坚持"终身学习"，把读书学习纳入学校对教师评价体系之中，督促教师依照自己的"个人五年发展计划""个人读书计划"进行有效学习。特别要从阅读到实践，全方位引领新入伍教师转换角色，委任其担任班主任工作，以教学常规去规范其教学行为，签订"师徒合同"，定期组织他们进行教学汇报和班主任工作汇报。

实施校本研修制度，提高教师整体综合素质。青年教师要过好"六关"，即思想道德关、教育理论关、教学技能关、教材教法关、信息技能关、教学科研关。骨干教师要认真积累总结经验，发挥骨干作用，如积极参加省州教学教研竞赛，主持或参加"十二五"省州国家级课题研究，科研要出成果，力求其成果获省级以上奖励。教育教学实践勇于探索创新，形成个人的教育教学风格与特色，成为学科"领头人"，成为名师，引领教育教学。

学校定期开展教学竞赛活动，提升教师教研水平。每学年上学期分别举办一次"教学研讨会"、"青年教师优质课竞赛"或"骨干教师示范课"活动，年终举办一次"课件评比会"，评选优秀教师，予以表彰。

积极构建"以省级、国家级课题研究为龙头，校本课题研究为基础，改革教育教学方法为中心，提高教育教学质量为目标"的教研模式，鼓励教师进行各种教改实验，组织教师进行新课程标准背景下的校本教学模式的专项研究工作，进一步开展好教师校本研修和校本课程的开发与应用工作。

学校实施"名校造就名师、名师支撑名校、名师培育高徒"的"名师工程"。重视对学科教学骨干的发现与培养，鼓励他们学理论、钻业务、育人才、搞科研、勇创新、敢冒尖，造就一批在省州内具有影响的"名教师"。注重名师育新人的过程管理，积极鼓励那些育人业绩突出、学识水平高的高级教师申报"学科带头人""特级教师"，增大特级教师在学校教师队伍中的比例。

尊重教师劳动，科学认定教师工作。科学构建多元评价方式及方法，引领教师提升师德和专业上的成长。各职能部门依据实际，科学地制订各自的评价方案后，再由学校将其综合，日臻完善，力求在"十二五"时期内构建起科学完善的评价体系。建立健全学业水平、高考、奥赛、教研及常规教学的评估和奖励制度。

关心教师，努力提高教师的政治地位和经济待遇。积极发展教师加入中国共产党组织，鼓励支持教师参加学术团体；积极推荐教师先进事迹参评州级以上先进、劳模等荣誉称号；积极建设良好的工作环境及"和谐校园"；积极为教师排忧解难，在不违背原则的前提下，协助教师解决其子女入学就业、夫妻分居、职称晋升等问题。

（四）教育教学教研

1. 坚持德育首位

按照《中学德育大纲》，建立健全德育机构与队伍。组建以校长为第一责任人的德育工作小组，选派一名副校长主抓；发挥关心下一代工作协会作用，政教处主持德育日常管理工作；团委会、学生会组织学生开展德育活动；配齐德育工作专兼职人员；选派聘任年轻、责任心强的教师担任班主任。

加强班主任队伍建设。爱护班主任，尊重班主任工作，激励班主任尽职尽责尽心做好班级工作；不定期地组织班主任考察学习，帮助他们认真探索班主任工作新规律。实施班主任培训工作，每学期培训一次。班主任依照学校制定的"学生一日常规"和"学生学习常规"，认真规范学生思想及行为，使之养成良好的行为习惯；认真开展好"525系列教育"活动，督促指导学生依照"我的成长记录""我的行为规范"要求，养成良好的学习与生活习惯；班主任每期必须认真组织学生思想品德的评价工作。

加强班集体建设。要求班主任认真组织好"主题班会"，培养学生积极分子，认真做好转差工作，形成健康的集体舆论，发扬良好的集体传统，建立良好的学风和班风。构建科学的班主任工作和班集体的评价方式，发挥其评估导向作用。每学期评选一次优秀班主任，每学年召开一次班主任工作经验交流会。

建设富有育人功能的校园环境，营造浓烈的校园文化。抓好校园文化、绿化、净化、美化、人文化建设，在校园内增设雕塑、标牌、警示牌、宣传橱窗、名人头像、条幅标语等；设立永久性的校史陈列馆、展览室，办好

《边城风》校报。利用校园网站、校园广播站、国旗下讲话、家校通等平台，丰富学生生活，沟通家校联系，对学生进行教育或自我教育；组织学生参加校园网络信息编辑，在网络上发布评论；组织学生编辑校园广播稿进行广播；以正确的舆论引导学生。

加强团委会、学生会的建设。坚持一年一届两会的代表大会制度。充分发挥学生干部在学生思想政治工作中的积极作用，组织好学生自主活动。利用当地社会、自然的教育资源，开辟德育基地，组织学生定期或不定期地到基地进行社会实践或到社区进行服务活动。

认真研究探索青年学生的心理教育规律。引进心理学教育人才，建立心理咨询室，定期进行心理健康教育，帮助疑虑学生排除心理障碍，聘请心理学专家来校讲座，培养学生健康心理。

开展民族团结教育。推动党的民族理论和民族政策进教材、进课堂；积极参与民族中学交流活动，开展民族文艺活动；增建苗族文化陈列馆，增强民族自豪感和凝聚力；积极利用民族政策，争取国家加大对学校、对学生的支持力度。

多渠道多平台，开展立德树人活动。除了充分发挥课堂在德育工作中的主渠道作用，在课堂教学中实施德育渗透之外，要形成社会家庭联合发力、党政工团齐抓共管、教师全员参与的管理格局；构建学校、社会、家庭"三位一体"的德育网络，形成德育工作长效机制。认真开展好一年一度的新生军训工作，进行严格的军事训练，引导他们在增强国防意识的同时，增强纪律观念，以良好的精神面貌投入到新的学习和生活。办好"四校"（业余团校、业余党校、法制学校、家长学校），上好"四课"（班会课、法制课、党团课、时事政治课）。加深学生对团的认识，对党的热爱，树立团员先锋模范意识；聘请法制副校长，进行法制宣传教育，每学期举办一期法制讲座，让学生懂法用法，增强法制观念，增强学生的责任意识，激励学生积极上进。

抓好困难学生的资助、帮教工作。拓宽贫困生资助渠道，抓住发放仪式的有利时机，对全校学生有效地进行感恩立志、报效社会的教育；以科学的"人才观"评价困难生和后进生，实施"转化包干制"，让每一个教师承担认定一个后进生转化任务。在转化中，时刻发现他们的亮点，给予信任鼓励，通过教师的关怀激励、尊重激励、信任激励和支持激励，逐步实现师生在愿望、目标、意识、进取等诸多方面的共识。

2. 坚持教学中心

坚持依法招生，严格招生纪律，规范招生行为，教务处要严格管理学籍，其他机构与个人不得随意签署学生的转入转出手续。多渠道救助贫困生，多渠道劝学保生，严格控制学生辍学率，三年辍学率不高于10%，认真做好保生工作，保生与绩效挂钩。

开足、开齐课程，特别要有计划高标准地进行通用技术教育，保障其设备、场地和师资的需求，培育学生良好的劳动观念和一定的生产劳动技能。科学规范作息时间，保障落实好学生自习时间和教师"辅优转差"的个性化辅导时间。在自习、教学和辅导中，尊重学生思维，培养学生创新能力。教学上做好培育优生、转化后进生、促动中间生的工作，整体提高教学质量。

坚定不移抓好教育教学常规，认真贯彻《湘西自治州中小学教学常规》，全面落实教学三维目标。修订完善学校教学常规管理制度，健全教学质量监控、调整机制，每学期对教学常规，特别是学业水平考试的考查科目教学常规进行两次检查和评比。认真做好教学质量的综合评价分析，充分发挥评价的杠杆作用。

坚持课堂教学改革。积极推行校本"471"学习策略和"8环节3落实教学模式"的研究成果，并在实施中进一步完善，极大地提升教学质量。加快教学管理、教务管理的规范化、信息化进程。规范实验室、电教室、语音室、电子备课室、多媒体教室等专用教室和图书馆管理，提高使用效益，逐步实现教学手段信息化，多媒体教学普及化。强化信息技术应用，努力做好信息技术与学科教学的整合工作。在教学中运用新技术、新方法，加强软硬件建设，努力打造一流的现代教育技术应用环境；在投入、管理、使用、研究和教学上狠下功夫，探索运用现代教育技术优化教学的有效途径，提高教师应用信息技术水平。

认真开展第二课堂教学。组建并开展好学科课外活动小组，抓好学生数、理、化、生和信息技术培训工作，以促进理科教学，让学生积极主动地参加学科竞赛和科技创新大赛，培养学生学习兴趣；抓好校园文学社团创作活动，以创作活动为阵地，培育文学人才；重视艺术教育，培养学生审美能力和艺术创造能力，组建多种形式的校园艺术团队，每年举办一届艺术节，有目的有措施地培养具备文艺特长的人才，形成自己培养艺术特长生的体系；在开发学生智能、培养学生特长过程中，抓好"小发明、小制作、小论文"的研究性学习，培育学生研究创新能力，推荐其优秀作品参赛参展，激发学生积极向上的热情。

认真贯彻落实中共中央国务院《关于加强青少年体育、增强青少年体质的意见》，全面贯彻落实《中小学体育工作条例》。让学生上好体育课，做好早操、课间操和眼保健操。大力开展丰富多彩的学生体育活动，努力提高学生身体素质，使体育合格率达100%，体育达标率达95%。做到常年抓好校田径队和校篮球代表队的训练工作，保持良好的竞技水平。坚持每年举办一届全校学生田径运动会，以班组建代表队，参赛队员达学生总数一半以上；坚持参加每届全州中小学生田径运动会，力求学校团体总分名次列全州前五名；做好体育特长生的培训工作，逐年提升体育考生的专业上线人数及高考录取人数；抓好民族体育运动。

减轻学生课业负担。改革教育评价和考核办法，规范办学行为，严格控制教辅资料，减少作业量和考试次数。培养学生学习兴趣和爱好，让学生养成良好的习惯，给学生留下了解社会、深入思考、动手实践、健身娱乐的时间。

加强交流与合作。坚持英语口语教学模式，着力提高学生英语水平。加强与高校的联系，争取更多政策让学生多途径地参加高校选拔。

（五）后勤服务

加强财务管理，严格执行财务制度，遵守财经纪律。实施"一级核算，分项管理"制度，规范开支审批手续，自觉接受上级审计机关和教职工的监督，增收节支，做到少花钱，多办事，办好事。

改善校园环境和设施。进一步做好校园绿化、硬化、净化、美化建设工作，积极争创国家级园林式单位。建设独立图书馆，2011年完成功能齐全、建筑面积为3000m^2的独立图书馆建设。充实图书期刊，使图书收藏量达生均50册以上，教学参考书达200种以上，期刊达150种以上，室内相关设施配套；建设独立电子阅览室。

认真贯彻实施《中小学卫生工作条例》，进一步办好学生食堂，做好饮食卫生工作。办好学校医务室，做好疾病预防群防工作，严格控制近视疾病率，增强学生体质体检合格率。加强学校商场、食堂及服务中心的管理，认真落实工作人员职责，完善奖惩制度，实现服务质量、经营效益、社会效益同步，严格控制食堂利润率，做到让学生满意，让家长满意。

管好用好校产。2011年内完成对校产的清理登记工作，以后每年定期对校产进行一次清理维修，做好校产进账、出账的登记和分类存档工作。发展校办企业，大力创收增资，做到年利润逐年增多。

四、附则

本规划须经学校教职工代表大会审议，一经通过即开始实施。为实现本规划，学校将适时制定年度工作计划，并认真组织实施。

在本规划实施过程中，随着教育改革发展不断深化、国家新政策的出台和学校的发展，可对本规划进行修订、补充或调整。

（边城高级中学第二届第一次教代会审议通过）

2010 年 12 月 1 日

边城高级中学"三五"发展规划

（2016—2020 年）

为深入贯彻科学发展观，认真落实党的十八大及十八届三、四中全会会议精神，不断提升学校教育现代化水平，促进学校内涵发展和特色发展，办好人民满意的教育，依据国家《中长期教育改革与发展规划纲要》（2010—2020 年）和《湖南省建设教育强省规划纲要》等文件精神，结合学校教育实际和发展需要，特制定本规划。

一、背景分析

（一）学校概况

学校占地面积近 300 亩，建筑面积 89776 平方米，绿化面积 84132 平方米，现代化教育教学设施配套齐全，校园环境优美典雅。现有教学班 60 个，学生 3372 人，其中少数民族学生占 87.85%。教职工 264 人，专任教师 229人，均获本科以上学历，其中高级职称教师 85 人，中级职称教师 65 人。

学校坚持"人本"发展观，坚持为少数民族地区培养人才的教育教学观念，坚持"以人为本，素质为宗"的办学理念，全面推行素质教育。教学质量和办学水平也在逐年攀升。

学校在发展中创绩，在创绩中发展。2007 年被授予"湘西自治州示范性普通高级中学"；2008 年 6 月被授予全国教育科学"十一五"规划重点课题实验学校、湖南省园林式单位；2009 年 6 月被授予"全国民族中学教育协会示范学校"；同年 8 月被授予国家基础教育实验中心重点课题实验基地学校；2010 年 4 月晋升为"湖南省示范性普通高级中学"；2011 年成为全国高中学校课改联盟发起学校；2012 年被授予"湖南省现代教育技术实验学校""湖南省优秀青少年维权岗""湖南省基础教育教学资源研发基地"；2013 年被授予"湖南省校务公开民主管理工作先进单位"；2014 年被授予"湖南省生态文明示范学校""湖南省中小学教师培训基地学校""湖南省防震减灾科普教育示范学校"；2015 年被授予"全国青少年校园足球特色学校""国家社科基金十二五规划课题《能力导向的课堂有效教学研究》实验学校"。自建校以来先后荣获"全国和谐校园之星""全国改革开放 30 年基础教育发展成就 30 校""湖南省文明单位""湖南省安全文明学校"等百余项荣誉。

（二）机遇与优势

良好的外部环境。我国《国民经济和社会发展十二五规划纲要》提出"按照优先发展、育人为本、改革创新、促进公平、提高质量的要求，推动教育事业科学发展，提高教育现代化水平"；我省提出建设教育强省战略；我州提出建设教育强州要求；我县提出建设教育强县目标。各级政府对教育的发展都十分重视。同时，历经十年快速发展，学校用优异的成绩赢得了各级各部门和社会各界的肯定和认同，均为学校进一步发展提供了良好的外部环境。

优越的地理位置。学校位于 209 国道与 319 国道交汇处的花垣县城北开发区柑子园小区，西邻蚩尤大道，北邻边城大道，距张花、包茂高速在花垣的出口仅 2 公里，交通非常便利。校园南大门与城南五指山、笔架山含情相望，校园内北清湖水长流不竭，后侧花果山森林公园钟灵毓秀，东边柑子园溪流玉带环绕，风景这里独好。

优良的师资队伍。学校有硕士研究生 16 人，特级教师 3 人，州级学科带头人 4 人，县级学科带头人 10 人，受州级以上表彰教师达百余人次。湖南省陈秀坪高中化学名师工作室为省优秀名师工作室，历史教研组、生物教研组、化学教研组为省优秀教研组。学校为湖南省基础教育教学资源研发基地，先后参与湘西自治州电教馆承办的小学英语、初中数学、初中物理、高中历史的资源研发工作，也先后承担湖南省电教馆高中数学、政治、化学的资源研发工作和中央电教馆高中化学实践社区的研发工作，均高质量完成所承担的资源研发工作任务。教师在各级各类杂志上发表论文共 158 篇，在各级各类论文评比中获奖 391 篇。教师参加州级以上教学竞赛获奖 92 人次。"十一五"以来，教师承担的省级以上课题有 32 个已顺利结题，其中 14 项课题成果获省级以上奖励，成功申报 9 个"十二五"省级研究课题，均顺利通过中期评估，正在进行结题或结题准备中。

一流的办学条件。校园建设布局合理，教学区、运动区、生活区分明，实现了绿化、美化、净化、硬化和亮化，校园环境优美，校园建筑风格独特，文化氛围浓郁。现代化教育教学设施配套齐全，拥有设备先进的理化生实验室、计算机教室、机器人培训室、通用技术室、直播教室和校园电视台。校园网按照数字校园的要求设计建设，多媒体网络设备通过 1000 兆光纤全部接入 Internet，办公计算机近百台，所有教职工人手配备一台笔记本电脑。学校拥有 300 座、100 座多功能报告厅各一间。图书馆按省一类标准要求装备，纸质图书 13.2 万册、电子图书 10 万册。学生公寓拥有 3800 个床位。生活服务中心能容纳 3000 名学生同时就餐。学校还配备有照明设施的标准 400 米塑胶田径运动场、标准人造草皮足球场、标准篮球场、标准排球场、标准羽毛球场、标准网球场、乒乓球活动专用场地和体育馆。

在十年的办学过程中，通过悉心探索和不懈努力，已初步形成了以下办学个性，并得到全体师生和社会各界的认同：新课程课堂教学改革初见成效，"八环节"教学策略和"471"学习策略打造出"双一"实效课堂，学校跻身全国高中课改联盟发起学校行列；"525"德育工程使学校德育工作走上制度化、规范化、科学化的道路，学生的养成教育和文明水平得到有效提升；依托陈秀坪高中化学名师工作室，教师积极参与和承担基础教育资源研发及课题研究工作，专业成长有了具体可见的载体，参研教师的专业水平和研究技能显著提升；艺体教育以传承民族文化为主线，把苗族鼓舞、舞龙舞狮、蚩尤拳、苗族刺绣引入了课堂，学生在参加湖南省和全国民运会中多次取得优异成绩，成为学校一张靓丽的名片；学校以成功申报第二批全国校园足球示范学校为契机，大力推进校园足球教学，正努力使之成为我校的又一张靓丽名片。

（三）问题与挑战

在十年的发展中，学校取得了辉煌的成绩，令人自豪。但我们必须居安思危，时刻保持清醒的头脑，看到存在的问题和不足，主要是职业倦怠在部分教职工身上明显呈现，进取心消退，危机感不强，得过且过；生源质量低的现状依然在制约学校的发展，高考压力巨大，高考成绩与学校在湖南省示范性高中应有的地位不相称，与领导、社会、家长、学生的期望不相称；放眼世界，教育整体发展迅猛，由于我校地理区位、办学历史等方面的原因，教育信息化、国际化、多样化、特色化等方面与先进地区相比仍处于相对落后的位置。因此，具体来说，一是现代教育理念有待进一步提高。部分教师忧患意识不强，对待学生缺乏足够的耐心和爱心；部分教师的治教态度不够严谨，加之绩效工资未能充分发挥其正面的激励功能，部分教师存在职业倦怠现象；一些教师的教学观念和方法不能与新课改接轨，课堂效率较低；部分学科组教研活动、集体备课流于形式，效果不够理想；服务人员为教学服务、为师生服务的意识还比较薄弱。二是现代学校制度有待进一步完善。学校管理工作还未达到精细化、规范化的要求，一些制度得不到贯彻落实。随着教育形势的发展，原有的各项管理制度还需进一步细化和革新，激励和约束作用尚不显著。高考竞争日趋激烈，加之社会和家长的高期望值一定程度上制约了学校对学生全面发展和个性化培养的实践和实施，也制约了学校办学特色的彰显和弘扬。

二、指导思想与办学理念

（一）发展思考

今后五年，是国家全面建成小康社会的关键期，也是学校发展的关键期、挑战期和黄金期。展望未来的五年，现代学校制度将全面建成，教育现代化和素质教育将深入推进，新高考下的新课程改革也将进入攻坚期，我们既要破解原有难题，又要创造新的发展优势。虽然面临的任务艰巨而繁重，但是我们必须肩负起这一光荣而神圣的使命。

（二）指导思想、办学理念与办学思路

指导思想：坚持以邓小平理论和"三个代表"重要思想为指导，学习和践行科学发展观，全面贯彻落实国家《中长期教育改革与发展规划纲要》和《湖南省建设教育强省规划纲要》精神及十八大、十八届三、四中全会精神，按规律办学，按规矩办学，以培养适应21世纪创新型学生为根本，以加快发展为主题，以学科建设为龙头，以改革创新为动力，以加强和改进党的建设与思想政治工作为保证，紧紧抓住教育优先发展的历史机遇，切实提高教育

教学质量，大力加强教育科研和管理创新，全面提高学校的办学水平和综合实力，努力实现州内领先、省内知名、国内有影响、国际露头角的三湘名校的奋斗目标。

办学理念：坚持以人为本，素质为宗。

办学思路：坚持学生自主多元发展、教师自觉自信发展、学校特色多样发展。坚持以人为本，坚信每一位教师都是潜在的优秀教师、每一名学生都是潜在的优秀学生，为师生成长提供更多选择机会和发展空间；坚持德育为首，弘扬"边城人"精神，志存高远，心怀天下，勤学善思，勇于创新，引导莘莘学子"为中华民族伟大复兴而努力读书"；坚持以教学为核心，以学定教，以师兴教，以研促教，深入探索"自主、合作、探究"学习教学模式，推进有效教学，打造激情课堂，切实提高教学质量。以"传承民族文化、强化文化引领"为核心，以十年校庆为契机，打造优质学校、特色学校，培养高素质、有特长、能创新的新型人才。

三、办学目标

（一）总体目标

培养适应 21 世纪需要的创新型学生，打造为人师表、德才兼备的师资队伍，把学校办成教育教学质量高、艺体教育特色鲜明、学生基础知识扎实、行为习惯优良的人民满意的学校。

（二）具体目标

1. 德育工作

彰显"525"德育工程特色，创建省文明标兵单位，省安全文明校园；县局目标管理第一名；同建同治工作列教育战线前三位；综治工作、法制工作列全县前五位；师德师风建设每年推出 1～3 位优秀教师典型；其他创建工作努力创先争优。

2. 办学规模

确保在校生 3300 人以上，各年级分配如下：

年级	高一注册人数	高二参加学业水平考试人数	高三高考报名人数
学生人数	1180	1130	1080

3. 教学质量

层次与要求	目标				
学业水平考试	全校一次性合格率不低于95%或列全州前3名				
高考文化生 （含预科）	时间（年）	2016	2017	2018	2019	2020
	一本上线	90	92	94	96	96
	一本录取	102	104	106	108	108
	二本上线	170	175	180	185	185
	二本录取	190	195	195	195	195
	三本上线	205	215	225	235	235

4. 特色办学

科目	目标				
音乐 舞蹈 播音	学业水平考查合格率100%；60%学生会敲击苗鼓				
	年份	2016	2017	2018	2019	2020
	双上线	25	26	27	28	28
	录取	25＋8	26＋8	27＋8	28＋8	28＋8
美术	学业水平考查合格率100%；80%学生钢笔字过关				
	年份	2016	2017	2018	2019	2020
	双上线	30	31	32	33	33
	录取	30＋10	31＋10	32＋10	33＋10	33＋10
体育	学业水平考查、足球、苗拳合格率100%；40%学生会舞龙舞狮				
	年份	2016	2017	2018	2019	2020
	一本上线	6	7	8	9	10
	一本录取	6	7	8	9	10
	二本上线	14	15	16	17	18
	二本录取	15	16	17	17	18

科目	学业水平考查合格率	应用	拓展
信息技术	100%	会使用两种以上软件	培训及参加各种比赛
通用技术	100%	每个学生上交一件以上作品	作品展评
研究性学习	100%	每个学生完成一个课题研究	作品展评
社会实践 社区服务	100%	每个学生参加10天以上活动	报告展评

5. 专任教师发展目标

时间 学历职称带头人	2016	2017	2018	2019	2020
本科学历	100%				
研究生学历	8%	9%	10%	11%	12%
中级职称	40%				
高级职称	30%				
特级教师	1%	1%	2%	2%	2%
学科带头人（名师）	5%	5%	6%	6%	6%

6. 重点项目建设

项目	建设性质	所用地	建设规模和内容	资金来源	完成时间（年）
运动场看台改造	改造	校内	看台	财政	2017
体育馆改造	改造	校内	体育馆	财政	2017
教师住房	新建	校内	48 套	财政＋学校	2017
艺体教学楼	新建	校内	4000m²	财政	2016
托管一所学校	—	校外	—	自筹	2018
校园文化建设	改造	校内	—	财政＋学校	2019
学生宿舍	新建	校内	4000 m²	财政	2016
游泳馆	新建	校内	4000m²	财政	2020

四、主要任务与措施

（一）实施校园绿色教育工程，打造生态花园

1. 实施"绿色教育"计划，开展绿色校园主题活动

组织相关教师，为学生开设绿色教育讲座，使学生系统地接受生态环境教育理念。将可持续发展的思想和观念，特别是环保意识融入教育的相关理念之中，使之成为学生的知识结构和综合素质的组成部分，引导学生追求人性化、人与自然和谐的生存生活方式，逐步理解与资源和环境相协调的社会经济发展方式。成立绿色志愿者协会，开展绿色校园宣传活动和多种形式的护绿清污志愿活动。开展"爱我校园"为主题的征文活动。开展建设"绿色校园"为主题的金点子征集活动。利用植树节、地球日、世界水日及世界环

境日等环境保护日，组织师生开展种植寝室树、班级树和毕业树等活动。

2. 加强绿色校园建设宣传，增强绿色环保意识

在做好绿化养护、整形、校园清洁等日常维护工作的同时，加强宣传教育，提高师生员工的绿化、环保意识。通过板报宣传、组织寝室文化节等方式，宣传节能环保，使人人都能从身边做起，养成不乱丢、乱扔的习惯，并在适当时间组织员工和师生进行"给玻璃洗脸""清洁屋内瓷砖""你丢我捡"等保洁活动。广播站开设绿色校园栏目，每周定期广播环保知识、美化校园信息以及与绿色校园建设有关的活动。校报经常刊登绿色环保教育文章、报道绿色校园活动内容。宣传窗和黑板报定期刊出以绿色、环保、卫生健康教育为主题的内容和图片。每年开展一次以"绿色校园"建设为主题的海报创作和展示活动。

3. 开展节约能源活动，实施绿色环保措施

建设节能环保、绿色安全型校园。在校园建设过程中，开发、推广、使用清洁能源（如太阳能）和应用节能装置（如更换节水龙头等），增加绿色环保实施行动。建立校园绿化实践基地，合理设置绿化果园区、药材区、农业区，并给花草树木挂上相应铭牌，让学生在实践活动中接受相关知识。

（二）实施文化立校工程，打造文化盛园

1. 优化校园文化设施建设，丰富文化载体

以十周年校庆为契机，优化校园文化设施建设，进一步丰富校园文化载体，创建学校特色文化载体，为师生营造更舒心、更愉悦的工作和学习氛围。

2. 加强制度文化建设，以制度规范人

以干部竞争上岗和轮岗为抓手，优化干部队伍，注重培养年轻干部，抓好干部作风建设，开展满意处室（中心）评比，提高群众对干部的满意度；以全员聘任制和绩效工资制为抓手，以师德建设为保障，推动学校的师风、教风建设，完善师德考核方式，严格执行教育局关于加强师德建设的十条禁令；以层级管理和网络管理为抓手，运用计算机辅助管理，推动学校管理制度化、网络化、科学化建设。本着向一线教师倾斜、向班主任倾斜、向毕业年级倾斜、向为学校做出突出贡献的同志倾斜的原则，改进绩效工资奖励部分的分配方式；本着看起点、比进步的原则，对教学成果奖励方案进行修订；本着以实干论英雄，以实绩论奖惩的原则，改革职称评定办法和年终考核办法。修订完善和认真实施行政人员考核办法、班级常规管理量化考核及优秀班主任评比办法、教师教学常规考核办法等，修订文明处室（中心）、年级

组及满意处室（中心）评比办法、教科研成果奖励方案及优秀教研组评比办法等。评先评优、年终考核、干部竞聘等均要与量化考核结果挂钩。

3. 加强人文环境建设，以氛围熏陶人

以十年校庆为契机，深入挖掘十年办学文化积淀，锻铸"边城人"精神，打造精神文化高地。让求真、崇美、尚善在校内蔚然成风，让教职工以能在学校工作而骄傲，让学生以能在学校求学而自豪，把学校建设成为师生心目中的精神家园、工作乐园、生活田园。完善校报的编辑与出版，加强校园网站建设，与媒体建立密切互动关系，为积极宣传学校和教师，树立良好的教育形象服务。

4. 丰富校园活动，以活动改变人

通过感恩系列活动，让温暖与爱在校园和社会之间传递；成立教职工协会、组建学生社团；办好《边城风》、校园广播站、电视台、学校官方网站，加强与相关媒体的交流与互动，树立学校良好形象；建立学生校长助理制度，定期召开学生座谈会，让学生自主管理，自我教育；有计划地开展学生社团活动，比如经常开展十佳歌手大奖赛、形象大使评选、校园合唱节、艺术节、体育节、迎新篮球赛、足球联赛、蚩尤拳比赛、广播操比赛等丰富多彩的校园文体活动；规范国旗下讲话、校会、班会、夕会等集会，渗透社会主义核心价值观的教育，用高尚的精神塑造人。以迎十年校庆为契机，成立校庆办公室，整理校史，建立校友联谊会；发掘校友资源，加强学校与校友之间的互动与联谊。大力推进学校育人方式多样化、个性化，积极开展研究性学习、社区服务和社会实践及校园综合实践活动，注重培养学生自主学习、自强自立、创新精神和适应社会的能力。

（三）实施"以师为本"工程，打造教师家园

1. 智慧引领，激发教师职业幸福感

聆听报告，带着幸福感做教师。通过请进来和走出去或是观看相关影视作品，聆听大家名师的精彩报告，如《在教育之中审视教育——我的幸福教育观》《怀揣教育理想上路，带着幸福感做教师》《回归原点，老师到底是干什么的》《你了解你的教学对象吗？》等。通过聆听报告，使教师获得精神的洗礼，获得智慧的力量，树立正确的理想信念和价值追求。

悦纳经典，在阅读中享受幸福。"腹有诗书气自华。"教师读书既可以保持教学的源头活水，保持职业不懈怠的活力，还可以保持心灵的润泽，灵魂的高尚。一个有品位、有气质的老师，一定要有浓浓的书卷气。作为老师有必要静下心来好好读一点书，有积累才能有倾吐，有厚积才能有薄发。坚持开展书香校园活动，每学期组织开展教师共读一本专著活动，开展教师读书心得交流会、读书主题沙龙、优秀读书心得评比等。让教师在阅读中感受到读书的快乐，教育的激情，汲取成长的力量，让博学和睿智一路相伴而行。

多彩活动，提升教师幸福指数。健康向上及丰富多彩的活动，有利于不断丰富教职工的精神生活，激发教职工的工作热情。支持鼓励教师组建各种社团沙龙并开展活动。精心设计和组织开展教职工喜欢参与的寓教于乐的各类活动，营造良好的氛围，唱响爱国主义、集体主义、社会主义主旋律，使教师在参与活动中受到潜移默化的影响，思想感情得到熏陶，精神生活得到充实。从而真正实现工作着、快乐着的愿景。

2. 弘扬师德，激发教师职业道德感

以先进为标杆，争当师表模范。践行师德，创先争优。充分发挥陈秀坪同志的示范引领作用，大力开展"感动边城十大年度人物""爱生模范""师德标兵"等多种形式的评选活动，制作宣传版面和专题片，大力宣传师德典范的先进事迹，轰轰烈烈地开展学习先进活动，让更多的教师找到目标，找到方向，找到教书育人的方法，由先进典型的"一马当先"引发为广大教师的"万马奔腾"。

以机制为保障，凸显师德工程。师德建设是一项系统工程，需要学校各部门上下联动。要进一步创新理念，既注重过程，又注重结果，强化领导、完善管理、科学评价，逐步构建师德建设的长效机制。成立学校师德师风建设领导小组，结合实际制定具体、可操作的师德培训制度，积极开展新教师上岗宣誓、师德承诺、班主任论坛、青年教师师德大讲坛等活动，把师德建设纳入规范化、法制化轨道。建立师德评价制度，结合年度考核，采取教师自评、互评，学生、家长参评等方式，对全体教师进行师德年度考核，并将结果作为奖惩、聘任、评优、晋级、晋职的重要依据。

3. 锤炼师能，激发教师职业成就感

校本教研，在专业成长中体验幸福。扎实开展校本教研活动，切实加强备课组和教研组建设，每学期开展"同课异构"和"青年教师教学比武"等活动。通过同年段不同老师对同课题教学的演绎对比，听课讨论，互相借鉴学习，反思课堂教学得失，以敏锐的眼光提炼和提升课堂背后的教育理念，提高教学能力。

搭建舞台，在专业成长中分享幸福。通过"请进来、走出去"为教师成长搭建舞台。邀请专家名师来校引领教师成长，少走弯路，追求实绩高效；让老师走出去，虚心求学，将最新的理念带进学校生根、发芽、开花、结果。通过《骨干教师培养规划》，指导教师根据自身的特点，剖析个人专业发展现状，从而进行自我定位，从专业精神、教学思想、教学基本功、教学策略、教学研究等几方面制订自身专业成长的措施，形成《个人发展规划》。

4. 提升待遇，激发教师职业荣誉感

实施情感温暖工程。注重管理过程的人性化，善待教师、尊重教师、关爱教师。如教师过生日送贺卡、节日送祝福、生病探望、健康检查、帮助教师解决子女入学、就医等困难，使教师时刻感受到学校这个大家庭的温情与关怀。

实施快乐健身工程。以工会为依托，定期或不定期组织教师开展小型多样的趣味体育活动和体育竞赛，丰富教师的课余生活，缓解教师的工作压力，感受集体的温暖。

实施阳光政务工程。严格执行校务公开制度，建立公示制度，设置校长信箱，健全教代会、民主评议、评教评学等制度，促进民主办学和民主管理，提升教职工的主人翁意识，使教职工真正成为学校的主人。凡涉及学校发展和教职工切身利益的重大决策、制度、方案都提交教代会讨论表决。干部的选拔任用、评优评先，要求过程民主、程序规范，充分展现人本化管理的魅力。

福利提升工程。多方筹集奖教奖学资金，奖励在课堂教学改进行动研究、教学质量检测、课堂教学比武等方面成绩突出的教师；在财力许可的范围内，适时提高校内结构工资额度，建立健全校内结构工资正常增长机制；实行班主任职级制，依照班级目标量化管理考核结果发放班主任职级工资；每年三八节、中秋节、教师节、春节，工会根据学校财力依据政策给教师发放一定福利。

（四）实施以生为本工程，打造学生乐园

1. 优化生源结构，提高人才培养起点

既要主动出击，拓展生源基地，拓宽生源渠道，更要苦练内功，科学管理，提高本科上线率，提高名校录取率。要创新招生方式，以招飞、播音主持、专项计划等为突破口，尝试与高校建立对口培养关系。要创新人才培养模式，针对学校生源特点，适当扩大艺体特长生的招生人数、建立特长班；同时，加强优生培养，进行小班化、高起点、大容量、快节奏、高品位的教改实验。

2. 推进素质教育，实施"学生健康成长工程"

搞好阳光体育活动，做好专题健康教育活动及"体质健康监测工作"，丰富心理健康教育内涵，充分发挥"心理氧吧"的作用，让学生动起来、健康起来。丰富艺术教育的形式和内涵，建设一批高水平学生艺术团，提高学生审美情趣和艺术鉴赏力，让学生优雅、高尚起来。拓展素质教育途径，大力开展学生社团活动，让学生活泼起来、自立起来。开发校本课程，使学生在课程的自主选择和个性化知识的掌握过程中形成更多更广泛的能力，更好地认识学习的价值，塑造健全的人格，让学生丰富起来、完善起来。

3. 落实因材施教，促进各类学生充分发展

依据大部分学生基础弱、底子薄的生源现实，教师在课堂教学中要适当降低教学重心，注重双基训练，分层次、有针对性地开展教学活动。做到结合学生实际，因材施教，因人施教；做到心中有标准，眼中有学生，手中有方法。形成开放灵活、选择多样的人才培养立交桥，为每一个学生提供更多的自由发展空间和学习选择机会，使每个学生都得到充分、全面、和谐的发展。深入推进"双制"，建立家访制度，完善学习困难学生的帮扶机制，规范奖学金和助学金的发放，关注学生的特点和个性差异，发展每一个学生的优势和潜能。重视特殊才能学生的培养，做好竞赛辅导，实行特殊人才特殊培养，扩大高层次人才培养规模。

（五）提高教育信息化水平，打造数字校园

数字校园建设包括教育教学信息资源的数字化、信息管理方式的数字化和沟通传播方式的数字化等环节。校园数字化渗透于办公及学校管理、教育教学及管理、教育科研及管理、图书信息及管理、生活指导与心理辅导、家校互动、学校后勤服务等各个领域。整个数字化校园的建设工作围绕新型教育教学模式和新型人才培养模式及环境建设模式的探索而展开。

加强教师信息素养培训，建设完善学科支持网，改善学校基本设施，深化管理应用，促进家校互动。充分利用信息技术，依托宽带网络，建立一个多层次、创新型、开放式的学校，全面提高学校办学的质量和效益；以新的人才观、教学观和管理理论为指导，更新传统的教育、教学、管理和沟通模式，培养适应信息社会要求的创新型人才。进一步促进信息技术环境与校园人文环境有机融合，信息技术应用在学校各方面实现全面渗透，甚至将教育信息化延伸至家庭和社区，建成真正的数字化校园。

五、保障机制

（一）抓住机遇，用好政策，大力争取各方支持

利用十年校庆机遇及国家高中教育发展政策，争取各级政府对学校的资

金投入，进一步优化办学条件和改善教职工待遇。

（二）更新教育观念，坚持依法治校

真正确立起"为中华民族的未来负责，为学生的终身发展奠基"的教育理念。在实施素质教育的过程中，树立新的教育观、人才观和质量观，不断进行深层次的理性思考和实践探索；学校和教师的一切工作都要在"四个有利于"上狠下功夫，即有利于学生身心的健康成长、有利于学生的创新精神和实践能力的培养、有利于学生全面发展和个性特长的充分发展、有利于教育教学质量的全面提高。

认真贯彻落实《教育法》《教师法》《中小学教师职业道德规范》《国家中长期教育发展规划纲要》等法规和制度，增强全校教职工的法律意识，依法施教，科学管理；修订《边城高级中学治校典章》，优化学校内部管理体制机制。

推行校务公开制度。建立学校内部监督制约体制，确保广大师生员工参与学校民主管理的作用，努力营造学校民主与法制建设的良好氛围，不断提高依法治校、依法执教的能力和水平；切实加强学校安全管理，确保校园安定和谐，争创安全文明校园，推动学校各项工作不断迈上新的台阶；以建设和谐校园为重点，努力落实政策规定的各项教职工待遇，妥善处理好各方面的利益关系，建立起使全校教职工各尽其职、各尽其能的体制机制。

加强党组织建设。充分发挥党组织的政治核心作用和党员的先锋模范作用；充分发挥学校教代会的民主管理和监督作用，充分发挥共青团的桥梁和纽带作用。深入开展"凝聚力"工程建设，通过目标导向、鼓励创新等人文管理手段，团结人心，凝聚人气，形成和谐有序、开拓进取、发展创新的工作氛围。

（三）强化督查，接受监督

制订学校五年发展规划执行的年度推进计划，对计划执行情况进行年度自评，并将自评情况向全体教职工公布，听取和采纳其对执行规划的意见和建议，及时解决规划执行中存在的问题。同时聘请上级教育部门、社会各界、学生家长代表共同组成规划执行评估小组，对规划执行情况进行定期评估、及时调整完善，确保规划的顺利实施和学校的健康发展。

2015 年 10 月 8 日

第二部分

实践篇

论 文

探索校本培训的着力点，力塑教师魅力

摘要 笔者从"抓宏观规划""用评价杠杆""兴读书活动""创育师模式"四个方面，探究校本培训新形式、新途径、新方法。

教师是教育的第一资源，在实施素质教育促进教育事业改革和发展的过程中起着不可替代的作用；教师是打造学校品牌和特色的重要条件。如何提升教师综合素质，增添教师的魅力？校本学习和培训是教师成长的重要途径，是学校快速发展的源泉。经过几年的探索和实践，笔者深深体会到，抓好"四个着力点"是提高校本培训效果的关键环节。

一、抓宏观规划，引领教师专业成长

校本培训如何进行，要达到一个什么样的目标，这些都要事先做好规划。有了规划，做起来才能有的放矢，减少盲目性。有些人总认为校本培训太大、太空，无从下手，究其原因就是没有结合教学实际，作好宏观规划。我们在实际工作中，首先对每位教师的原有水平进行了分析和诊断，制订了《办好教师成长第二大学，推动教师的可持续发展》的校本培训三年规划和《教师系列达标实施方案》，确定了详细的目标、方法、步骤和培训内容。其次学校为促进教师在读书中成长，制订了《教师读书三年规划》，确立了读书目标，规定了读书内容，提出了读书要求，明确了考查办法。最后每个教师再根据学校的规划和方案，制订了《个人三年发展计划》《个人学期计划》《个人读书三年计划》，明确个人读书计划安排。

二、用评价杠杆，促进教师专业成长

校本培训能否取得好的效果，完善的评价体系很重要。教师在现阶段如何发展，向什么方向发展，可通过评价措施来引导。根据新课改精神，我校对教师的工作实行多元评价的方式，即个人自评、备课组互评、教研组月查、教务处随机抽查、期中期末普查相结合的动态过程评价方式。特别是教师的自评、自我反思、自我改过，促进了教师的可持续发展。在评价方式上，突出课堂主阵地，通过对教师创新课堂评价的结果来实施对教师的评价；根据"教师职业道德规范"注重对教师日常行为的评价；以学生满意评价为主要方式，定期向家长发放征求意见书，收集他们的意见反馈，进行定性分析；最后依据评价各指标权重，进行综合认定，将其记录在教师档案里。

按照"集体运作，分散组织，协作学习，共同提高"的思路，我们将校本学习与培训纳入了教学常规管理的工作中。学校制定了校本学习与培训的评价细则，明确规定了各自的把关项目，所有教师的各种学习与培训内容，最终都纳入年终考核之中。在督促检查功能上，教务处、教科室、年级组、教研组、备课组都有督查、评价、考查的责任；在学习培训上，教科室统领安排，各学科组分头实施，教师自主学习与训练；在效果检查上，学校重点抓理论学习与导向，进行理论测试，论文评选，学识考试。备课组和教研组则以评选优质课、教学比武及汇报课展评等活动来考查；基本功项目则通过基本功竞赛，课件制作比赛等活动来检验。

三、兴读书活动，夯实教师专业成长的根基

曾有人这样说过，教师的定律，就是一旦你今日停止成长，明日你就将停止教学。学习贵在持之以恒，坚持不懈。因此，抓好教师的读书活动，才能夯实教师专业成长的根基。我校结合实际开展了教师读书活动，制定了《教师读书三年规划》，提出了"读书促成长，校园满书香"的口号，要求教师在专业学习、提高整体文化素养的基础上，深层次地读书。一是阅读教育名著，让名家引领教师的教育实践，转变思想观念、思维模式，进行教育创新；二是阅读文学经典书籍，以提高教师的人文素养，夯实教师的文化功底。同时，为创建学习条件，学校鼓励教师征订教育报刊，并报销相关费用。此外，学校还购买了一批教育理论名著和文学名著，充实了学校图书馆。学校还针对教师手头资料少的现状，开展了推荐好文章、好书籍活动，实现了资

源共享，推动了书籍流动，并给教师每人建立了一个"学习资料的剪贴本"，剪贴自己认为需要保存的资料。学校每学期举行读书比赛、演讲比赛等活动，激发了教师学习的兴趣，在校园兴起了浓烈的学习氛围。通过读书，老师们的眼界开阔了，专业成长也越来越快了。

四、创育师模式，力塑教师魅力

积极创新育师的途径、方式和方法，创新"以校本培训"的机制，摒弃过去那种"等、靠、要、调"和"脱产培训"的消极做法，积极构建教师在校在岗的培训机制。根据教师不同的经历（即学历、资力和教育能力）分为五个层面的培训，引领入伍教师、青年教师、新秀教师、骨干教师、高级教师提升育人魅力。

（一）引领入伍教师转换"角色"

由于学校快速发展，我校近年来招聘了一批高校毕业的师范生，他们学历高，但缺乏实践；有成功欲望，但缺乏工作经验。为让他们迅速完成从大学生到教师的角色转换，学校采取五项措施：一是搭建新教师与学生平等交流的桥梁，使其担任班主任，让他们领会学校"以人为本"，让每个学生"成人成才"的理念；二是搭建新教师与事业的桥梁，引导他们确立"质量兴校，科研强校"的理念，使之树立正确的教育观、质量观和人才观；三是坚持教学常规，练就教育教学基本功，狠抓常规教学"五环节"，督促他们参与集体备课，认真听课，虚心听取老教师评课，认真做好教学反思工作；四是"老带新"，签订"师徒合同"；五是实施"汇报制度"，学校规定新入伍教师一年内坚持教育教学汇报制度，汇报内容有高质量与高水平的教学设计、创优课、专业考试、教育教学总结、设计的活动方案和组织的主题班会。

（二）引领青年教师转化为"新秀教师"

目前一些学校青年教师居多，我校亦是如此。他们有活力有激情，学校对青年教师实施过"六关"制度，即思想道德关、教学技能关、教材教法关、教育理论关、现代教育技术关、教学科研关。为了帮助他们过好"六关"，我们定期组织青年教师培训班，由学校领导、骨干教师对他们进行师德与专业培训，建立青年教师档案，记录他们的成长过程，引领他们组织各学科教学创优，使之尽快成为"教学新秀"。

（三）引领新秀教师成为"骨干教师"

其主要做法是组织他们积极总结教学经验，选派他们参加省、州学科竞赛，组织他们进行专题讲座，在教育教学研讨会上介绍自己教育教学中的体验感受。

（四）引领骨干教师形成自己的教育教学风格，成为教育教学的领头人

骨干教师是学校教育教学的中坚力量，学校委派他们坚守教育教学的最前沿，组织他们进行课题研究，总结自己的教学经验，并在自己的教育教学实践中，形成自己的教育教学风格与特色，实现教师由"教书匠"向学者型人才的转变。

（五）引领高级教师克服职业懈怠

学校有一批获得高级教师职称的教师，认为自己有了成就，"船到码头，车到站"，因而其中部分教师逐渐产生职业上的懈怠。为克服这种懈怠，学校组织他们担任课题主持人，中青年教师的辅导人，学校工作的调研人，评选"名师名教"，推荐他们参评省、州先进人物，从事业上、成就上激励他们，使之能一如既往地发挥才干，彰显其教师魅力。

［原载于《吉首大学学报（社科版）》2008 年第 3 期］

校长要做规范办学行为的楷模

在大力推行素质教育的今天，校长负责制赋予了校长办学的权利与义务。学校追求什么，如何发展，很大程度上在于主管部门和校长的决策与管理。在当今要成就一所学校，先决条件是要有一位好校长。作为一名中小学校长，无论如何，应站在推行素质教育的最前列，坚持规范办学，做规范办学行为的楷模。

一、以科学发展观引领学校发展

对于学校和教育工作者来说，如何理解科学发展观，如何落实科学发展观，如何构建和谐学校，这些都需要我们深入地思考。纵览教育办学实践，

名噪一时的学校有的是，但名垂青史的学校却不多。究其原因，名噪一时的学校多以追求名利作为自己的办学目标，而名垂青史的学校则把培养学生健全的人格和正确的价值观作为己任。而校长的教育思想、教育理念和价值观追求对学校的办学行为起着决定性作用，因此校长应以正确的价值观引领学校健康发展，从而大力推行素质教育。

20 世纪 90 年代中期，素质教育理论与实践顶着各种压力，从陈腐的传统观念中冲撞出来。十多年来，素质教育在实践中发展壮大，并且解决了"培养什么人"和"怎样培养人"的重大问题。素质教育的基本目标是培养德、智、体、美全面发展的有理想、有道德、有文化、有纪律的"四有新人"，培养社会主义事业的建设者和接班人。素质教育是面向全体学生，以全面提高学生综合素质，促进人的全面发展为目标的教育。素质教育现已成为我国教育发展的必然趋势，没有素质教育就没有中国的现代教育，素质教育代表着中国教育的方向。

作为校长，我们都曾接受过素质教育理论的学习和培训，也曾将学习的素质教育理论传授给师生，也曾将"大力推进实施素质教育"列入学校办学章程或工作计划中，把"以人为本，素质为宗"作为办学理念。但是面对当今商业化、功利化色彩越来越浓厚的大世界，教育从来没有像今天这样受到人们这么高的重视，也从来没有像今天这样受到这么大的压力和挑战。在压力、挑战、企盼面前，某些校长迎合了功利化观念，迎合了"片面追求升学率"观念，毫无警觉地成了陈腐观念的俘虏，放弃了教育应有的公平，学校或多或少地出现了违规的办学行为。这些过失都在警醒着校长对素质教育的内涵应有正确的认识。

二、追随教育发展，与素质教育发展保持俱进态势

认清教育形势，对规范办学行为有着积极意义。目前我们正面临着基础教育的转变形势，即从重视速度、规模的发展正转向更重视内涵发展和质量提高；从重视义务教育普及正转向更重视义务教育的均衡发展；从重视学生文化知识学习正转向更重视学生学习能力、实践动手能力和创新精神的培养；从重视升学教育正转向更重视回归教育规律。我们应以敏捷的思维、锐利的目光，认清素质教育深入发展的形势，从而进行教育的变革发展。为此，我们应摒弃陈旧的"重知识学习""重升学教育"的滞后意识以及"重时间加汗水"的方式方法；我们应依照教育法规及政策，排查违规办学行为，及时

纠偏纠错，同时创新思维，构建符合素质教育要求的办学行为和教育教学行为。

在现代教育的实践中，我们都有这样的体验：坚持素质教育，依照教育规律办学治校，学校就能健康发展；反之，稍一动摇，学校就会偏离教育轨道。因此，我们应时刻保持清醒的头脑，追随素质教育，规范好自己的办学行为。在践行科学发展观的过程中，坚持办学行为规范不动摇，与时俱进地办好人民满意的学校。

三、落实办学行为规范，确保学校持续发展

2009 年 4 月，国家教育部下发了《关于当前加强中小学管理规范办学行为的指导意见》，文中指出：目前一些地方和学校仍然存在着办学行为不规范的突出问题，不符合素质教育的要求。并要求我们中小学校长明确自己的管理职责和工作任务，抓住要点，认真解决好一些违背教育规律、影响正常教育教学秩序的突出问题。对此，我们必须清醒地认识到：办教育办学校，必须遵守国家的教育法律法规、教育方针政策。笔者认为：规范办学不是对校长、教师和学生的束缚，而是对他们的一种解放；正是在规范办学行为的前提下，我们的教育才能为校长、教师和学生提供无限的创造性，为学校持续发展起着保驾护航的作用。

四、以管理为抓手，全面规范办学行为

诸多实践证明，在影响素质教育的诸多要素中，学校管理有着特殊的重要作用。所谓学校管理，就是对学校的人、事、物、财等资源进行计划、组织、指挥、协调、控制的过程。我们在增强"向管理要质量、向管理要效益、向管理要现代化"意识的同时，也要树立"向管理要规范行为"的理念，做到规范管理。"规范管理"是学校管理的底线要求，是依法治校和以德治校的初步体现。我们校长应以管理为抓手，从底线管理入手，完善、提高管理层次。校长除了要认真把握好信念追求、追随素质教育不动摇之外，还要认真把握好办学行为，因为规范一切办学行为是学校立足之本。因此，校长必须在规范教育收费、规范教学行为、规范教育行为、规范管理及服务等办学行为方面下真功夫，抓出成效。

五、引领教师规范自己的教育教学行为

教师是学校教育教学的主体，因此，全面提升教师整体素质是规范办学行为的又一重点。在教师队伍建设中，校长既要引领教师建立民主、平等、和谐的师生关系，又要加强师德建设；既要狠抓教师继续教育，增强业务素质，又要加强驾驭新课程改革背景下的课堂教学能力。因此一方面要大力弘扬奉献精神，认真落实教师职业道德规范，以高尚的精神塑造人，以渊博的知识培养人，以科学的方法引导人，以高雅的气质影响人。另一方面要从发展的长远角度扎扎实实地做好教师培训工作，使之从"教书匠"转变成学者型教师；从传授知识转变成培养学生思维、提高创新能力；从一支粉笔、一本教科书、一本教参、一本教案、一张嘴的"五一型"教师，转变成为熟练掌握现代教育理论和应用现代教学设备的新型教师。

就规范教师教育教学行为来说，笔者认为应从教师坚持爱岗敬业、坚持关爱学生、坚持科学育人、坚持终身学习、坚持为人师表五个主要方面入手。"爱岗敬业"重在培育教师对岗位强烈的事业心和责任感，使他们热爱自己的教育工作，并表现出极大的教育教学热情，在平凡的岗位上，兢兢业业工作，奉献自己的才华；"关爱学生"重在塑造教师"关爱学生、尊重学生人格"的心灵，让每一个学生都能切身感受到无私的师爱；"科学育人"重在引领教师运用科学的方式、方法去培育人，将教师引领到培养学生自主、合作、探究的自我成长的学习方式上来，摒弃"满堂灌"的教学方法，把课堂改革作为全面推行素质教育的关键环节，注重学生思维创新教学，注重课堂双向和多向的交流与合作，向课堂45分钟要质量；"终身学习"重在教师们持之以恒地学习；"为人师表"重在塑造教师的人品、人格魅力，要引导教师明耻知荣，以胡锦涛总书记倡导的社会主义荣辱观为准则，塑造良好的品德，经得住大千世界中的各种负面诱惑，言行堪为人师楷模。

规范办学行为，非一蹴而就之事，还须建立健全长效机制，以保障学校可持续发展，因此我们必须保持坚定的信念。只要心中的理想之灯还在闪耀，我们就能为校园撑起一片朗朗晴空。

（原载于《教师》2009 年第 11 期）

让家庭教育托起希望

——读《漫谈中学生家庭教育》之感受

人才兴则民族兴，人才强则国家强。历史和现实表明：人才是人民富裕幸福、社会文明进步、国家繁荣昌盛的重要推动力量，国家需要人才。每位家长都望子成龙、盼女成凤，企盼自己子女能获得成功，拥有幸福的人生。而教育是打开人才宝库的金钥匙。

学校教育重要，家庭教育更为重要。如何认识家庭教育，如何对子女进行家庭教育，这是一个值得人们关注的问题。今天，一本指导家庭教育的好书《漫谈中学生家庭教育》将呈现在您的面前。作者是从教二十多年的特级教师，对家庭教育进行了认真的探索与研究，在书中与家长进行推心置腹的交谈，对家庭教育的本质、意义、内涵、内容及其方式方法进行了详细的陈述。它如一缕清风，吹散了人们心中的迷雾；又如一泓清泉，滋润着家长渴求子女成长的心灵。书中文字朴实，却闪烁着智慧的火花；文中语句通俗，既是心的感悟，又是情的交流；其浅显易懂的话语表述明快清晰，富有亲和力，既寓理于事，又以事明理，使家长们热切关注的话题，不但入眼，更是入心，让读者恨不能一口气将它读完。

家长们关注家庭教育，关心子女成长。然而正如这本书解读当前家长育子状况那样，不少家长常常因子女成长过程中出现的一些问题而困惑、烦恼。由于家庭教育观念和方式的偏差，目前家长对子女教育存在着诸多不当行为，诸如重智轻德、重知识轻能力、重技艺轻习惯等，带来诸多的负面影响。主要表现在：一是家长过高的期望带给孩子的无望；二是过度的保护带给孩子的无助；三是过分的溺爱带给孩子的无情；四是过多的干涉带给孩子的无奈；五是过多的指责带给孩子的无措。我们培养孩子应从子女心灵健康成长出发，像作者科学的主张那样，用"真爱"实施于家庭教育，家长用富有爱心的表率行为示范于孩子面前，用爱的目光注视孩子，用爱的心情倾听孩子，用爱的细节感染孩子，用爱的语言鼓励孩子，与孩子沟通，把爱的机会还给孩子。让孩子从心灵中感受到家庭的爱，让爱充实着青少年的胸怀。

家庭教育是一项事业，同时也是一门艺术。编撰一本书，付出的不仅是学识、精力、时间，更是作者的情和爱。本书倾注于提升家长的素质、倾注于中学生的成长，于是锲而不舍、精益求精，追求与读者的"零距离"，决不能让半点闪失降低它的作用，巧妙地、艺术地在"导"字上做文章，这会收到春风化雨、润物无声的好效果。

家长对子女教育的困惑，从某种意义上来说，是由家长教育心理、知识匮乏和传统观念影响造成的。因此，为家长们补上这一课，让更多的家长了解更多育子知识，对家庭教育乃至整体教育、国民素质提高具有十分重要的意义。《漫谈中学生家庭教育》，正是基于此目的，从理论到实际操作，作者把自己二十多年的经历、经验呈现给读者，特别适合于中学生家长们阅读。

育人先育德，各级各类学校都应把德育摆在首位，注重学生的素质培养，中学生德育素质的培养牵动着普通中学的神经，他们举办家长学校，对在校学生家长进行指导，因而该书又是家长学校的好教材。

读书求智无疑是明智人的选择，中学生的家庭教育重在实践而非理论，尤其对父母而言，抓住关键问题，反思个人的经验，听听专家的建议，用心来研究孩子，一般都能从本书中找到富有实效的方式方法。

基于对学生成人成才的企盼，做了如此之多的忠言闲语。

是为序。

（本文系为陈秀坪专著《漫谈中学生家庭教育》所作的序言）

浅谈青年教师之培养

摘要： 培养优秀教师是学校发展的希望。应依照教育规律，建立健全教师成长和管理的长效机制。结合校本研修，采取建机制、压担子、建园子、结对子、搭台子、给位子等办法，多层次、多角度、多途径提升青年教师师德及专业魅力，使他们真正成为学校发展的希望。

培养青年教师是学校发展的主旋律。这旋律的弹奏者若能立足现实、着眼长远，从多层次、多角度、多途径入手，依照素质教育规律，建立健全教师成长和管理的长效机制，那么，人民群众满意的学校就会呈现在人们的眼前。几年来，湘西土家族苗族自治州花垣县边城高级中学，结合校本研修，唱响了培养教师的"六部曲"，取得了较好的效益。

一、建机制，引人才

就目前境况来看，少数民族地区教育与先进发达地区教育之间存在诸多的不均衡，尤其是少数民族地区高素质的教师队伍，更是需要大量地投入建设。少数民族地区要发展，少数民族地区学校要做大贡献。为此我们在建校的过程中，抓住教师队伍建设，创新机制，引领学校快速发展。

（一）解决教师急缺问题

建校之初，我们大胆地从全国各地招聘优秀中青年教师，包括校长，组建成五湖四海为少数民族教育做贡献的教师团队，之后，每年从大学毕业生中招聘青年教师七十多人，占全校教师队伍的三分之一。

（二）极力抓好教师队伍培训

突出两个方面。一是磨合提升五湖四海教师为少数民族教育发展的融合力，增强凝聚力；二是努力提高青年教师的教书育人能力。我们坚持用少数民族教育事业留人、感情留人、学校发展留人；着力构建青年教师培养机制，增强他们自己的造血功能，让青年教师脱颖而出；坚持以人为本理念，给教师更多的人文关怀和激励，为他们提供一个良好的工作、学习、生活及努力创绩的环境。教师走进学校举办的第一个培训仪式就是"边城高级中学教师宣誓"活动，第二个仪式是岗前培训，重在师德的提升。继续抓青年教师的专业成长，采取有效措施，实施全过程的培养与管理。

（三）建立健全教师培养的管理机制

学校有计划地建立起教师队伍更新机制：一是每年引进一批青年教师优化教师队伍结构；二是对教师严格培养，实施任用考察制和岗位责任管理的动态竞争机制；三是关注青年教师专业发展，提高业务能力。在面向全体教师的基础上，引导青年教师把关注点锁定在专业发展上。

二、压担子，抓住"练"

现今的青年教师大多有着旺盛的工作精力和强烈的进取之心。但也有许多人潜意识中认为今后的路很长，机会很多，处于"待机"状态，为了激活这个休眠状态群体的内在爆发力和潜力，应实施压担子、练功底的做法。

（一）师品压担子，练崇高师德

师德的核心是爱心。尤其是对学生及其家长的关爱之心。青年教师大多年轻气盛，部分教师急功近利，当学生的言行举止发展变化有悖于常规或自己的期望时，常会简单粗暴地对待处理。因此师德成了学校大小会议的中心话题之一。我们通过师德演讲、先进评比、小组座谈、个别谈心、听报告、看录像等方式规范青年教师的言行，在评优评先活动中对有违师德的教师坚决实行一票否决制，以帮助、激励他们养成爱生、爱岗、敬业、忠于职守、勤奉献的高尚师德。

（二）专业压担子，提高业务

现在的青年教师都有合格学历，但一部分人学识不扎实，而对学识的追求又是与对文化知识的追求相辅相成的。学校鼓励他们通过自考、培训和进修等形式取得双学历或更高学历，练就扎实而渊博的文化功底，增强学识魅力。从而为尽快更新教育理念、灵活处理教学信息和出色完成教学任务提供强有力的保障。

（三）工作压担子，练教学功底

鼓励青年教师勇挑重担，敢于迎接各种挑战。不少教师身兼多职或要职，既任学科教学又任班主任工作，或兼任学校特长生培养。学校通过各种途径强化青年教师的教学功底。因此本校经常选送青年教师参加省、州、县举办的教学竞赛，定期安排青年教师举行学术报告会。

三、建园子，注重"情"

营建良好的校园人文环境对青年教师具有吸引力，而且对他们的成长起着激励和鞭策作用。他们在成长过程中，离不开领导的人文关怀、同事的倾情帮助及自身的虚心求学。青年教师初出茅庐，涉世不深，想有所作为又不知从何入手。生活中的苦与乐、工作中的得与失，会让他们情绪大起大落，这就需要校园人文关怀，急他们之所急，想他们之所想，适时地给其启发、引导和激励，帮助他们及时走出困境，营造一个让青年教师宽松和谐的大家园。为开阔青年教师的眼界，学校订阅了大量的书刊报纸，开通了多种教育教学网络，提供相应的阅读学习的时空，开辟开放式、沙龙式教研天地，将青年教师的教育教学工作与丰富多彩的活动融为一体，用文明向上的书香校园和轻松活泼的教研氛围促进他们尽快成长。

四、结对子，突出"帮"

中年骨干教师和老教师是学校的宝藏，他们很多人身怀"绝技"，有的是班级管理能手，有的是教学工作"巧匠"，在长期实践中获得的特色经验是青年教师所不及的。我们学校一是在上级部门的统一组织下有计划地安排优秀青年教师下乡支教，与受支教学校教师结对子，相互交流，共同提高；二是经常邀请专家学者来校与青年教师就工作存在的疑点、难点、热点和焦点进行沟通与交流；三是设立"导师团"，"导师团"成员与青年教师结对子，签订"师徒合同"，明确"师徒"各自的责任和目标，学校对"师徒"进行捆绑考核，成绩突出的予以奖励；四是结教科研对子，将具有发展潜力的青年教师与学科带头人结成对子，师徒合作共研，形成强烈的问题意识，找准教育教学中存在的问题，进行研究。

五、搭台子，展示"优"

作为学校领导，应该把握住青年教师的成长轨迹，适时、适当地为他们搭台牵线，给予学习、锻炼和展示的机会。教师能爬多高，学校就为他们准备多长的梯；教师能跑多快，学校就为他们准备多好的车。积极组织青年教师外出考察培训，让他们拓宽视野，把握现代教育脉搏，知悉教育教学、教研教改最新动态。在校内不定期地组织开展教学比武、优质课评选、教育教学经验交流、学术报告会等活动。选派优秀青年教师本人及其培训的学生参加上级教研部门举办的各种竞赛活动，让他们在这些舞台上展示自己，从中领略风范，感受成功。近两年来，共有30多位青年教师参加了全国、省、市级新教材培训；有10多名老师的课件制作和课堂教学在全国、省、市、县级比赛中获奖；有60多篇论文、案例在省、州、县级评比中获奖、交流和发表。这些青年教师出征前除了得到指导老师的指导外，还由学校领导出面协调，实行全员共振，参与者需要的信息等立即可取，而他们得到的不仅是这些信息，更重要的是获得成长的动力。

六、给位子，体现"信"

不少领导常叹千里马难寻，却不问伯乐何在！不可否认，青年教师都是可造之才，关键在于如何用心去"造"。大胆使用，只要信得过他们，给他们一片用武之地，他们定能成功。本校在拟任备课组长、教研组长和中层干部人选时，大胆选用青年教师，给予信任，让他们挑大梁，让他们参与学校工作决策；教学中，知人善任，让他们挑重担，推荐青年教师申报高一级专业职称和各级学科带头人；接纳优秀青年教师加入党组织；推荐卓有见识的青年教师进入州县机构参政议政；推选青年教师参加县州省及国家先进评选；激发青年教师的主人翁意识并采纳他们的有效意见；积极为青年教师排忧解难，为他们办实事、办好事，及时兑现对青年教师的承诺，以增强他们的工作责任感和集体荣誉感，真正成为学校的希望和力量。

（原载于《教师》2011 年第 1 期）

培养有效学习习惯，优化学生成长过程
——浅谈新课程实施之"471"学习策略

在文化相对落后的民族地区，学生文化基础较薄弱，学习习惯较差，厌学情绪较重，辍学率较高。面对特殊的教育环境，我们怎样才能借助新课程实施的机缘，培养学生有效学习习惯，优化学生成长过程，努力提高教学质量呢？

我校在大力实施新的课程方案，全面改变课程体系、结构、内容的同时，启动了课堂教学改革，在实践探索中总结出"为学而教""学后再教"的新思路，注重推行"471"学习策略。

一、"471"学习策略基本理念

高中新课程不仅改变了课程体系、结构、内容，而且重新规划了学生成长的过程，而学生在高中学习中如果只有失败的经历，就无法体验到快乐，最终选择辍学回家或过早地进入社会，毁灭了学生实现自己美好理想的愿望，毁灭了家长渴求子女成才的希望，毁灭了民族振兴的国家教育目标。我认为，我们的学校应该负责，因此我们研究了新课程实施的基本目标。特别感兴趣的是《基础教育改革纲要》中"改变课程过于注重知识传授的倾向，强调形成积极主动的学习态度，使获得基础知识与基本技能过程的同时成为学会学习和形成正确价值观的过程"；"改变课程实施过于强调接受学习、死记硬背、机械训练的现状，倡导学生主动参与、乐于探究、勤于动手，培养学生搜集和处理信息的能力、获取新知识的能力、分析和解决问题的能力以及交流与合作的能力"。我们要研究学生的需求，满足学生的需求，并且发展学生新的需求，激发学生的学习潜力，让学生真正从内心觉醒，从而重新规划自己的学习与人生，最终充满信心地以成功者的身份迈出学校。

还学生学习主体的尊严，给学生自我教育的机会。给学生归属集体、履行责任的荣耀，使学生养成良好的学习习惯。实现学生的自我管理，从而稳步提升学校教学质量。这就是"471"学习策略的初衷。

二、"471"学习策略基本做法

"471"学习策略，"4"是指学习的四个过程，"7"是指七个学习习惯，"1"是指一本"我的成长记录"。

（一）优化四个学习过程

在学生"生生相教"之后，学生体会到通过自己认真备课、认真上课、教师点评、写课后记等有效方式，对这堂课的记忆将无比深刻。这是因为"生生相教"过程恰好符合有效学习的规律，它包含了一个自主学习、探究的过程；一个相互协作、分享学习成果的过程；一个复习、巩固的过程；一个归纳、反思、提高的过程；这种经过不断加工、强化的记忆当然会深刻。

我们虽然难以让所有学生都给自己同学当老师，但是指导学生自主学习和合作学习的确非常重要。于是我们把它落实到学习的"预习、课堂学习、复习、作业"四个过程中，督促学生在学校学习都要有这样的过程。其实，教改的核心应是学生的学，教改的最终目的是要学生学会学习、学会做事、学会共处、学会做人。学的习惯不好，学的环节不到位，直接影响学习的结果。教改如果没有学的变化与之相适应，没有学的落实，教的再全面，教改仍是空中楼阁。

（二）培养七个学习习惯

保证学生四个学习环节贯穿于整个学习之中，就必须把四个环节内化为学生的学习习惯。我们在指导学习时，特别注重学生养成以下7个学习习惯。

预习习惯：自主探索学习，是培养学生自学能力的最好办法。预习中提倡三部曲，即通读画线，重读重点、难点内容，做好预习笔记。

笔记习惯：学习的升华，有利于提高自己逻辑思维能力与归纳问题的能力。笔记三部曲是：预习笔记、课堂笔记、复习补充笔记。学习笔记被认为是比作业更重要的学习交流和教师检查的内容。

展示习惯：把自己学习所得与人分享，展示出来印象会更深刻，记得更牢。展示小组合作的学习成果，还可培养团队精神与协作精神。我们将学生分成合作学习小组，将课堂展示作为课堂教学的重要环节去落实。

复习习惯：按照"先快后慢"的遗忘规律，学生当天学的知识不及时复习，第二天会遗忘60—70%。我们要求教师晚自习不能讲课，督促学生及时复习、先复习后作业，以此来提高学习效率。

作业习惯：提倡学生把每一次作业都当成一次测试，养成良好的作业习惯，应先复习后作业，不复习不作业，限时完成作业。

思维习惯：好的思维习惯的形成是一个潜移默化的过程，我们要求学生模仿优秀教师的思维习惯，逐步形成自己的思维品质。

作息习惯：要求学生养成守时的良好习惯。学校的作息时间是根据学生身心发展与季节变化来制定的，是很科学的。我们要求学生严守作息制度，劳逸结合，科学用脑，以便更有效地进行学习。

（三）跟踪一本成长记录

人最大的敌人是自己的惰性，但凡能克服惰性的人都是成就非凡、事业伟大的人。实践证明，独立形成良好的学习习惯，大多数学生很难实现。学生们往往心能动、行也能动，但就是不长久。这些问题，学校用"个人＋集体"的办法来解决，通过训练来解决，通过团结协作来解决。良好的学习氛围及严格科学的常规管理与训练，是学生形成良好学习习惯必不可少的条件。

学校编写了校本教材《我的成长记录》。每周的内容由六个板块构成，其中"身边的榜样"列举了学校优秀学生的成长故事（更新中）；"心灵加油站"以名人故事、哲理名言引导学生；"本周计划"让学生列出一周自我行动要求和自主学习任务要求；"自我评价"要求学生对一周学习生活情况进行反思；"学习小组成员互评"促进学生交流沟通；"教师评价"由责任教师和班主任对学生学习、生活进行具体指导。学校在各学期开学初，给每一位学生发放一册《我的成长记录》，并要求学生、教师、家长认真阅读并依据实际情况填写。

《我的成长记录》从自我激励、榜样激励、同学激励、教师激励、自我执行、家长分享等方面形成合力，通过点点滴滴的陶冶、计划、反思、改进，既有效地发挥了学生的主体能动性，张扬了个性，开发了潜能，又促使绝大部分学生同时受到自律和他律；既约束了放任性格，又改掉了不良习惯，从而全身心投入学习生活，走上自主管理之路。

"471"学习策略，其实也没有什么高深的教育理论，只是最简单的教育实践公理和最核心的新课程理念的自然融合。从历史到现代，谁能坚持把最简单的事情落实到位，谁就是心态平和的智者和赢家。

当然，以上还只是对"471"学习策略从基本理论和理念层面笼统的阐述。至于"471"学习策略是如何具体凸显学生主体地位，如何将学习的四个环节内化为学生七个学习习惯，如何成功地指导学生自我管理等一系列问题，还有待在新课程的教学实践中不断总结和深入研究。

[原载于《东西南北（教育观察）》2011 年第 1 期]

用好课本，培养学生读书用书的习惯

新课程标准下，课堂教学强调学生自学能力的培养，那么在数学教学中如何培养学生的自学能力呢？树立课本之威信，培养学生读书用书的良好习惯，应该是解决培养学生自学能力问题的首要措施。

课本（教科书）是课程的核心教学材料，是教师组织文化知识学习的蓝本，引导学生阅读课本内容，思考将学习的知识点与已学内容的联系，应该是教师组织教学的第一环节。数学知识抽象性、逻辑性强，数学课本既不像小说，有生动的形象与曲折的情节，也不像其他学科课本容易设置知识点学习的情境，而是读起来感到难懂，枯燥无味，所以很多学生不喜欢阅读数学课本，即使在老师的督促之下，不少学生也只是看一看公式定律或几个例题。数学老师如果不有意识地去培养学生阅读数学课本的兴趣，养成学生认真阅读数学课本的良好习惯，不但会影响当前的数学学习，而且也会造成学生今后不喜欢阅读抽象性强的自然科学书籍，对学生形成抽象思维能力造成不良影响。

教师讲课是以课本为依据的，这个一开始就要告诉学生，而且还要向学生强调说明：对课本内容你如果能够无师自通，那么就达到了老师的教学要求。在教学中利用一切可以利用的机会多向学生谈一下这种观点，对树立课本的威信，培养学生阅读数学课本的兴趣是有好处的。

有的教师上课不拿课本，不拿教案，或者拿了，但一节课也没有翻开。这些教师不注意使用教科书，学生又怎么会经常翻阅课本呢？

数学课时，教师讲的公式、定律、结论等，凡是课本上有的，教师就没有必要再全部抄在黑板上或者全部制作成课件，应该带领学生朗读课本中的有关内容。对于重点的、需要提醒学生注意的要点内容，一定要学生先阅读，后再用黑板或多媒体板书出来。

数学中解题，常常用到许多公式、定律、数据等，若是学生记得不牢固，就算是老师自己记得，也不能直接引过来，直接板书给学生，而要带领学生查阅课本，让学生在常翻、常查、常用的过程中熟悉课本。

解答学生疑问时，若课本中有解题方法或答案，教师最好引导学生先看课本教材，分析教材。通过师生一起阅读教材，给学生形成这样一种印象：老师讲的，我们课本中都有；课本中有的，老师不一定都讲。课本教材是时刻伴随着我们学生的一位特殊的老师，当然教师要特别提醒学生看课本时，要仔细体会课本内容例题的思想性、规范性和严密性。

教师用课本时，要特别向学生宣扬课本的优点和长处，要在不断使用课本的教学过程中，使学生领悟到：我们的教科书（课本）是许多科学家劳动的结晶，它们积累了许多教育专家"教"与"学"的经验，它对定理的表述和解释简明扼要，它对公式的书写标准规范，它的插图简明生动，课本中的习题难度和数量适中，深浅恰当，很具有代表性，这些都是经过很多次认真筛选的。教材中的科学史、阅读材料，都是培养学生科学素养的营养材料。

教学中，我们数学老师切忌贬低教材。有的数学老师当着学生的面评贬教材。例如教材中某处讲得不太清楚，某个地方处理得不严密，某个解题方法不简洁，某个数据不切实际，某几个题太简单，内容安排不合理，等等。诚然，教科书中的缺点不是没有，但是作为数学教师的我们，向学生讲这些话就会大大降低课本教材在学生心目中的威信和地位。这对学生的当前学习和今后发展都是有害的。

总之，作为数学教师，要有意识地树立课本威信，时刻注意培养学生阅读课文、使用课本的兴趣，从而使学生养成经常使用课本、认真阅读课文的良好习惯，这是数学教学中不可忽视的，是具有意义深远的教学过程和环节，也是新课程标准下应该积极倡导的教学手段。

（原载于《课外阅读》2011 年第 2 期）

学业不良的成因和学校教育对策

摘要：民族地区相对于发达地区而言，学业不良学生的比例较大。如果不采取有效的教育措施，势必影响民族教育质量和民族素质的整体提高。本文通过调查研究，对学业不良学生的成因进行了分析，并主要从学校教育方面提出了相应的教育对笑。

学业不良学生是指学业成绩在一门课或两门课以上显著落后于一般水平的正常学生，不包括弱智和心理障碍的学生。学业不良学生的主要特征有记忆缺陷、注意缺陷、思维缺陷、认知缺陷、创造力缺陷、非智力因素缺陷、社会情感问题、学科学习困难、智力结构不平衡等问题。学业不良学生的学习特点有：兴奋过程短暂且弱，新的条件联系接通困难；积极抑制过程弱，条件联系的分化质量低；大脑"工作能力"差，在不太重的工作负荷下就进入保护抑制状态；第二信号系统（语言系统）不够发展，学习速度缓慢，成效低。

通过平时的观察和调查分析，学业不良的学生在学习上有多种表现，主要有：懒于学习，在校园"混日子"，离校进网吧玩电游或上网聊天；对学习无兴趣，上课或做自己的其他事，或打瞌睡，不听课，不回答问题；课后不做作业，不交作业，或照抄同学作业；考试经常不及格，有的虚荣心强，考场上东张西望，伺机舞弊，或乱画几笔，提早交卷出考室；有时表现为情绪焦躁、自卑、厌学、逃学、缺课时间多等情况。

一、学业不良的成因

造成民族地区中学生学业不良的原因是多方面的。

（一）民族地区因素

湘西自治州为土家族、苗族聚居地，地处偏远山区。由于交通不便、信息闭塞、经济落后，导致民族地区的教育发展滞后，文化底蕴浅薄，人均受教育水平较低，学业不良学生比例较大。且民族地区的学生在生活中普遍使用本民族语言，因此学习过程中语言的转换在一定程度上制约了学生的思维，致使一部分学生懒于思考，主动放弃学习，加大了学业不良学生的比例。

（二）社会因素

中学生由于生理和心理原因，自制力、鉴别力、抵御不良诱惑的能力较差，易受社会不良因素的影响，如抽烟、喝酒、上网成瘾、早恋等，造成厌学，导致学业不良。这类情况在民族地区的学生则更多。

（三）家庭因素

学业不良学生普遍家庭教育不当，比如家庭缺乏平和愉悦的气氛，文化氛围差，父母的角色功能不到位等。调查发现，学业不良学生中有46%的学生父母在外打工，学生长期和爷爷奶奶一起生活，有的甚至无人看护；有20%的学生父母离异，初中或小学阶段在父母的争吵和打斗中度过；有28%的学生父母不懂教育，一部分家长方法简单粗暴，孩子学习成绩不好经常遭到训斥责骂，一旦发现考试成绩差，就拳打脚踢，导致孩子肉体上、精神上受创伤，久而久之，他们也认为学习无望，干脆不学；另一部分家长，特别是爷爷奶奶过于溺爱孩子，让孩子在溺爱中学习，养不成好习惯；还有一部分家长，教子不统一，一个过严，一个过松；一个严教，一个袒护，从而造成孩子无所适从。

（四）学校因素

长期以来，由于狭隘的教育价值观、片面的教育质量观、陈旧的人才观和片面追求升学率思想的导向，社会关注的是学校培养了多少"高材生""尖子生"，为追随这种效应，学校领导重抓升学目标，忽略了学生多元化智能的培养，因而学校在培养一小部分学生升入高一级学校的同时，一批因学业不良的学生遭到淘汰。除此之外，学校不依照教育规律办学的怪现象也随之而生。为升学，学生整天处于超负荷的紧张状态，致使记忆力减退，学习效率低，学业不良的学生越来越多。

1. 期望不切实际

部分教师的教育思想不端正，教育理念陈旧，严重阻碍着不良学业学生的提升。他们因循守旧，不研究学习心理，不研究学生实际，用同一标准评价学生，用单一的落后教法教育学生，课堂"填鸭式"，课后大题量训练，不去发挥学生自主能动意识。他们喜爱"优生"，对优生的优点尽力夸大，对学业不良学生的缺点则"上纲"批评。久而久之他们形成一种思维定势，学业不良学生难教，无法实现社会认定的目标，有的则认为"教与不教一个样"，思想上缺乏信心，感情上缺乏热情，学习上缺乏辅导帮助，或者放弃教育，甚至埋怨、歧视学业不良的学生。教师这种态度，学生是能感受到的，从而学生会产生一些逆反心理和不良行为，甚至怨恨、抵触、对抗课堂。不健康的师生情绪只能导致师生关系对立，学生严重厌学。

2. 学业评价不当

学业评价对学生学习起着杠杆作用。然而长期以来，学校注重总结性评定，缺乏形成性和发展性评定，重结果而轻过程，把一次考试成绩作为评价的唯一标准。这种评价方式给部分基础较弱的学生带来沉重的精神负担，使他们对学习产生畏惧感，久而久之，学业评价对其毫无促动作用。特别还有一些教师，有意或无意地把一些学业不良学生列为"差生"，划归为"另类"，这样做导致了学生自我否定、自我放弃意识的形成。上述不当举措的教育，再也不能让其存在下去，特别是教师不当的教育观念和教学方法应当有一个根本性转变。

3. 不科学的教育方法激发不了学生的学习兴趣

教学中一部分教师热衷于"一块黑板、一张嘴、一支粉笔"，不能照顾兴趣和差异，尤其是不顾及学业不良学生的学习困难，课堂教学师生缺少互动，甚至教师"满堂灌"，最终结果是学生无兴趣，教学效果极差。

4. 缺少学习方法的指导

学业不良学生懒于学习，更难谈及讲究学习方法。笔者从调查中得知，老师很少从学法上指导学生学习，学业不良学生认为老师的教学指导对自己学习无帮助。学生不会学习，教师又缺乏指导，学生就难以形成良好的学习习惯。

综上所述，学校教育失误，特别是教师不当的教育观念及教学方式，是造成了学生在学业方面种种问题的重要原因。

二、学业不良教育对策

新课程的教学，强调教师依照学生的实情、学科的课程标准、学习材料的特点、学生在学习中遇到的疑惑来施教，重点是教法。没有了解学情的教，没有"疑惑"的教是一种极大的浪费，只有当学生想学、愿学时，当学生感到困惑、急于解惑时去教，才是最有效的。我们将它定义为"以学定教，为学而教"。为此必须做到以下几点：

（一）转变教学行为，端正教育态度

1. 教师转变教学观念和行为态度，树立正确的学生观

有些教师习惯上将学业不良学生概括为"差生"，予以歧视。其实，绝大部分学业不良学生不仅与其他同学无能力上的差异，而且他们的大量潜能正有待于积极地去开发。古代诗人李白说得好，"天生我材必有用"，素质教育理论也认为：学生是成长中的人，具有独立意识。因此教师要宽容他们的过失，要善待他们的过失，要拥有乐观的心态，相信每位学生都具有成功的潜能。

2. 建立平等的师生关系，实施情感教育

情感教育是构建师生和谐关系的桥梁，因而成为新课标极力推崇的教育理念。陶行知先生说过："真的教育是真心相印的活动。唯独从心里发出的，才能达到心的深处。"爱学生就能教育好学生。对于学业不良的学生，教师首先要给予尊重、赞赏、关爱和热情，做到爱中有严，严中有爱，爱而有度，爱而有方，成为他们的良师益友。当他们感受到教师至真至诚的关心时，就会与教师产生共鸣，从而"亲其师，信其道"。"为了每一位学生的发展"是现代教育的核心理念，不放弃任何一位学生是每位教师应有的职责。在教与学的关系上，教师要摒弃陈旧的"一言堂"观念，与学生建立起"互动式"教学观，在互动教学中，教师要帮助学生认识学习对其个人及社会的意义，帮助学生找到有效的学习方式与方法，引导他们寻找、搜集和利用学习资源，从而使每一位学生达到最佳的学习状态。

（二）培养学业不良学生的学习动机，激发学习兴趣

学业不良的学生往往缺乏学习兴趣。因此，教师在教育教学中要注意激发他们的学习兴趣。

1. 充分展示教师人格魅力

教学中教师要注意用优美、生动的讲解，幽默、风趣的语言，严谨、勤奋的态度，端庄、得体的外表感染学生，使他们喜欢教师，从而激发他们的学习兴趣。教学方法要新颖，要鼓励学业不良的学生参加课堂讨论，让他们大胆地说，充分发挥他们学习的主动性、积极性和创造性。

2. 恰当地运用奖励

学业不良的学生长期以来不被人重视，更谈不上得到奖励了，他们心理上自卑，优点很难被人发现。对于这样的学生，我们要善于发现他们的"闪光点"，适时给予表扬，让他们感受成功，体验到受人尊重的欣喜。

3. 要更多地关注学业不良学生

因为他们学业上落后于同龄人，教师要给他们多一份关爱。在学业上多一份指导，在课堂上多一些启示提问，有条件的话，作业给予面批，参加课外活动，给他们多一个微笑，这都能对他们起到积极的作用。

（三）教会学生实施科学的学习方法，让细微的成功触动学习的激情

让学生学会学习是当前基础教育课程改革的一个显著特征，教师应重在教会学生科学的学习方法。目前改革创新的教学方式方法甚多，让学生在研究性学习、参与性学习、体验性学习和实践性学习之中去感受、去体验，哪怕是细微的成功，也能激发起学生的学习热情。在课堂教学中，教师要创设合作互动的学习环境，将信息技术与学科教学整合，校本课程资源与学科教材资源整合，促进学生互动、师生互动，关注学生的学习过程与方法，关注学生思维。

在学业不良的学生中，有的学生缺乏毅力，控制能力较差，在学习中遇到困难时，往往不肯动脑筋，遇难而退，或转向教师、同学寻求答案。因此教师布置的作业不要太难，要督促学生独立完成作业，鼓励他们多动脑子，激励他们攻克难关，让他们体验成功的喜悦。学生向老师请教时，教师要多启发他们思考，而不是代替他们解决问题。要根据不同学科特点，给他们以学习方法上的指导，让他们体验"能力、方法"提高带来的喜悦。学业不良学生面对学习压力，往往表现出焦虑、恐惧、抑郁，甚至回避、对抗等不良学习情绪。教师应带领他们多参加一些有意义的活动，进行必要的心理辅导，帮助他们克服不良学习情绪，鼓励他们积极地迎接困难，鼓起克服困难的勇气，教会他们懂得怎样去排除障碍、征服挫折，让他们体验成长的喜悦。通过一系列有针对性的精心设计的教育教学活动，培养他们良好的学习动机及学习品质。

（原载于《教师》2011 年第 2 期）

边城高级中学教育改革和发展的思考

边城高级中学自 2005 年秋季建成开学至今才 6 个年头。但就在这 6 年里，边城高级中学人坚持科学发展观，全面贯彻教育方针，扎实实施素质教育，努力提高教育质量和办学水平，较好地实现了科学发展和跨越发展。那么，从边城高级中学的科学发展和跨越发展的办学实践中，我们可以得到哪些启示呢？

启示一：县委、县政府的科学决策是学校实现科学发展、跨越式发展的前提。

现代化的教学大楼和实验大楼，雄伟的体育馆，标准的田径运动场，舒适的生活服务中心和学生公寓，走在边城高级中学园林式的校园里，我们时时处处可以感受到县委、县政府切实把教育放在优先发展战略地位，建设教育强县，办好人民满意教育的坚强意志和决心。2004 年 4 月，县委、县政府高瞻远瞩地作出了兴建边城高级中学的决定，举全县之力投入 1.8 亿元征地建校，面向全国公开选聘校长和教师，并给首届学校班子明确提出了 5 年创建湖南省示范性普通高级中学的发展目标。学校建成后，县委、县政府继续从人、财、物、政策等多方面予以重点倾斜和支持，如紧缺学科教师的招聘、师生的奖励、现代化设施设备的完善及每年一次的县委常委现场办公会等。翻看一份份县委常委关于边城高级中学的会议纪要，一份份表彰优秀教师、优秀教育工作者和优秀学生的文件，使我们完全地理解了党以重教为先、政以兴教为本的真谛。东锰体育馆、衡民教学楼、三立高级教师公寓……县委、县政府的带领和示范，在全社会形成了关心边城高级中学、支持边城高级中学、发展边城高级中学的浓厚氛围。没有县委、县政府的科学决策，就没有边城高级中学的诞生，也不会有边城高级中学的科学的跨越式发展。

启示二：正确的办学思想是学校实现科学发展、跨越式发展的核心。

思想是行动的先导，思路决定出路。是功利性地照走高考独木桥服务少数精英，施行应试教育，还是遵循教育规律，为学生和民族负责任，施行素质教育？边城高级中学人选择了后者。通过认真学习和探索实践，在广泛调查和深入研究的基础上，一步一个脚印走过了"科学奠基年""规范管理年""课改探究年""质量提升年""创建迎检年""校园文化年"等重要时间点。边城高级中学人远离浮躁和功利，办学思想和理念也在逐步健全完善。坚持"以人为本，素质为宗"，认真落实科学发展观，全面贯彻党的教育方针，扎实实施素质教育，培养全面发展的"四有新人"；明确了"以人为本，以德立校，质量兴校，科研强校"的办学思路；确立了在五年内实现"建校—兴校—创建省示范校"的发展目标。

实践证明，边城高级中学人的选择是正确的，也再次说明了"校长对学校的领导首先是教育思想的领导"的重要性。

启示三：高素质的师资队伍是学校实现科学发展、跨越式发展的根本。

"高素质的教师队伍是学校发展的根本，教职工主动性、积极性、创造性的发挥是学校活力的源泉。"基于此认识，边城高级中学从两方面入手抓教师队伍建设：一是深化内部人事制度和分配制度改革，建立健全岗位责任制度和奖惩机制，实行全员聘任制度和结构工资制度，做到多劳多得、优劳优酬、奖勤罚懒、奖优罚劣和责任追究，给教职工以正面的激励和外在的压力，充分激发全体教职工的责任感、主动性、积极性和创造性。二是认真实施"五项工程"，促进教师专业成长，整体提升队伍素质。（1）师德工程。开展一系列的师德主题教育活动，大力表扬教职工中爱岗敬业的先进典型，弘扬正气，营造敬业奉献的师德氛围，形成学习先进、争当先进的良好风气；（2）名师工程。发挥校内特级教师、"州级学科带头人""国家、省、州级骨干教师"的引领作用，聘请校外专家和名师到校讲学，对教师进行专业引领；（3）青蓝工程。组织老教师与青年教师结对帮扶，每年组织"教坛新秀"教学比武、教师文化考试和青年教师述职报告会；（4）教研工程。以研促教，以研促改、以研促学、以研促发展；（5）保障工程。建立激励机制，从资金等方面提供有力保障。

"两手抓"产生了显著成效。教师结构得到优化，205 位专任教师中，研究生 10 人，特级教师 2 人，州级学科带头人 5 人，高级职称教师 45 人，中级职称教师 80 人；教师的现代教育观念明显增强，教育研究水平和教育教学水平显著提高，承担州级以上"十一五"研究课题 24 个，均已顺利结题，其中 4 个成果获国家级、省级奖励，5 个正在申报评奖。教师在省级以上报刊及科研单位发表论文、评审交流获奖论文达 300 余篇，10 余名教师优质课及课件赴省参赛分获省一、二等奖，出版校本教材 23 种。学生课堂教学满意率达 95％以上。

启示四：大力推进新课程教学改革是学校实现科学发展、跨越式发展的关键。

趁着 2007 年我省全面推行高中新课程的契机，边城高级中学在高一年级全面启动新课程教学改革。专门成立了课程改革领导小组和专家小组，全面负责新课程课堂教学改革的实施。并先后选派领导教师外出考察学习。经过探索实践，提出了"为学而教""学后再教"新理念，"471"学习策略和"八环节""四落实"教学策略，提倡把课堂还给学生，实现生与生、师与生互动，教与学互补，自主学习、合作学习和探究学习相互渗透，让学生成为课堂和学习的主人。同时，在全校全面推行学习小组管理模式，让学生成为自主教育、自主管理、自主激励、自主成长的主人。这一探索引起了省厅领导的关注，先后两次委托省教育学会领导、专家来校进行调研，并指定在"全省第二届新课程中学校长论坛"和"全省基础教育新课程改革样板校建设经验交流会"上作典型发言，鼓励支持学校申报"湖南省基础教育课程改革样板校建设学校"。这一探索也初结硕果，学业水平考试一次性合格率 2009 年达 89.96％，成为湘西自治州唯一受到省厅表彰的学校，2010 年达 93.96％，较上年提升 4 个百分点，2011 年达 99.76％，位居全州榜首。高考二本录取人数从 2006 年的 23 人上升至 2011 年的 240 人，彭毅同学以总分 687 分、湘西自治州第 4 名的优异成绩考入北京大学。这一成绩还在周边学校引起较大反响，贵州省松桃民族中学、重庆市秀山高级中学、海南省第二中学、云南省盈江中学等校纷纷前来考察交流。

启示五：积极探索德育工作新途径是学校实现科学发展、跨越式发展的保障。

坚持德育为先，成才先成人。边城高级中学德育工作始终围绕培养"四有新人"的要求，以"五爱教育"为主线，以《中学生守则》《中学生日常行为规范》为准则，以班级目标管理量化考核和学生德育评价量化考核为基本内容，以学生"8 周成功计划""零垃圾方案""我的成长记录""我的行为准则"为载体，以课堂教学为主阵地，以学生形成良好的学习习惯和生活习惯为目标，形成课内课外、学校与家庭、学校与社会三结合的德育工作网络，建立起融学生自我管理、学习小组协作、任课教师激励、班主任督促为一体的德育工作机制，坚持做到"四化三人"：德育工作阵地化，抓好班级、业余团校、业余党校、家长学校、校外德育基地等德育教育阵地建设；家校联系常规化，开展好"五个一"活动，即每期召开一次家长会，举办一次育人讲座，校报推出一期育人专版，校园网站推出一个家教专栏，每周发出一次"校园短信"；德育教育实践化，每期聘请老干部老专家来校进行传统教育，定期组织学生走出校园，参加社会实践活动；德育活动载体化，每年举行"我爱边高"演讲比赛、"边城风"诗歌朗诵比赛、边高形象代言人评比、教师节感恩等系列活动；参与公益事业感化人，组织师生积极参与社会公益活动，资助贫困学生金额达 70 余万元，汶川抗震救灾，师生捐款近 11 万元；自主管理培养人，充分发挥学生干部作用，在自我管理中得到成长；浓烈校园文化熏陶人，建设良好的校园文化，使校园成为学生求知和陶冶情操的乐园。

走在边城高级中学的校园里，青青的小草、摇曳的垂柳、参差的小树、点点的繁花、清澈的小溪、蜿蜒的小桥……构成了一幅幅美丽的图画。但边城高级中学里最美的不是景，而是人，是一声声亲切的问候、一个个求学的身影、一张张欢乐的笑脸……"学校无小事，处处皆育人；教师无小节，时时为楷模"，一个教育人的神圣情感油然而生。

教育是事业，事业的意义在于献身；教育是科学，科学的价值在于求真；教育是艺术，艺术的生命在于创新。边城高级中学的办学实践为我们提供了一个如何实现科学发展和跨越发展的成功案例。张放平厅长在 2010 年全省教育工作会议上的讲话中指出：湖南高中教育发展的主要任务是以推进内涵建设为主线，着力提升高中阶段教育办学水平；大力推进高中优质化、规范化与特色化建设，努力构建高中教育多元化办学模式，统筹推进高中阶段教育科学发展。这是否正是我们今后进一步推进高中教育科学发展、跨越式发展的答案呢？

（原载于《花垣教育》2011 年第 9 期）

普通高中新课程实施策略初探

2007 年湖南省普通高级中学同步踏上了新课程教学实施之路，我校作为全省最年轻的普通高级中学，将新课程实施视为与老牌名校同步起飞的良机，努力探索新课程实施策略，走内涵式发展之路。

一、转变教育观念，制定操作规程

课程是国家教育理念的体现，是学校组织教育教学活动最主要的依据。普通高中新课程方案调整改革了高中教育的课程体系、结构、内容，构建了符合素质教育要求的新的普通高中教育课程体系。

《湖南省普通高中课程方案（实验）》颁布之后，学校组织教师学习新课程标准，大力研究新课程、实施新课程的方案，派出教师参加新课程培训，请专家来校指导，力求迅速改变教师重知识、轻技能，重课堂、轻实践，重考试、轻考查，重结果、轻过程的传统教育观念，为新课程的全面实施扫清认识上的障碍。但在实施新课程之际，新旧课程观念发生碰撞，守旧派的偏激之词，迷惘派的忧虑论调，追随者无对策之茫然等现状弥漫校园。此时校领导大胆提出"实施新课程教学改革，出现问题，我们承担，谁不改革，我们追究他的责任"，校领导的坚定表达促进了教师观念的改变。

在深入研究新课程实施的指导性文件的基础上，我校研究并借鉴省内外名校的做法，组织人员编写了学校课程实施方案、学生学分认定实施办法，并跟随省州相关政策适时制定出考查科目课程实施方案等基本操作规程，动员教师研究新课程实施中可能遇到的问题，编写凸显学校、民族、地域特色的校本教材，为新课程的实施打好基础。

二、务实培训，凸显教师专业魅力

加强新课程教师培训是新课程实施的基础。为此学校立足校本实际，精心打造立体式教师培训平台，促进教师专业成长。学校严格按照"先培训、后上岗、不培训，不上岗"的原则，务实抓好新课程实施的师德建设、学科专业建设及新理念的培训，突出校本培训。学校每期举办两次新课程教学工作的专项培训，2008年前教师全员完成地区级教师综合素质培训，并多次组织骨干教师外出参加各种形式的新课程研修、研讨培训，及时掌握新信息，加强联系，把握课改新动向。骨干教师培训人数达教师总数的50%以上，他们返校后，写出培训学习报告，向其他教师汇报，让教师从他们的考察学习中获取课改新信息。学校多次聘请外地专家来校就新课程理念下如何备课、上课、评课、研课进行讲座。培训促使教师尽快实现四个转变，即"教育思想转变""角色转变""教学观转变""教学手段转变"。

三、整合资源，建设新课程大平台

针对新课程考查科目实施时教师资源、设备设施、校本研究等不足的情况，积极整合资源，在几年内投入大量人力物力，基本建成了相应的课程教学大平台。

合理配置教师资源。新课程改变了传统的教育体系，通用技术、研究性学习、社区服务、社会实践这些新增科目教师缺乏。而信息技术、音乐、体育、美术课程开设增加课时，原有的人员无法满足开足课时的要求。面对这些普遍问题，学校加大了信息技术、音体美教师引进力度，同时抽调事业心强、业务水平高、知识面广的教师，担任通用技术、综合实践活动教学和指导工作，选派教师参加省内外有关培训。几年来基本配足了相关教师，建成了相应的专职教师队伍。

积极增设教学设施。教学设施是实施新课程必备的条件。我们站在"高起点、高规格、高速度"的发展视角，克服资金短缺的困难，先后投资一千多万元改善教学设施，实现了数字网络教学，教师人手一台笔记本电脑，理化生实验室、音体美教学设备、通用技术实验室、机器人操作培训室、校园电视台等均已高标准建成。

认真开展校本研修。在课改推进过程中，大批优秀教师形成了良好的教研习惯。学校充分发挥他们的优势，动员他们加强教学研究，撰写高质量论文，开展课题研究，编写校本教材。"十一五"期间，广泛开展校本课题研究，并承担省州国家立项课题 23 个，研究人员达 177 人次，目前已全部结题，其中 13 项课题成果获省级以上奖励，出版专著两部。

四、瞄准重点，突破课程实施难点

在实施过程中，我们感觉到新课程实施的重点在于选修课程、技术学科、综合社会实践活动课程的开设及评价，同时必须在改变传统的课堂教学模式上下工夫。

抓好学生操作能力，培养课程教学。传统科目考试模块内容教学容易得到大众的认同，而体现学生操作能力的考查科目正是实施新课程中的难点。为克服考查科目课堂教学的随意性，学校把艺术教育、体育与健康、实验操作教学管理纳入日常教学常规管理之中，明确考查科目的教学地位，引导考查科目教师按要求编写教学计划、活动方案，精心设计教学过程，比照考试科目严格执行教学常规，督促教师抓好"备、讲、批、辅、评"各个环节。

抓好学生研究能力，培养课程教学。研究性学习课程体现了新课程注重培养学生探究能力的宗旨，也对各学科知识的综合运用提供了整合的平台，必将成为高中学生学业考查的重点内容。学校精选了最优秀的教师担任课程的开设和活动指导任务，扎实做好课题通识培训，耐心指导观察、考察活动，精心引导学生运用所学知识、搜集信息资料开展课题研究，指导他们论文写作，力求通过研究性学习课程让学生探究能力得到大幅度提高。

抓好培养学生的社会实践能力。课堂教学之余，学校定期组织学生进行军训、社区服务、民情民俗考察、工矿企业参观及新农村体验等综合实践活动。为防止学生节假日社会实践活动流于形式，学校组织人员分组进行督查和回访。同时开展校园劳动，尝试学校管理实践，每天安排一个班同学分组全天跟随指导教师参与食堂帮厨、校园保洁、后勤管理、教学管理等实践活动。学生在活动中增多了体验，激发了思维，增长了见识，锻炼了意志，提高了能力。

聚焦课堂教学，改革教学模式。实施新课程，是学校教学工作的重点。学校选择以课堂教学为突破口，其探索过程与实施决策为：第一步激活兴趣，让学生分组学习；第二步搬掉讲台，让学生轻松学习；第三步加强管理，让学生自主学习；第四步提供平台，让学生展示自学成果，快乐学习；第五步加强调控，让学生扎实学习；第六步健全策略，让学生形成习惯。学校推出了"为学而教""学后再教"的新思路，形成了"八环节""三落实"的教学策略和"471"学习策略。

学校打破了传统的课堂格局，将学生分成合作学习小组，将传统的小黑板和现代化的多媒体都交给学生掌控，将教师主讲变为学生主讲，将教师准备知识教给学生变成学生自主学习请教师指导，使学生真正成为学习的主人，体验到学习的快乐、进步的幸福。

（原载于《课外阅读》2012 年第 3 期）

加强硬件建设，提高教育信息化水平

——花垣县边城高级中学现代教育技术装备工作总结

当前，全国各地都在研究如何充分利用信息技术提高教学质量和效益的问题。《基础教育课程改革纲要》明确要求，"充分发挥信息技术的优势，为学生的学习和发展提供丰富多彩的教育环境和有力的学习工具"。因此，大力推进信息技术在教学过程中的应用，加强学校的硬件环境建设，充分利用好图书馆、实验室、微机房、多媒体等现代教育技术设备与设施为教育教学服务，是基础教育课程改革所要解决的一大课题。

我校是一所新建的高级中学，2005 年开始招生，现已拥有 60 个教学班，210 多名教职工和 3000 多名学生。建校开始就拥有图书室、阅览室、实验室、微机房、监控室、多媒体报告厅等设施设备，从 2006 年以来，学校不断加强现代教育技术设备的投入、管理和使用，取得了一定的经验。

一、领导重视，组织落实，队伍稳定，经费有保障

学校成立现代教育技术工作领导小组，由校长亲自担任领导小组组长，成员包括教务处、教科室、总务处和现代教育技术中心等，明确了学校现代教育技术的发展目标，制定了三年发展计划，并就技术装备的采购、安装、管理、使用、维护等制定了详细的规章制度，落实了各部门的工作要求，其中，图书馆、实验室由教务处负责管理，其他电教设施设备由教务处所属现代教育技术中心进行统一管理。学校实验室配有专职人员 3 名，图书室和阅览室配有专职人员 4 名，现代教育技术中心配有专职人员 2 名，兼职人员 4 名。

今年 6—7 月，县政府在电教设备上给学校投入 500 余万元，配备标准计算机房、演播设备、广播系统、校园网、办公系统等，并成功开通教学、办公、生活区的千兆互联网。学校图书馆已通过自治州示范性图书馆验收，实验室达州一级实验室配置标准，设备使用已成为自治州最好的学校，是自治

州唯一的一个拥有千兆互联网的高级中学。

二、科学规划，合理配备，加强管理，充分使用

学校图书馆拥有图书十万多册，全部开架，共有四个学生阅览室，一个教工阅览室，仅学生阅览室就有报纸杂志二百多种，这些阅览室中午和下午（包括星期六、星期天）均开放，学生凭借书卡可自由借阅。学校开设阅读课，每周一节，排入课表，由语文教师组织进入图书馆进行阅览，图书馆统一采用计算机进行管理，借还皆由微机处理，十分方便。实验室配有专门的实验人员，设有物理实验室 4 个，化学实验室 4 个，生物实验室 4 个，且理、化、生各配一个多媒体实验室，学生分组实验能同步开展，实验课开设率均达 95% 以上。

学校现代教育技术装备近些年来不断更新完善，系统包括 40 台交换机，100M 光纤宽带接入中国电信。学校共配置了服务器 12 台，办公室有电脑近100 台，教师人人配有笔记本电脑；学校有学生机房 4 个，学生用机 240 余台，多媒体教室 7 个、语音室 1 个、多媒体报告厅 1 个、监控中心 1 个，并计划明年每个教室都安装 1 套多媒体教学系统。

在硬件建设的同时，学校十分重视软件资源的建设，通过电教教材代办费和学校自筹经费，先后投入十几万元用于购买与教育教学配套的电教教材，其中包括录像带、录音带、投影片、幻灯片、VCD 光盘、CD-ROM 光盘、软盘、各种系统软件、校园网平台、办公管理系统、图书管理系统、各种多媒体制作系统、后勤管理系统、财务管理系统都已齐备。我校教师还结合各学科特点和教学的实际需要自主开发软件，几年来教师精心设计制作的投影片和幻灯片，多次在省市获奖，多媒体课件在省市评比中多人获奖。学校网站正在建设中，内容除了学校介绍、教师风采、电教之窗、教研论坛、学生空间、资料汇编等固定栏目外，还开辟了新闻自动更新系统、BBS 论坛系统、在线交流系统、全文检索系统、校友查询系统、学生虚拟社区等，20 多位教师还在因特网上建立个人专题网站，为学生开展研究性学习提供了方便。

三、专人管理，制度齐全，职责明确，奖罚分明

学校各功能室都配备了专人管理，并制定了明确的责任制度，每学期的学期初和期末都要进行资产检查，各实验教师和图书馆（室）管理员都经过

岗前培训，获合格证书后方可上岗，所有计算机教师和网络管理员都具有本科以上学历，具有较高的计算机教学和网络管理水平。同时学校积极落实好这些教辅人员的待遇，从岗位的设定、结构工资的实施都体现出多劳多得、奖勤罚懒的原则。

学校还积极落实《边城高级中学网络管理规范》，在校园网的管理和运用上积累了丰富的经验，实现全校师生实名上网，设置了统一的帐号，按照职责进行了权限划分，定期进行网络统计和追踪，及时发现并解决问题，目前全校师生正在逐步形成健康的网络行为。

四、深入研究，组织培训，积极开展信息技术与课程整合的研究

以网络教学为起点，以加强信息技术与课程的整合为目标，是学校现代教育技术的工作重心。我校是全州开展网络教学研究的学校之一，网络课程的探索，促进了教师的观念转化，使教学过程成为师生交往、共同发展的互动过程，实现了教学内容的呈现方式、学生的学习方式以及教学过程中师生互动方式的变革。

我校积极倡导教师利用信息技术进行教学改革的尝试，成立了"湘西民族地区现代教育技术辅助理科实验教学的研究"课题组，先后组织了多次校本培训，参加省现代教育技术考核，通过率在95%以上，大部分教师都掌握了利用网络进行教学的技术，能引导学生利用网络学会学习，网络环境下的教学研究在州内外产生了一定的影响。

边城高级中学是一所刚办三年的新校，现代教育技术工作的开展刚刚起步，却焕发出勃勃生机。我们相信在上级领导一如既往的关心和指导下，通过全校师生的共同努力，上下齐心，一定会把我校的现代教育设备装备好、管理好、使用好，使边城高级中学的现代教育技术水平再上一个新台阶。

（原载于《课外阅读》2012 年第 4 期）

信息技术与学科整合的校本资源库建设与运用

2011 年 12 月，根据学校要求，我们课题组向湖南省电化教育馆呈报了现代教育技术课题《中学信息技术与学科整合的校本资源库建设与运用研究》申请评审书。之后省州电教馆领导专家多次来校，对我校的现代教育技术设施设备进行了巡视、指导，领导、专家对我校信息技术工作落到实处给予了肯定，同时也为我校今后发展提出了许多建设性意见。2012 年 7 月，接到本课题立项（课题立项号：HNETR1454）通知书，我们立即开始研究工作，2012 年 10 月顺利开题。一年来，我们开展了一系列研究实践，现将课题实践与研究报告如下。

一、课题研究很有意义

（一）问题的提出

随着 Internet 技术向宽带、高速、多媒体方向的发展，现代教育技术在教育领域得到了广泛应用，数字化的校园环境在众多学校得到了普及。然而很大一部分学校在软件持续建设、人员技能培训上花费很少，导致许多学校有网无库，有库无货、而有货都派不上用场的局面，网络功能难于发挥，造成设备的浪费与闲置，不能发挥其真正应有的效能。外界资源只能作为参考，真正要为自己学校的教育教学服务，就必须依靠本校教师将外部资源内化，为我所用。

现代素质教育已发展到实施新课程教学的今天，有效的校本资源建设与应用研究已突显其重要地位。不同环境，不同区域，不同社区的学校存在差异，使用建设资源库也存在差异。在实施新课改过程中，就必须将某些具有隐性课程资源经过加工并付诸实施，使其进入课程的过程。

信息技术广泛运用于校园的今天，教育信息、教学资料和文字资料的多元整合的超文本"网上交流"，网上查询已成现实，但学校依然有必要对网络时代的教育教学诸多问题加以分析与解决。因此，构建校本优质资源库则显得尤为必要，必须从本校实际出发，利用网络优势，建立多学科教研平台（WEB）系统。同时，校本资源库的构建与运用研究还能为本校乃至本地区教师提供学习现代教育技术的一个平台，从而提高新课程教学效率。

（二）本课题研究意义

本课题研究，能构建具有本校或本地区富有特色的信息资源库及运作模式，成果能优化校本信息资源，提高资源的利用价值。教师们在教学过程中充分发挥校本资源应用模式，解决教师在平时教学过程中遇到的信息获取难、处理难、应用难等问题。

二、研究的课题

（一）课题界定

1. 本课题所说的校本资源库建设

指学校教育教学硬件资源和软件资源在配置、逻辑设计、实际应用上的规划。具体指由优秀的数字化媒体素材、知识点素材及示范性教学案例等教学基本素材构成的，可不断扩充的开放式教学支持系统。

2. 本课题所说的 WEB 服务

是一种可以用来解决跨网络应用集成问题的开发模式。这种模式为实现"软件作为服务"提供了技术保障。而"软件作为服务"实质上是一种提供软件服务的机制。这种机制可以在网络上暴露可编程接口，并通过这些接口来共享站点开放出来的功能。

3. 校本资源整合、应用

对学校现有的教育教学资源进行优化配置。根据学校资源库的发展规划和教育教学需求对有利于教学的资源重新配置，寻求校本资源配置与教学需求的最佳结合点和应用模式。

（二）研究目标

通过本课题研究，争取达到以下三个目标：

一是以"建好、用好、管好"为指导思想，采取"实用性、先进性、可扩充性和安全保密性"的技术方针，配置两个资源区，即外网资源和内网资源；二是构建较为完善的校本优质资源库，并对开发和收集的资源进行合理有效的整合，提高校本资源的利用率；三是生成开发校本资源与应用校本资源的有效对策。

（三）研究内容

本课题研究的目的在于探索实现中学信息技术与学科整合的校本资源库建设和应用的规律、策略和方法，运用于新课程教学实践，使其有效地运用校本资源库进行教育教学，其研究内容有：一是信息化硬软件配备模式研究。

校园信息化硬软件的优化配备，校园信息化环境的有效管理探索。二是信息化资源的积累研究。（1）利用网络下载教学资料，组织骨干教师浏览并下载国内外各大教育网站的有用的资料，为教育教学服务；（2）鼓励教师积极自制教学课件，定期组织教学课件设计比赛，并收集优秀课件；（3）购置优质收费教育资源网使用权，扩大教师自主学习途径。三是人力资源建设的研究。（1）培训教师软件（课件）制作能力，扩大信息化建设的队伍，使全体教师都能投入到信息化建设中去，提高教师的信息化能力；（2）建立、健全相应的制度，保证教师能积极投入到信息化建设中去。四是信息化资源的应用研究。（1）发挥多媒体在教育教学中的作用，进行教师备课、授课方式的改革；（2）开发《学科教研网》，让学科组自主收集学科优秀的电子教案、课件、试卷等资料，通过两年半时间的积累，形成一套具有学校特色的共享资源库。

（四）研究方法

本课题研究具有很强的现实性和实践性，紧密结合学校教学实际，通过实证分析与理性思考，边研究边思考边推广，以取得研究的实际效益。其主要方法为：文献学习法，学习与本研究课题先进的教学理论，借鉴他人成功经验，为本课题服务；调查法，了解教师对研究的理解和操作情况，了解学生课堂参与状况，了解不同类型学生的心理变化，学生需求变化，研究制作与使用学生能在获取信息、运用信息、提高学习能力方面全面进步的校本资源；行动研究法，本课题研究与课堂教学密不可分，是利用校本资源库在教学中和对教学的研究，为使研究工作按照研究设计开展，行动研究法是本课题研究的主要方法；研讨法，针对研究中的实际问题进行研讨、分析，加强对变量的研究，不断改进操作方法，提高研究质量。同时注意以下几个方面：现代教育技术与学生的信息意识、现代教育技术与教学效果提高、模式与变式。

（五）预期成果

通过建立有效的校本资源库管理平台，合理管理教学资源，为学校教育教学服务，取得以下预期成果：建立专用外网资源库 FTP 服务器平台；开发专用学科资源库教学服务器（WEB）平台；集成校本优质软件；撰写有关校本资源建设与应用的论文；探索校本资源建设（教师制作课件）的有效途径及办法；形成校本资源管理应用的有效对策；研究报告（结题报告）。

三、我们研究的实践

（一）预计研究过程及步骤

本课题预计研究周期为 2 年半，即 2011 年 12 月至 2014 年 6 月。

1. 研究过程

组织全课题成员学习校本信息库建设有关的理论；加强教师的信息技术培训，为"资源库"建设与应用奠定基础；加快校本资源库建设，添置校本资源库硬件设备，为开展现代化教育提供资源环境；引领教师运用现代教育技术，整合学科资源，制作开发软件（课件），积存优质软件，实施鼓励教师原创、拿来主义的策略、整合已有的资源；运用"资源库"开展教学，创建新型教学结构，提高教育效果，让师生共同受益；科学总结评估与报告会。

2. 实施步骤

准备阶段：2011 年 12 月—2012 年 5 月；

研究阶段：探索运用对策（2012 年 6 月—2013 年 12 月）；

结题阶段：2014 年 1 月—2014 年 6 月。

（二）务实的实践

（1）组织课题组成员学习校本信息库建设的理论，拟定实施方案。

（2）培训教师，搭建教师网络空间。

（3）对周边学校校本资源库建设与运用管理现状进行了调研。

（4）优化资源库环境，搭建"校本资源库建设""高速公路"。

（5）开发校本资源，丰富校本资源库。

（6）搭建载体，运用"资源库"教学，创建新型教学结构。

在研究过程中，我们在运用"资源库"开展教学，创建新型教学结构中探索，我们的做法是：

（1）把信息技术与学科整合教学纳入学校常规管理之中。

（2）搭建活动载体。积极参与主管部门举办的信息技术研讨活动；配合本校其他相关涉及信息技术研究课题组，相互交流，相互支撑研究。

四、真切的收获

（1）学校建起了 5T 容量的教学资源库。

（2）集成了自创的校本资源。

（3）撰写了一批有理论水平的专业论文。

（4）探求了建设、运用校本资源库的方法与途径。

五、我们的体会

在研究中，面对现实，认识信息技术在建设资源、运用资源中的意义，联系教育部《教育信息化十年发展规划（2011—2020 年)》要求，我们收获甚多。

（1）努力转变观念，才能有效促进以教师为中心的教学结构和教学模式的变革。

（2）大胆实践，努力创建现代教育技术与学科整合的教学模式。

（3）领导参与是抓好校本资源库建设和运用的关键。

（4）全员参与是抓好校本资源库建设和运用的基础。

（5）搭建载体是抓好校本资源库建设和运用的好办法。

六、下阶段研究路线及目标

我们清楚地知道，我们在资源库理论与建设方面的研究缺乏深度，"积件组合平台"的研究还缺乏统一的思路，对已有资源的整合没有质的进展，对资源评价缺乏细致的探讨，教师的应用培训还有待进一步加强。研究中如何凸显校本特色更需深化。这些问题都是我们课题组深化研究的议题及路线。我们有理由相信，《中学信息技术与学科整合的校本资源库建设与运用研究》课题研究一定能够解决商业教学资源的多种不足，从而建好符合学校实际的教学资源库，满足全校师生教育教学的需要，特别是能解决目前新课程教学资源相对匮乏的问题，全面提高我校基础教育质量，为湘西自治州基础教育资源开发提供可借鉴的示范和操作模式。我们的目标一定能达到。

（原载于《少儿科学周刊》2013 年 3 期）

智慧校园建设探讨

一、智慧校园的定义

教育信息化是教育理念和教学模式的深刻变革，是促进教育公平、提高教育质量的有效手段。智慧校园是对教育信息化的进一步扩展和提升，它综合运用互联网、大数据、云计算、智能感知、知识管理、社交网络等新兴的信息技术，全面感知校园物理环境，智能识别师生个体特征和学习、工作场景，将学校物理空间和数字空间有机结合，为师生建立智能开放的教育教学环境和便利舒适的生活环境，改变师生与学校资源环境的交互方式，实现以人为本的个性化的创新服务，将学校中的人、设备、环境、资源与社会有机整合为一种独特的校园形态，促进管理、教学、教研、服务、文化等全面提升，形成学校的核心竞争力。

二、学校的现实情况

学校主要面临两大难题，一是优质生源难以保证，花垣县域人口少，且面临外地优质学校和民办学校的激烈竞争；二是学校教育质量提高难，地处边陲，经济基础较差，难以引进和留住优秀老师；三是学生分层十分复杂；四是学科资源难以自给。

面对这些困难，学校领导层临危思变，经过详细研究，反复讨论，提出了建设"智慧校园"的设想，利用信息技术，改变边远地区普通高中的落后面貌，全力打造"智慧边高"，提高对优秀老师和优秀学生的吸引力。对学生而言，从小培养信息化素养和创新思维能力，能够为以后走出山区，走进城市，走向世界打下良好的基础；对老师而言，可以提升信息应用技术水平，转变传统的教学模式，构建智慧学习的环境，提高教学水平和教学质量；对学校而言，可以打造湖南省教育信息化示范学校，力争成为湘西智慧教育的明珠。

三、建设思路

实用为本，校企合作，探索智慧校园之路。

根据学校现状及实际情况，我们坚持实用为本，引入社会资源，进行校企合作，共建智慧校园。

我校 2015 年与"惟楚有才"合作，利用企业的信息技术优势，以"大教育"为理念，构建开放式、契合学校特色的"1 +6"智慧校园体系："1"是指智慧校园综合云服务平台，"6"是指管理（智能管理与科学决策）、教学（智慧教学与智慧学习）、教研（协同教研与教研分享）、资源（资源整合与资源共享）、生活（智慧生活与信息服务）、文化（特色文化与传承创新）。
（具体见图1）

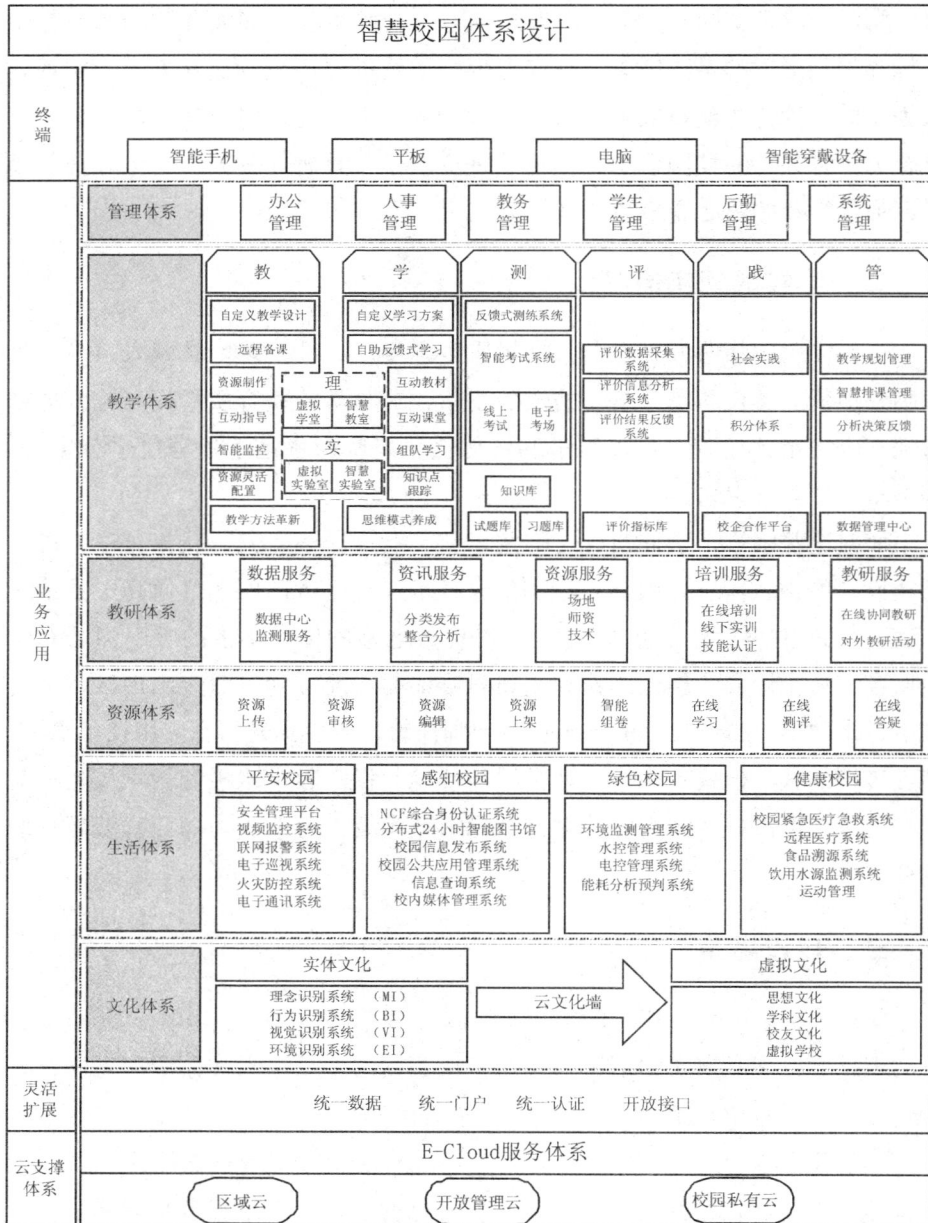

图1 智慧校园体系设计

智慧校园体系设计分为三层：感知层、传输层、应用层。安全体系贯穿上述三层。（具体见图2）

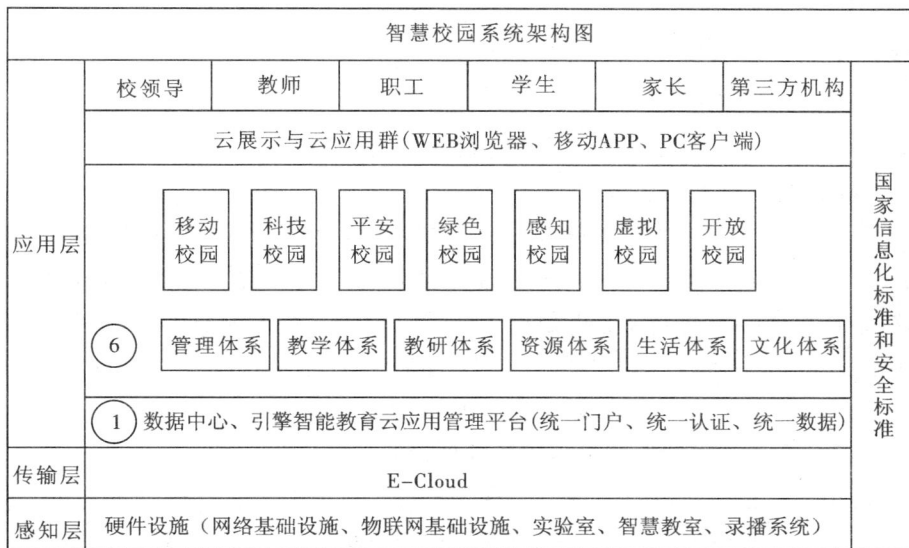

智慧校园系统架构图							
	校领导	教师	职工	学生	家长	第三方机构	国家信息化标准和安全标准
应用层	云展示与云应用群（WEB浏览器、移动APP、PC客户端）						
	移动校园　科技校园　平安校园　绿色校园　感知校园　虚拟校园　开放校园						
	⑥ 管理体系　教学体系　教研体系　资源体系　生活体系　文化体系						
	① 数据中心、引擎智能教育云应用管理平台（统一门户、统一认证、统一数据）						
传输层	E-Cloud						
感知层	硬件设施（网络基础设施、物联网基础设施、实验室、智慧教室、录播系统）						

图2　智慧校园系统架构图

四、总体技术架构

（一）大数据中心基础设施建设

由校企合作公司建设大数据中心，充分利用大数据资源服务，基础架构底层以虚拟化技术构建云计算、云存储、云桌面等服务，根据学校的实际需求按需分配和动态调整。

（二）创建物联网感知环境建设

感知层主要有视频监控系统的摄像机、楼宇系统前端控制器、资产管理系统RFID、图书馆二维码等采集模块组成。通过传感器、RFID（Radio Frequency Identification，射频识别）、GPS（Global Positioning System，全球定位系统）、摄像机、激光扫描器等信息采集设备对校园信息进行采集，获取现场实时动态，及时反馈至校园管理决策中心。

借助物联网技术及云技术，实现校园资源环境的透明感知和各种设备、传感器终端的互联互通，以物联网覆盖校内行政办公楼和教学楼等，应用于平安校园、智能点名、考勤、通告、智能设备控制、智能识别、智能图书管理等各方面。

（三）基于大数据技术进行**海量数据分析**

采集校园内的活动数据，将所有数据集中存储到数据中心，构建海量数据库。在海量数据基础上，建立完善的数据模型，通过大数据分析，智能分析校园活动，提供决策支持，同时监控校园生活、教学、管理、教研等多方面的行为，对将要发生的异常情况进行提前预警。

（四）搭建智慧云基础平台

平台层包括：以计算机服务、存储服务和备份服务为主的基础设施平台；以云计算为基础的数据处理、中间服务和数据库服务为主的支撑服务平台。基础平台层能够实现资源的集中化、规模化管理，对各类异构软硬件进行兼容和资源的动态流转，并将静态、固定的硬件资源进行调度，形成资源池。支撑服务平台主要是信息汇集、资源共享、应用集成和业务协同。

（五）在系统与数据整合中实现管理与服务智能化

应用层包括智慧校园的各类服务子系统，主要包括：管理类子系统、教学类子系统、教研类子系统、资源类子系统、生活类子系统等。应用层采用SOA（Service-Oriented Architecture，面向服务的架构），以图形化的系统界面将所获取并经过处理后的有效信息形象地展示给用户，为校园管理者提供校园设备管理、信息管理、教务管理、资产管理、行政管理等综合管理服务；为教师提供备课、教学、教辅、教案、多媒体、培训认证等综合教学应用服务；为学生提供优质校本资源、全国名校名师资源等资源类服务；为校园师生提供一卡通、信息查询、图书借阅、电视广播、无线网络等便捷生活服务。

五、实施步骤

（一）规划启动

组织精干力量，成立边高智慧校园建设领导和工作小组，联系校企合作公司，做好项目的科学论证和方案的详细制定。

（二）全面建设

初步完成"智慧校园"的软件、硬件环境的部署，主要完成软件和硬件两部分的建设。硬件建设主要完成整个系统的硬件运行环境搭建，包括网络部署、硬件配置、相关部件的设计、底层软件的开发、硬件测试。软件要完成整个系统的软件运行环境搭建，包括数据库建设、系统软件配置、应用软件的开发、信息安全系统建设、软件测试和数据维护。

全面开展学校智慧校园的建设，实施过程中不定期邀请智慧校园科研专家指导。（见图3）

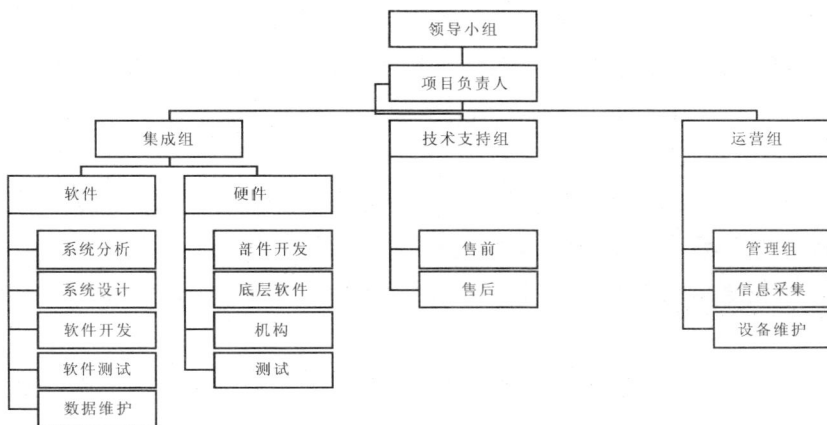

图3 组织构架图

目前，我校的智慧校园已经进入了第二阶段，前期已经部署了子教育云服务平台，为未来智慧校园建设打下了良好的基础。目前正在完善校园一卡通建设，规范校园门禁系统、监控系统和消费系统，提升信息化管理水平和服务能力，实现平台及各业务子系统之间数据共享，为学校决策提供实时有效的信息依据；为师生提供了高效、便捷、丰富的一站式信息服务，给教师的教学、管理和学生的学习、生活带来了极大便利；有效加强了学校的核心竞争力，吸引了优质师资和生源；为教学、科研、管理、生活提供了一个开放、协同的数字化环境，为实现学校的跨越式发展提供了有力的支撑。

（三）项目验收

未来，在完成基础平台和智慧感知的各个子系统建设的基础上，实现统一身份、统一认证、统一管理、智慧管理和智慧教学，再组织专家进行验收，打造智慧校园的样板学校。

六、主要保障措施

（一）机构设立

1. 成立学校智慧校园建设项目工程领导组织机构，由校长担任组长，主管教学和后勤的副校长担任副组长，信息中心主任为办公室主任，各部门负责人为领导小组成员。

2. 成立由第三方技术服务公司和学校信息中心为支撑的技术保障小组。

（二）保障机制

智慧校园建设工程领导小组要明确分工和责任，负责建设工程的前期准备、组织实施及质量监管等工作。全体人员高度重视，抓好组织保障、方案落实和资金准备等工作，务必按期完成建设的各项要求。

（三）过程管理

1. 智慧校园建设实施月报制，每月结束各分项负责人汇报总结关于本分项工作最新进展。

2. 由信息中心牵头定期组织对各科室智慧校园应用相关项目的督导和评价。

3. 组织班主任和班级智慧校园使用率评比，考核结果纳入教师绩效考核和班级量化考核。

4. 加强与上级教育部门和装备所的联系，确保试点方向少走弯路，并争取智慧校园的奖补资金。

七、结束语

智慧校园是对数字校园的提升和超越，是教育信息化发展的新阶段。随着智慧校园的研发和部署，我们将充分利用先进理念、领先技术，建设智慧校园环境，实现以下目标。

（1）智慧的环境：构建教研、教学、管理为一体的新型智能化环境，实现学校绿色校园、平安校园、和谐校园的构建。

（2）优化的管理：将学校的管理和业务流程再造，作为学校进行制度创新、管理创新的重要内容。

（3）科学的决策：提供可定制的、智能化的综合数据分析应用，为学校各种决策提供最基础的数据支撑，实现科学决策。

（4）共享的资源：通过智慧校园中各个应用系统的紧密联结实现资源共享、信息共享、信息传递和信息服务，从而提高教学、教研和管理水平。

（5）创新的模式：通过智慧校园的建设，探索一条应用信息技术和教育改革发展相结合的、以服务为本的信息化建设之路。

（原载于《民族教育与文化》2016 年第 1 期）

研究实施新课程，瞄准重点求突破

——边城高级中学新课程实施作法及体会

边城高级中学在哪里？她在大文学家沈从文著名小说《边城》的原型地——湘西花垣。花垣县是苗族人民集居地，那里民风纯朴，山水秀丽。由于诸多因素，花垣县教育滞后，上世纪九十年代后期，矿业骤起，经济腾飞。边城高级中学就在这种背景下诞生。

2004 年至 2005 年花垣县委县政府举全县之力，修建全新高中——边城高级中学。2005 年 9 月边城高级中学顺利开学，标志学校正式诞生。2007 年学校全面实施新课程，扎实推进课改工作，学校的教育教学发生了根本变化。

一、以转变观点为突破口，扫清课改认识障碍

和新课程改革几乎同龄的边城高级中学，如一张白纸，无任何积淀。花垣县委、县政府及花垣各族人民赋予学校很高的期望值。想要追求升学率，却苦于花垣优质生源大量外流；想要实施新课改，又局限于对新课程理念较陌生。面对学生基础薄弱，习惯养成较差，被动厌学的状况，学校如何立校兴校？怎么落实新课程教学？我们只有遵循党的教育方针，学习教育法规政策。通过领导班子坐下来认真学习，走出去悉心考察，我们认识到教育改革势在必行。

当然，全体教师的观念并不一致。2007 年暑假，新旧课程观发生碰撞，守旧派的偏激之词，迷惘派的忧虑论调……这时，学校领导在教师大会上统一口径，坚定表态："大家实施新课程教学改革，出现问题，我们承担；谁不实施改革，出现问题，我们追究他的责任。"一句话给了老师定心丸。

接着，组织教师认真学习省里颁布的课程方案、各科课程标准、选修课教学指导意见、学生综合素质评价实施意见、学生学分认定办法及学业水平考试实施方案，派出教师参加新课程通识培训，请专家来校指导，逐渐改变了教师们重知识轻技能、重课堂轻实践、重考试轻考查、重结果轻过程的传统教育观念，为学校实施新课改扫清了认识上的障碍。

二、以常规管理为导向，规范课改行为过程

新课程实施必须全面落实必修模块、选修模块、考查模块课程的开设及学分制评价。而体现学生操作能力、研究能力、实践能力的考查科目正是实施新课程的亮点。为此，我们确立了以常规管理为导向，规范教学过程。

开齐开足新课程。学校严格按照省课程实施方案标准开齐开足课程、课时，从教学安排上保证了学业水平考试、考查科目教学得以落实。

突出考查科目教学。考查科目各学科积极组织了学科兴趣小组活动，政教处、团委会定期组织学生进行军训、社区服务、民情民俗考察、工矿企业参观及新农村体验等综合实践活动，学校定期举办科技节、运动会、艺术节。学生在活动中增强了体验，激发了思维，增长了见识，锻炼了意志，提高了能力。

搞好学分认定。学校坚持按照要求做好学科各模块的学分认定。在学生学分认定工作中，充分考虑学生学习活动过程中的参与程度。"学习过程表现"项占到评价总分的30%。在考查类课程中，"积极配合老师的教学活动，主动学习，动手参与能力强"作为评价的基本标准。在研究性学习活动中，"出满勤，积极参加活动，很好地完成了分担的任务"作为评价的基本标准。

三、以资源建设为推动力，改善课改客观条件

学校针对新课程考查科目实施教师资源、设备设施、校本研究、校外基地不足的情况，积极想办法，在几年内投入大量人力物力，基本建成了相应的课程资源体系。

合理配置教师资源。新课程改变了传统的教育体系，通用技术、研究性学习、社区服务、社会实践这些新增科目教师缺乏。而信息技术、音乐、体育、美术课程开设增加课时，原有的人员无法满足开足课时的要求。面对这些普遍的问题，我校加大了信息技术、音体美教师引进力度，同时抽调事业心强、业务水平高、知识面广的教师，临时担任通用技术、综合实践活动教学和指导工作，选派教师参加省内外有关培训。几年来基本配足了相关教师，建成了相应的专职教师队伍。

积极建设教学设施。教学设施是实施新课程必备的条件。我们从"高起点、高规格、高速度"的发展视角，克服资金欠缺困难，先后投资了1000多万元改善教学设施，基本实现了数字网络教学，教师人手一台笔记本电脑的

条件；理化生实验室、音体美教学设备、通用技术室、机器人操作培训室、校园电视台等硬件设施也均已建成。

认真开展校本研究。在课改推进过程中，一大批优秀教师形成了良好的教研习惯。学校充分发挥他们的优势，动员他们加强教学研究，撰写高质量论文，开展课题研究，编写校本教材。"十一五"期间，我校被省国家立项课题 23 个，研究人员达 177 人次，目前已有 19 个课题项目顺利结题，其中有四个课题成果被评为省国家级奖励。

全面建立实践基地。为正常开展综合实践活动，学校聘请学生实践活动校外辅导员 9 名，建立了 6 个中心社区服务基地、19 个县内外社会实践活动基地。学校建立的社会实践活动基地，基本保证了研究性学习、社区服务、社会实践活动的开展。

四、以育人方法为聚焦点，探索课改特色之路

以素质教育的人本理念为指导，探索新课改背景下的育人方法，是我校确立的推进新课程的重点。三年来，我校在课堂教学、德育模式和学生自主管理等方面都做了一些积极尝试。

（一）"525"德育工程和学生会团委会改制

学校活动，皆是课程。在德育方面，我们围绕学生的"双自"，即自主学习、自主管理为核心，推出了"525"德育课程。它包含以下系列内容：五大节日，即每年的科技节、社团节、感恩节、艺术节、体育节；两大教育领域，即学校、家庭、社会三位一体教育领域及社会实践活动领域；五大系列教育，即法制安全教育系列，爱国主义教育系列，行为规范、文明礼仪养成教育系列，励志教育系列，自我管理教育系列。

为了适应新课程改革和"525"德育工程的要求，2009 年秋季学校对团委会和学生会进行了改组改制。增设了与学校处室相关的若干部门，如社团部、信息部、科技部等，并要求各职能处室与学生会和团委会所属各部保持联系、加强指导，并广泛接受学生会和团委会的建议和监督。这样，较好地发展了更多学生参加自治管理和学校管理，学生会、团委会改制得到广大学生的信任、拥护和积极参与，有力地推进了学校管理改革，更加契合新课程人本理念。

（二）"八环节""三落实""471"学习策略

2007 年实施新课程教学，开始时学生如何学，教师如何教等问题都让人

棘手。之后教师们为解决这些问题推出了"为学而教""学后再教"的新思路，形成了"八环节"（准备、探究、自测、讨议、展示、评讲、温习、拓展）"三落实"（课前落实、课堂落实、课后落实）的教学策略和"471"学习策略（有效学习的四个环节、学生平时应养成的七种良好的学习习惯、一本《我的成长记录》）。

实施新课程，课堂教学是最主要的一环，也是学校教学工作的重点、焦点。为了落实新课程精神，我们打破了传统的课堂格局。将学生分成合作学习小组。将传统的小黑板和现代化的多媒体都交给学生掌控。课堂通过小组讨论，相互解疑，分享学习成果，听教师讲解，归纳知识，形成知识网络等方式，培养了学生自主合作、交流的能力和归纳知识、分析问题、解决问题的能力。

（三）《我的成长记录》

学校编写了 10 多种校本教材，其中领航的就是《我的成长记录》。每周记录的内容由六个板块构成，其中"身边的榜样"列举了学校优秀学生的成长故事（更新中），"心灵加油站"以名人故事、哲理名言引导学生，"本周计划"让学生列出一周自我行动要求和自主学习任务要求，"自我评价"要求学生对一周学习生活情况进行反思，"学习小组成员互评"促进学生交流沟通，"教师评价"由责任教师和班主任对学生学习、生活进行具体指导。学校在各学期开学初，给每一位学生发放一册《我的成长记录》，并要求学生、教师认真阅读并依据实际情况认真填写。在一点一滴的陶冶、计划、反思、改进中，既有效地发挥了学生的主体能动性，张扬了个性，开发了潜能，又很好地促使绝大部分学生在自律和他律中，既约束了放任性格，改掉了不良习惯，又能全身心投入学习生活，走上自主管理之路。

我校新课改背景下的育人方法探索得到省厅、州局的高度重视，2008 年冬到 2009 年春，省、州教育学会领导、专家先后两次来校调研和指导。同年 9 月 27 日，学校副校长唐冰军在湖南省第二届新课程校长论坛上，进行了"改革课堂教学，培养学生良好学习习惯"的典型发言，得到与会领导专家及同行的好评。2009 年底学校将这些成果在全校各年级加以推广，此经验也得到花垣县教育局的认同，他们组织县农村学校来校观摩考察，聘请唐冰军副校长以及一批教学骨干下乡向农村中学传送经验。

五、新课程实效初见成效

三年来，新课程理念和新课程实践，促进了我校师生的全面发展，提升了我校整体办学水平，为学校进一步发展奠定了三个高度。

新课改，让学生受益。我们采取了多种办法，支撑新课程实施，确实激活了学生学习活力，让学生摆脱了被动学习的境地，成就了一大批人才。

首届实施新课程年级，2009 年学业水平考试成绩优秀，成为湘西自治州唯一受省厅表彰的学校，2010 年高考二本线以上人数较上年大幅上升。学生综合素质不断提升，学科竞赛全面获得丰收，15 人次获国家级奖励，14 人次获省级奖励，139 人次获州级奖励。其中，2009 年、2010 年我校选送的学生参加省电教馆组织的机器人大赛，均获省一、二等奖；2010 年 1 月全国民族中学示范校首届文化艺术节，我校选送的民族舞蹈《桃花汛》夺得金奖。

新课改，成就了教师。新课程实现了教师教育观念的转变，教育教学水平有了大提高，成了学生喜爱的人，教师积极参加教学竞赛，取得较好的成果。近几年，累计共有 15 名教师获省级奖，18 名教师获州级奖，4 位教师评审为湘西自治州学科带头人，1 人评审为特级教师，1 人评审为"湘西自治州科技兴州先进个人"。近五年来教师发表论文 110 多篇，交流评审获奖论文达 160 多篇。

新课改，成就了学校。边城高级中学在苗族集居地崛起，同时，正在实现这样一个目标：鲜明的特色，丰硕的成果，打造普通中学示范性品牌。事实证明，边城高级中学建校两年成为了湘西自治州示范性普通高中，四年建成全国民族中学示范学校，五年成功晋升为省级示范性高中。

（本文系 2011 年湖南省教育厅在岳阳举办的会议上的发言稿）

学生自主、合作、探究效率低下与教师引导

高中新课程改革，各地区在课程目标、课程结构、课程内容、课程实施、课程评价、课程管理等方面都取得了很大成就。学校应该是推行国家改革政策，深化课堂教学改革的主阵地。课堂教学改革是普通高中进行新课改的重要途径，就课堂教学而言，新课改不提倡过于注重知识传授，而注重把教学活动的重点聚焦到学生的"学"上，确定学生在学习中的主体地位，推行学

生主动参与、合作交流、探究发现等多种学习活动，促进学生的全面发展，重视学生的主体参与意识和能力的培养，强调知识与技能、过程与方法、情感态度与价值观"三维"目标的达成。

新课程课堂教学改革，改变了学生的学习方式，也改变了教师的教学方式，然而，在新课程课堂教学中很多老师还是会遇到这样的问题：

第一是学生的自主学习进度快慢不一，个体预习效果有好有差；第二是在合作探究中，个别同学缺乏群体意识与交往技能，只重视自己的发言准备，不善于倾听别人的见解；第三是合作探究阶段表面上热热闹闹，实际上效率低下，学生在规定时间内不能按时完成探究任务，即使讨论出结果也不很令人满意。每当遇到这种情况时老师就感觉到让学生合作探究实在太浪费时间，不如让自己讲还好些。

出现这些问题，原因是多方面的，它可能与班级的学风有关，可能与学生的学习习惯有关，也可能与学生分组不合理有关。我校在新课程课堂教学实践中，通过研究发现，班风学风再差的班级，也有学生能把有的科目学得非常好。

一、新课程课堂教学中学生自主、合作、探究效率低下的原因

新课程课堂教学中学生自主、合作、探究效率低下的原因是什么？我们认为最关键的有如下几点。

1. 教师的备课不充分

新课改的课堂教学设计要求教师的备课，一方面要备课本，另一方面要特别备学生。学生有什么样的知识基础，什么样的能力，课堂可能提出什么样的"偶发"问题，老师备课时一定都要去充分考虑。

2. 教师对布置的探究题目难度把握不当

教师布置的学习内容或探究题目要么太难要么太简单。探究题目太难，学生探究时就会感到无从着手，失去信心，即使讨论也可能不会有什么结果；探究题目太简单缺少挑战性，会让学生感觉探究只是在走形式，长期下去，学生就会感到课堂探究没有什么意思，"劲"也就没有了。

3. 教师引导和调控课堂的能力不够

教师引导和调控课堂的能力不够是影响"合作探究效率"最为重要的方面。一是课前没有给足学生预习的时间或没有明确的预习内容，二是课内有的教师不能把学生引导到自主学习和合作探究中来，不能激发学生自主学习

和合作探究的积极性，而是把需要探究的问题突然甩给学生，然后就完全放手。学生毕竟是学生，自控力是比较弱的，在这种"无政府状态"下，他们有的茫然不知所措，有的做与课堂无关的事，整个课堂显得很低沉散乱。而做得好的同学，老师也没有进行评价，慢慢地学生就失去了探究的兴趣。

4. 教师缺乏课堂资源生成的把握能力

精心设计教学方案将有利于学生的课堂生成。教师是教学过程的设计者，是学生智慧的启迪者，是学习的指引者，但教师更应具有课堂资源生成的把握能力。维特罗克提出了生成学习的概念，他认为：学习是一种生成，是学习者在原有经验与环境中接收到的信息相互作用，选择并构成意义的过程。我们常常惊羡学生在课堂里的精彩，事实上，精彩不是可以预定的蛋糕，也不是天上掉下来的馅饼，但它是可以被期待的，当它出现时，教师一定要有把握的能力。

5. 评价激励机制不科学

"自主、合作、探究"学习的效率是基于小组合作成员的共同努力，进行小组合作学习评价时必须把学习过程评价和学习结果评价相结合，把合作小组集体评价与小组成员个人评价相结合。评价小组合作学习过程时，主要应从小组成员分工是否合理、小组合作方式是否恰当、小组成员的参与度是否高、小组学习结果的整理报告是否科学等方面来评价；对小组成员的评价主要从小组合作任务的执行完成情况、与别人合作学习的好与坏、思维的创新性等方面来评价。而遗憾的是很多教师不会运用评价去激励学生学习。

二、如何发挥教师的引导作用，提升学生自主、合作、探究学习效率

课堂教学引导策略应该做到这样：

1. 组织教师加强对《新课程标准》的学习

引导教师彻底理解新课改的理念，转变教学观念。

2. 培养学生的合作意识，激活学生的共同学习兴趣，引导学生进行小组学习

我校按照拟定的课堂教学改革计划，按照新课标的要求，首先进行的是分组合作学习的教学实验。教师在新课程课堂教学中，不断让学生接触小组合作学习的机会，逐步树立合作意识，每节课教师都设计一到几次学生合作学习的机会，让学生在合作学习的氛围中，潜移默化地形成合作意识。实验

证明，尽管学生的基础较差，但还是有一定学习能力的，特别是文科类学科，在分组合作学习中有许多学生很快就表现出了强烈的求知欲与学习能力，课堂上睡觉的、思想开小差的、看小说杂志的不见了，大部分学生的积极性被调动起来了。

3. 提供学生合作的学习条件，引导学生轻松学习

为了更进一步激发学生小组学习的热情，我们按学生学习能力及特长相互搭配，每班分成7—9个学习小组，并且每个小组发放一块小黑板，课堂上可随时展示小组学习的成果。这样一来，上课教师讲的少了，小组学生之间讨论、相互学习的时间多了，小组与小组间的竞赛多了，学生真正互动起来了，学习的积极性也高了。

4. 管理引导，让学生自主学习

合作学习的形式有了，学生积极性调动起来了，教与学就不会那么枯燥无味了。但经过检测，我们发现学习的实际效果并没有提高多少，原因何在呢？教师们从学生的学习方法入手进行调研，发现学生缺少自主预习与复习两个重要的学习环节。于是年级组综合协调，调整教学的时间与作业量，确保课前预习时间，上课让学生有发言的机会，下课有复习的时间，从时间上保证学生学习的科学化。同时，教师也针对学生学习中提出的问题加强研究，总结出了预习课、讨论课和展示课的基本方法与时间分配。教师加强了对学生预习、复习的检查，控制了作业量。班主任花精力研究学习小组的管理，总结出了对学习小组的管理办法，通过有效管理，学生的学习自觉性明显增强，学生的成绩也有了较大幅度的提高。

5. 引导学习小组开展有效讨论与交流

教师在课堂教学设计时，除了围绕新课程教材进行文化知识设计外，还要充分考虑小组的合作学习设计。在组织小组讨论探究时，我们是围绕下列要点进行的：（1）学生自主学习后不能解决的问题；（2）自主检测中普遍出现的问题；（3）作业中出现的典型问题；（4）学生学习中的重点难点问题；（5）解典型题的思路问题；（6）解题的规范化问题；（7）实验的方案设计问题。

6. 加强监控，引导学生扎实学习

我们知道，学生是有惰性的，学习形式活了，方法新了，没有落实，一切都是空的、虚的。为了落实，教师们再次研究学生的有效学习过程，把落实放在五个点上进行全程监控：一是自主预习，让学生发现问题；二是课堂

讨论，力求学生个个参与；三是温习已学知识，发现漏洞及时补救；四是展示学习成果，让学生获得学习的快乐；五是科学评价，进一步激发学生的学习兴趣，促进学生知识体系的建构。

7. 建立策略，引导学生形成习惯

好的学习方式必须通过习惯固定下来，不能内化成良好习惯的方法是靠不住的。而习惯的形成过程也是培养学生良好的学习品质、坚强意志的过程。为此，我校把课题"知与行"的研究成果与新课程实施结合起来，总结出了"471"学习策略，把学生有效学习的 4 个必要环节与 7 种良好的学习习惯变成学生学习生活的一日常规，由科任教师、班主任、小组成员相互督促、相互激励，共同完成，从而为学生养成良好学习行为习惯打下了坚实的基础。

8. 搞好校本教研，引导教师提升教学水平

教学相长，在新课程课堂教学中，请骨干教师上示范课，组织本校教师观看录像课，每周四组织实验教师进行教学汇报，每门学科既总结成功之处，又探讨遇到的问题，研究解决问题的方法，对不同类型的课归纳出教学的流程。并且骨干教师做好传、帮、带工作，使青年教师得到了快速的成长。

9. 以课题研究为引领，创立教学策略

在"自主、合作、探究"课堂教学活动中，我校要求教师做到以下几点：

（1）要注意学习氛围的营造，引发兴趣激发学习激情。在此过程中，教师的工作更多地表现在设计有助于学生探索交流的情境、有效地组织课堂教学的各个环节。要依据教学要求，结合学生实际，组织教学活动，把握活动进程，创设教学情境，引导学生主动参与到学习活动之中，并使教师与学生、学生与学生之间形成平等的、民主的、和谐的关系。

（2）合作探究阶段要"放"中有"收"，"收"中有"放"。当教师把问题放给学生后，教师并不代表完全放手，什么都不管了，一定要及时了解学生探究问题的速度和方向，要走到学生中，了解他们遇到的问题。当有的组探究太慢时，要督促他们找出原因，提高速度；当有的组考虑的问题偏离本节课的主题时要及时把他们拉回来，回到本节课探究的重点问题上来；当有的组遇到了困难时，教师要给予点拨和帮助，或者鼓励他们寻求其他组同学的帮助。个别做得比较好的同学，教师一定要适时地进行鼓励。只要长期进行这种训练，学生就会形成习惯，会真正学会合作探究，形成高质高效的思维习惯。

（3）一次合作探究的问题不能太多。千万不要布置一大堆任务让学生探究，课堂上的探究过程尽量要坚持"小步子，快节奏"的原则。课堂上探究的问题一般以两到三个为宜，最好是探究一个展示一个。在探究过程中，教师一定要严格控制时间，这样学生才会有紧迫感，才能真正提高探究效率。

（4）克服教师课堂上关注度不均的问题。"自主、合作、探究"的课堂特点决定了教师会自觉或不自觉地将关注点放在那些思维活跃、善于表达、大胆质疑的学生身上。当他们遇到困难时，因为他们善于表达，往往能把自己遇到的困难或错误的想法展现出来，老师在精讲或点拨时就会特别关注。而那些思维较慢、性格内向又不善于表达的学生，往往会被教师忽略。再加上这些学生往往缺少自信又不善言谈，导致一些问题不能及时解决，致使问题越积越多，就会使班级同学学习出现严重的两极分化现象。所以作为老师，我们一定要在课堂上倍加关注那些不善表达、保持沉默、学习上有困难的同学，要重点辅导他们。教师要树立正确的学生观，面向全体，使各类学生都能真正实现自主互助的合作学习。只有这样我们才能真正克服在"自主、合作、探究"过程中效率不高的问题。

同时，我们在"自主、合作、探究"式课堂教学中要坚持以下"三相结合"：

（1）学生自主学习与教师引导、辅导相结合。学生"自主"性学习，不受时间和空间的限制，以自己独立思考为主，充分实现个体在学习活动中的主体价值。学生自主学习的时候，教师可采用谈话法、提问法、比较法、讨论法、新旧知识过渡法来"引导"。在"辅导"方面，教师应该注意针对性，要讲求实效，根据各类层次学生的实际情况，可采用集中辅导法、学生相互矫正法、一帮一促进法、分类指导法和个别小灶法等辅导方法。

（2）学生"合作"学习，与教师"督导""疏导"相结合。学生合作学习时，教师既要对学生严格要求，督促学生积极地参与，又要尊重学生按照自己的意愿去选择学习的内容和方式。教师在督促学生时要做到：严格要求，但又耐心教育；关心亲近，但不姑息迁就；热忱帮助，而不冷淡歧视。学生在"合作"学习遇到困难时，教师通过点拨、启发、类比、联想、提示、示范、变换角度、回忆旧知识、指明方向、逆向思维等方法进行"疏导"，使学生的"合作"性学习真正落到实处。

在讨论中，我们要求教师培养学生以下几个方面的能力：倾听能力，认真听取别人的意见；交流能力，发表自己的看法并对别人的意见进行评价和补充；协作能力，用不同形式（如读、画、唱、演等）展示问题的解决过程；分享能力，让每个人获得成功的体验，并从中反思自己的学习行为。

（3）学生自主探究与教师启发、点拨相结合。教师在启发学生时，应尽力做到启发在关键处、疑难处、含蓄处、精妙处。在这基础上，教师再恰当地采用"点拨"法，将问题由浅入深，由远及近，由易到难，从局部到整体，从现象到本质地进行分析，把学生的思维一步一个台阶地引向更广阔的求知天地。

实施新课程，让全体学生得到全面发展，是一件任重而道远的事情。湖南省教育学会副会长李志宏调研我校实施新课程情况时评价说："该校以课题研究为引领，高度重视课堂教学改革，教师在新课程实施中热情饱满，学校重视师资建设，抓住了课堂教学这个突破口，在课堂教学上很活，希望在'活'字上再下工夫，'活'出自己的特色来！"

在此，我们将进一步加强新课程的实施，在课堂教学中创造出具有我校特色的课堂教学。

"先行先试"，探索普通高中多样化发展有效途径

边城高级中学，坐落在湘黔渝两省一市交界的武陵山区里。2005 年投资 1.8 亿创建，2007 年晋升湘西自治州示范性高中，2009 年晋升全国民族中学示范学校，2010 年晋升为湖南省示范性高中，2011 年成为全国高中课改联盟发起学校。我们敢于突破传统，实现了又好又快的发展。高中学业水平考试一次性合格率位居省内前列。二本上线人数较上年以大于 20% 的速度攀升，每年均有学生考入北大和清华。今天，我有幸与各位领导和同仁一起就关于普通高中多样化发展问题进行研讨。

一、一味应试需变革

我们在学习领会《国家中长期教育改革和发展规划纲要（2010—2020年）》过程中，认识到高中多样化发展是一个战略性命题。国家需要钱学森

那样的顶尖人才，也需要各行各业的骨干人才，更需要一大批高素质的普通劳动者，高中教育担当着培育各类人才的神圣使命。

国家强调尊重教育规律，全力实施素质教育，提出了"以人为本""以学生发展为本"的理念。这就要求我们的教育要适合每一个学生；要求我们的学校要创造出适应本地本校学生特点的教育环境与氛围，挖掘每个学生的内在潜力，发挥他们的特长爱好，让他们在高中三年内发现自己，发展自己，成就自己，张扬个性，健康成长，形成正确的人生观、价值观和世界观。为给学生的终身发展与幸福奠定坚实的基础，学校必须主动去发现人、发展人、成就人。

而现实的普通高中教育千校一面，与"以人为本"的素质教育发生激烈的碰撞。各高中学校不同程度地存在片面追求高考升学率，发展模式单一，办学缺乏特色等问题。这种局面引发的后果，就是师生应试虽然太苦太累，但谁也不敢不去"应试"，因为"生存竞争"太紧迫，学生要前途，教师要业绩，学校要生存发展。

边城高级中学也在这种碰撞中感受过困惑与茫然。学校初建，因历史、民族、地域与经济等因素，当地教育与发达地区教育差距甚远，教育教学质量差。2005年全县高考二本上线人数不到30人。

为扭转这一被动局面，当地县委、县政府与人民群众一次性投入1.8亿元，建设边城高级中学，面向全国招聘校长和教师。学校建成后，面临着生源基础差、厌学现象严重、流失辍学多、高考竞争激烈等多重压力。通过调研，我们发现，厌学辍学学生除了少数是因家庭经济原因外，绝大多数是自身行为习惯差与初中基础薄弱造成的。他们进入高中，不能适应学校与教师的教学，听不懂课，享受不到学习的乐趣，感受不到成功的喜悦，久而久之灰心失望，懈怠于学习，从而导致失败，最终放弃。

了解到症结，学校果断决策：转变教育思想，变革课堂教学，摒弃传统"满堂灌"模式，全力推行新课改，努力创立适应学生学习的教学模式。将办学实践中的问题转化成为课题，从改变教师的教法和培养学生的学法入手，"确立了课题引领，多渠道多形式育人，走多样化发展"的办学思路。在探索中创新，在创新中发展，走出办学困境。

二、一路探索一路歌

边城高级中学七年的办学历程，就是七年的探索历程。我们坚持"思路决定出路""改革才是出路"的信念，坚持"以人为本，全面育人"的理念，"先行先试"，不断探索。

（一）育人方式，走优化学生成长之路

在转变教育观念中，确立科学的人才观。我们认为，"每一位学生都是可塑人才"。"天生我材必有用"，多元标准评价学生，多渠道培养学生。通过学习、实践、总结，形成了培养人才、优化学生成长的"471"学习策略。其内容为：优化 4 个学习环节，培养 7 个学习习惯，追踪 1 本《我的成长记录》。"4 个环节""7 个习惯"于每个教育工作者来说，并非新鲜东西，但是如何落实，确实是生源基础薄弱学校面临的实际难题。为此，我们借助"学生互助合作小组"和"我的成长记录"加以落实。

（二）办学模式，走合作发展之路

在《国家中长期教育改革和发展规划纲要》的指引下，学校寻求合作发展之路，在办学模式创新上分三步走：先走多向合作之路，再创实力雄厚的综合性高中，最后打造湖湘素质教育"新航母"。目前的合作办学对于边城高级中学的现实和未来都具有深远意义。

与生源校合作。在县教育行政部门的支持下，学校采用开放课堂、跟班学习、送教下乡、师资交流、教学竞赛、课题研究等形式与生源校密切联系，合作办学。

与高校合作。与吉首大学建立课堂教学改革研究实习基地；与湖南师范大学共建舞龙狮教学训练基地；在创建示范学校、教师培训、教育科研、社会实践和自主招生等方面与北大、清华、上海交大等高校密切联系。聘请十余名大学专家教授来校作人生理想、爱心道德、职业前景等方面的讲座或演讲。

与兄弟学校合作。我们采取"走出去"和"请进来"等多种方式主动、虚心向先进兄弟学校学习，与兄弟学校合作，共享优质教育资源。我们是长沙市一中的远程教育合作学校，是衡阳八中的对口支持学校，是全国民族中学教育协会的示范学校，是全国高中学校课改联盟发起学校。还与海南二中、重庆秀山高级中学、铜仁地区民族中学、贵州省松桃民族中学及省内、州内兄弟学校保持着密切的联系。

与社区、企业合作。学校组织家长联合会参与学校管理，建设德夯、柑子园等德育和社区实践基地，与当地企业联合进行定向生培养及联合开展"'锰三角'环境与经济可持续发展研究"。

与民办学校合作。今春开始与贵州铜仁市衡民中学联合办学，探索公、民办学校联姻办学模式。

与外教合作。学校长年聘请2～3名外籍教师进行口语教学。

（三）创特色，走素质发展之路

学校大胆坚持走素质教育之路，教师全程全面尊重并呵护学生主体的自由精神和创新追求，逐渐形成了以下几方面的特色。

"525"德育工程提升学生素养。"525"德育工程即开展"五大节"活动，两大教育领域实践和五大系列教育。其中最热闹的要数一年一度五大活动节，每一活动节前后持续时间长达一个月，就像苗乡赶集一样全员参与。

特色专业培养特长。开设特色专业培训班，进行音体美、书法、编导、播音主持等专业生的培训。

校园综合实践活动。这一活动是自2012年春季起始的，因地制宜，以班级为单位在校园内组织实施的一项素质教育活动，学生自主选择烹饪助理、图书助理、校园卫士、文明卫士等岗位，按学习小组在值日全天进行综合实践，杜绝了"假期社会实践"活动表上"盖个章"的虚假"社会实践"。

教研教改，走内涵发展之路。学校建校以来，着力教研教改创新，在课题研究和课堂教学模式探讨方面，走在前列。"十一五"以来，学校承担的省级以上课题，已有20个顺利结题，其中14项研究成果获省级以上奖励。参与研究的教师达200余人，呈现"人人有课题，个个搞科研"的势头。创新课堂教学模式，使之成为课改的突破口。教师秉承"为学而教"的理念，实施自主合作探究学习，课改领头人唐冰军副校长出版的专著《为学而教》，从学生主体的角度诠释了新课程改革理念的内涵。

学校课堂教改经验多次在省新课程校长论坛上推荐，2011年10月作为全国高中学校课改联盟发起学校之一，在河北鹿泉参加经验交流研讨会，教学示范与经验交流均获与会专家好评，课程改革走向了全国。教研教改，让学校有了学府的内涵，教师有了学者的内涵，学生也就有了发展的源泉。

传承民族文化，走民族特色之路。湘西土家族苗族在历史长河中，形成了本民族的传统文化。民族文化的传承弘扬，既是学校的职责，又是提高学生文化素养的有效途径。学校把传承弘扬民族文化作为推动普通高中多样化发展的重要途径。

首先是"民族文化进校园"。开展民族民间文体活动，举办民族歌舞汇演，我们选排的苗族舞蹈《桃花汛》，参加全国民族中学首届艺术节获得金奖。组建培训苗族礼仪队，迎送领导来宾。苗族拦门酒酒醇芳香，苗鼓声响热烈，苗族狮舞龙舞活跃，苗族武术刚劲有力，每一个瞬间都展现着民族文化的特色。去年湖南省示范性高中校长年会代表来校时，受到民族礼仪迎接，代表们个个赞不绝口。

其次是"民族文化进课堂"。把土家族、苗族的民族文体活动项目和工艺制作引进音体美、通用技术课堂。现已编写出《苗族文化常识》《苗族刺绣》《苗族剪纸》《苗族龙狮舞》《苗鼓敲击法》等校本民族教材供教师教学和学生学习。

再次是组织课题研究。2011 年与县民族事务局、县民政局协作，组织教师对学校传承民族文化有效途径进行专题研究，校长、局长牵头，湖南省教育学会立项，目前已取得较好的成效。重点建设苗族文化陈列室，编写苗族文化传承校本教材，积存苗族文化活动专题软件，生成学校传承民族文化有效途径及对策。

三、借石攻玉排疑难

推动普通高中多样化发展的强劲之风吹拂着校园，给高中办学人带来阵阵欣慰。但在应试教育观念及做法依然顽固存在的背景下，普通高中多样化办学的出路在哪里，保障在哪里，经验哪里有？一道道难题摆在我们面前。但我们秉持着"优势互补，合作共赢"的原则，采用了"借石攻玉"的策略。

"乘势兴教"。民族文化进校园，传承民族文化，我们就乘湘西自治州强劲打造民族文化兴州、民族文化进机关、进学校之势，得到政府的大力支助。购置了狮龙舞道具各五套，苗鼓 50 面，民族服装 60 套。

"借人兴教"。师资人才力量不够，我们向合作单位聘人，向社会聘人。请专家能人来校上课，举办讲座指导。舞龙舞狮技师就是从湖南师范大学聘来的教授；苗绣技师聘的就是一位边城苗绣传人。

"借资兴教"。我们开办机器人操作培训，购置一套设备就得花几万元。我们找民营企业家赞助，找湘西自治州科协立项，最终顺利建成机器人培训室。现有机器人培训设备一次性能容纳 50 人操作，培训也取得良好成效。2010 年参加湖南省机器人操作大赛，获省一等奖。

"联合兴教"。立足当地经济建设，与民营企业联合进行定向生培养，签订任用合同，送至高校委托培养。

"资源交流兴教"。与生源校、与民办校相互交流资源，交流经验，互通有无，发挥学校资源优势，促进多形式办学育人，相互弥补不足。

目前我们已解决一些小疑难，大疑难仍需继续探讨。

"普通高中多样化发展"是普通高中健康发展的有效途径。在蕴涵着无限生机的天地间，边城高级中学将与全国各民族兄弟学校一道，不懈努力，必将培育出更多更杰出的人才。

（本文系 2012 年 9 月全国民族中学教育协会新疆乌鲁木齐教育研讨会上的发言稿，并在《中国民族教育》上发表）

落实课堂教学的好形式
——边城高级中学激情课堂教学的探索与实践

现将我校在新课程背景下，探索教育教学改革，特别是课堂教学如何提高教育教学质量问题的新实践及其体会，与大家共同讨论。

一、激情课堂教学的兴起

课堂是师生教与学的交汇地，是学校教学工作的基本形式，是学生获取知识和技能的主要渠道，是实现素质教育的主要阵地，也是提高教学质量的关键阵地。课堂情境建构得好，学生就心情愉快，精神振奋，思路开阔，技能形成建设快，师生教学配合好，反之则不然。

激情课堂是我校课改的进一步深入。传统课堂教学存在诸多不足，为摒弃不足，我们新课改的突破点，就在于革新课堂教学形式，寻求良好的方法与途径。

自 2007 年秋季起，我省高中教学启用新课程教材，形势逼迫我们依据教学实际进行课堂教学改革。2007 年至 2009 年，我们认真探索，形成了"为学而教"的现代教育思想的共识，归纳总结自己的探索与实践，形成了"八环节"教学策略及"471"学习策略。这些成果在省内产生了一定的效应，曾两次在全省高中校长论坛上交流，其探讨课题成果获省一等奖。学生的学习质量有了快速提升，我们感到欣慰。

我们清楚地知道，教学质量提升是"无穷期"的，应深化、优化，在推广教改成果的过程中，我们的全体教师，重在课堂教学上钻研摸索，初步构建起"激情课堂教学"方式，使它与我们先前形成的"八环节""471"学习策略一脉相承。

课堂改革，是现代素质教育发展的需要。教育需要高质量，现代素质教育发展同样需要高质量，课堂更需要高质量。"激情课堂教学"，从某种意义上说，顺应了现代素质教育的需要，其原因：一是学生在课堂中充满激情，学生越专注学习的结果，印象越深刻，学习效率越高。二是教师使用激情教学，最能感染学生，有效调动学生学习的积极性，有效地促动师生互动，教学得以落实，让学生成功地获取知识、提高能力，有效地完成教育教学任务。

这些表述告诉我们，激情是课堂教学的灵魂。

二、激情课堂的界定

什么是激情课堂教学？目前说法不一，出发点不同，界定也就不同。

有的人说："激情课堂"就是教师在相对短的时间里，让学生得到更多更深的知识与能力，获得更丰富的经验；又有的人说："激情课堂"就是在有限的空间里，采取恰当的形式，激发学生的学习积极性、主动性，让学生参与教学过程，获取有效的知识与能力；还有的说："激情课堂"就是在坚守人类基本价值取向的基础上，同时充分利用本节课的资源，让学生明白丑与美，恶与善的客观真实；等等。

什么是激情？我们从《现代汉语词典》中得知，"激情"一词的解释是"指强烈、具有爆发力的情感"，激情课堂即是师生运用激情进行教与学。

因此我们理解的"激情课堂"，就是教师通过激情，唤起学生的激情，教师在单位时间空间里，将教学目标最大化和最优化，也就是将新课程标准中的"知识与技能，方法与过程，情感态度与价值观"三维目标最大化、最优化。激情课堂教学高效性就是指在常态的课堂教学中，通过教师的导和学生积极主动的学，在一节课中高效率、高质量地完成教学任务，促使学生获得高效发展。课堂教学的高效性就是通过课堂教学活动，使学生在学业上有高效收获、高效提高、高效进步。

说直白一点，就是"课堂中教师以炽热的热情感染学生，营造出紧张、有序、有趣的学习氛围；学生带着高涨的激动的情绪进行学习，学习兴趣浓而持久，学生在学习中能感受到自己的成长、自信心的增强，体会到学习成功的快乐"。

如何认定"激情课堂教学"，从我们目前探索中发现，激情课堂有它的内涵特征，也具有外在表现形式，因此我们从"六看"中去评定：一看教师上课是否有激情；二看师生是否有同步；三看学生眼睛是否有神；四看学生是否用心倾听；五看学生发言是否清晰洪亮；六看学生是否认真记笔记。

三、激情课堂构建基础

任何一种教学形式，都有它构建的基础，我们兴起的"激情课堂教学"构建的基础有以下几点。

（一）现代素质教育理论

我国著名教育家于漪说："激情是教师必不可少的素质。"苏联著名教育家苏霍姆林斯基说："有激情的课堂教学，能够使学生带着一种高涨的激动的情绪从事学习和思考，对面前展示的内容感到惊奇甚至震惊，学生在学习中感受到自己的智慧和力量，体验到创造的快乐，为人的智慧和意志的伟大而感到骄傲。"德国教育家第斯多惠在《德国教师教育指南》中说："教学的艺术不在于传授的本领，而在于激励、唤醒、鼓舞。"而没有激情怎么能唤醒沉睡的人呢？没有激情怎么能鼓舞人呢？只有激情才能产生激情。

心理学研究表明：激情是一种强烈而短促的精神状态。在课堂教学中，学生有了激情参与，才有认知的渴望，才有表达的欲望，才有智慧的灵动，才会引发学生心中的感悟，从而产生独特的体验。

教育需要激情。因为教育是心灵的对话，是心心相印的社会活动，以心激心，以情感情。缺乏激情的教育只能是一潭死水，也不会培养出具有激情的人才。

教师需要激情。因为激情可以调动学生的热情，激活课堂，提高教学和学习的效率，使学生对你所教的学科产生浓厚的兴趣。以教师投入课堂教学展现的激情，感召学生学习的渴求之情；以教师用心对教育的事业追求，激发学生终身学习的热情。

课堂需要激情。激情是一汪人生的活水，激情是点燃思想的火焰，激情是深沉感悟后的迸发。激情可以产生诗，可以产生画，可以产生灵感，甚至可以创造奇迹。我们的课堂更加需要激情。教师进取的激情可以调动学生的学习兴趣，使学生产生强烈的求知欲望；教师澎湃的激情能引起学生的注意，调动学生探究问题的主动性和积极性；教师的所有激情都能激起学生的激情，点燃学生的心灵圣火，拨动学生的生命琴弦，唤醒沉睡的记忆，让课堂真正拥有生命的气息。

（二）我校教学教改的实践

1. 认真突出新课程背景下形成的一个理念"为学而教"，即包括三个方面的内容。（1）为学生的学习：有效学习、学会学习、终身学习。（2）为学生的发展：全面发展、个性发展、一生幸福。（3）为学校的发展：学校发展、教师发展、职业幸福。

2. 认真做好"两个落实"。落实好常规教学，即《边城高级中学课堂教学常规十条》；落实好已有的课改成果，即"471"学习策略与"双一实效课堂"。

（三）如何打造激情课堂教学

如何打造激情课堂教学，关键在于执教的教师，因为他是课堂的主导人。由此，打造激情课堂首先得打造教师。

激情课堂的教师，应具备四方面的基本功底。一是教师要有过硬的专业素质，即专业知识、教育心理学知识、教育技术能力；二是教师要有充分的课前准备；三是教师要有较强的课堂驾驭能力；四是教师要有真挚的情感。

其次是做好激情课堂的教学设计。

为什么要做好激情课堂的教学设计？道理很简单，因为教学设计是打造"激情课堂"的前提基础。"教学目标要有预设性"。没有充分准备的课，肯定是低效或无效的。上课就好比打仗，备课就好比战前的备战。《孙子兵法》说得好，"知己知彼，方能百战不殆"。备课的关键在于备知识、备方法、备学生，三者缺一不可。备知识就是"知己"，备学生就是"知彼"，特别是备学生要落实到位。这节课你虽然设计得很精彩，但关键是这节课是否能引起大部分学生的兴趣，而学生的学习兴趣正是我们激情课堂效率的一个重要因素。而备方法就是研究战略战术。古人说"学高为师"，所以教师备课时，不能仅限于将课本上已有的知识备好，还应该阅读大量的相关资料，将本节课的知识背景掌握充分，将局部的知识放到整体的知识大背景上来研究，只有这样，学生对知识的把握才能有"会当凌绝顶，一览众山小"的感受，而不像是走进了一片大森林，只见树木，不见森林，晕头转向；如果教师一味地照本宣科，学生就会觉得枯燥乏味。关于教学方法的设计，应与学生的个体情况结合起来，孔子说"因材而施教"，所以方法应是灵活多样的，它是根据知识的难易度和学生的认知水平来确定的。

如何做好"激情课堂"设计？在探索中，我们认识到，除了依照常规教学要求设计好课堂教学外，还应做到满足"学生四个需求"。满足学生的基本需求，坚持按基本课堂结构教学；满足学生的最基本的需求，如学校考试能及格，学业水平考试能过关，高考能上二本；满足学生的较高需求，如荣耀、目标、惊喜、激励（尊重与自我实现），引导、激发学生新的需求；满足学生的最高需求，学会终身学习的需求。

再次，认真打造课堂激情教学。

教师运用综合素质打造好"激情课堂"的教学，应做好以下几项工作：

1. 精思巧问，逗出激情

质疑教学是一种有效的教学方法。新课程改革使课堂教学有了显著变化，其重要标志之一是课堂上教师的提问更开放，学生思维空间更广阔，对话式教学模式的审美观点加强了。但是，一个教师如果不能把自己的问题有序地、层层深入地组织起来，不能把学生无序的问题、有时看上去甚至是无理的问题随机应变地引向深层，就很难驾驭课堂。

2. 张扬底气，激情无限

首先，教师要运用自己的一张"铁嘴"，把话说"通"，说"准"，说"趣"，说"美"。在讲课或说话时，语言既要生动形象，引人入胜，有强烈的感染力，又要讲到点子上；在朗读时，讲究声音的艺术，要读得有感情、有节奏、有韵味，读出文章的情、理、意来，让学生爱听，并能全身心地投入情境感受文章。教师不仅要会说、会读，还需有一手好字，在板书安排上能体现出精、美、严、实、新、活的特点，能巧妙地用简笔画上课、板书，使枯燥的文字变成有趣的形象，变"死课"为"活课"。

教学过程中充满激情，教师声音洪亮，表情丰富，讲到兴奋时抑扬顿挫，课堂气氛活跃，学生积极响应，课堂充满欢乐和笑声。教师缺乏激情时，声音晦涩，面无表情，目光黯淡无神，反应呆滞迟缓，没有一种表现的欲望和冲动，话都懒得讲，有气无力，勉强痛苦地完成教学任务。课堂沉闷，学生注意力分散，无精打采，打瞌睡，做其他事情，显得很烦躁厌恶，流露出的是一种不屑的冷漠与嘲笑。比较之下，真是天壤之别。

3. 教师言辞要幽默

幽默是一种行之有效的教学艺术手段。在课堂教学中，教学幽默可使师生关系不断改善，彼此通过反馈来的信息调整双方关系，形成互助合作的教学体系；课后，和谐幽默的气氛，可使师生回味上课情境并开拓新的思路，可见幽默是教学的好助手。

4. 教师展示自己良好的教态

在课堂教学过程中，大多数教师只注重语言的生动幽默，却忽略了情绪、声调、眼神、动作、姿态也能传递信息，交流思想，表达情感。这就要求教师在上课时衣着整洁朴素，动作协调优美，表情自然和善，授课时有抑扬顿挫的声调，有亲切敏锐的目光。

5. 教师彰显自己微笑的魅力

著名作家罗曼·罗兰说："面部表情是多少世纪培养成功的语言，是比嘴里讲的复杂千百倍的语言。"教育家提出，"用爱的微笑去征服学生的心灵"。当学生取得成功时，教师要用微笑鼓励他，再接再厉，勇往直前；当学生失败时，教师更要用微笑勉励他，不怕失败，只要努力就会成功；当学生犯错误时，教师也应该用微笑给学生以理解和期待；在学生回答问题时，不管学生答得怎样，教师都得面带微笑，让学生愿说，敢说。总之，要把微笑带进课堂，贯穿课堂教学始终，使它最大限度地发挥作用。

课堂改模式，学考夯基础，高考靠吃苦
——全州"两考"质量总结会议上的发言
（2012 年 10 月）

近年来，常有省州各级领导和外地兄弟学校的校长们到我校指导和交流工作，我感到十分荣幸的同时也感到沉重的压力。今天，州教育局安排我在这里与大家交流高中教学的经验与做法，我感谢领导的信任，同时也感谢各位的鞭策。

边城高级中学建校以来的运行轨迹，各位领导和同仁都知根知底。学校用不到五年的时间成功晋升为省示范性高中，学考因一次性合格率较高受到省教育厅通报表彰，高考成绩一次次突破花垣教育历史，二本以上上线人数年增长率超过 20%，成为教育部支持组建的全国高中课改联盟发起学校之一。这些成绩的取得，足以见证了在花垣县委县政府的重视下，边高人为挣脱自治州教育特困县的帽子而动了脑子，拼了汗水，我为自己学校的领导和老师们付出的努力感到自豪。而我们的做法就是课堂改模式、学考夯基础、高考靠吃苦。

一、创建新课堂教学模式

花垣的教育基础是全州最薄弱的，面对这样的境况，沿用传统的教学方法，我校是难以有发展的。学校教育的主阵地在课堂，于是我们从课堂教学的模式改起，经过几年摸索，学校总结出了"471"学习策略和"双一"实效课堂。

课堂是学生在校期间获取知识、形成能力的主阵地。课堂改革的核心应是学生的"学"，目的是要让学生学会学习，提高其学习能力。教师的"教"必须围绕学生怎样"学"来进行。教师必须构建好学生主动参与学习的新的课堂模式。通过自主探究和小组合作学习，体验到学习的喜悦，分享到成功的快乐。在"为学而教"理念指导下，从抓"三大学习"起步，构建新的课堂教学模式。

"三大学习"即为学生"自主学习""合作性学习"和"探索性学习"三项内容。课堂中运用各种有效形式督促学生自主学习，组织学生建立起合作学习小组，课堂中通过师生互动，生生互动，互教互学，使学生在学习中学会合作。通过合作提高学习兴趣与效率，力图培养学生合作意识与团队精神，进而组织学生在合作小组内进行探究性讨论，从而形成以合作小组为中心的教学模式。

然后，我们对小组合作课堂教学进行进一步完善，形成新课程背景下新的教师教学常规和学生学习常规，即"双一实效"课堂教学实施的"四原则"。

一是结果导向原则。注重一课一得。直接得双基（基本知识、基本技能），隐性得能力、得习惯、得品质。

二是责任导向原则。明确教师的责任就是让学生通过学习看到自己的价值。具体来说就是制定本节课的达成目标、明确学习任务、导演过程、督促执行、激励热情、激发兴趣等。

三是放下自我原则。最大限度地体现学生的价值，而不是教师的价值。教师只是导演、是设计者，要管住自己的嘴。

四是快速尝试原则。课堂上明确任务后就要马上行动，在行动中尝试失败与成功，创造出紧张而又专注的课堂氛围，使学生处于一个既积极又紧张的思维状态之中，发现错误，纠正错误。

"双一"实效课堂模式的创新建构，目的是为了改变过去教师备了教材不备学生，教师在讲课、学生被动上课的做法，进一步明确了教师主导作用的实现途径，确保学生的学习主体地位和学习效果，为学生"低进高出"，为边高不断进步打下了坚实的基础。

二、学考夯实知识基础

省教育厅决定实行高中学业水平考试（简称学考）之初，"水考"论甚嚣尘上，而我校却把学考复习看成夯实学生基础知识的大好时机。

首先，从观念上重视学考。"水考"论者的观念，建立在高中教育只为少数人负责的思想基础上，学校坚决予以打击。重视学考，不仅可以让更多的学生顺利毕业，以此实现高中教育的基本要求，而且可以利用学考复习的机会，最大限度地夯实学生基础，有利于高考取得成功，不屑学考就是不屑高考。因此，我们认为学考也是为高考服务的，学生如能通过学考复习确实掌握80%以上的高中基础知识，那么高考上本二应不成问题。

学校制定奖励措施，实行学考责任制度，要求教师扎实组织学考复习。教师按学考要求，引导学生认真梳理学科体系，通过反复练习强化基础知识。学考复习期间，教师编列基础知识题，要求学生如小学生、初中生一样在老师面前或学习小组学科小组长面前一个个地过关。备课组按计划适时组织阶段检测，步步推进学考复习。

由于工作做得扎实，2009 年的第一次学考，学校因合格率高而受到省教育厅通报表彰，2012 年县教育局以高考组考标准组织高中学考，学校的一次性合格率仍超 95%。

三、高考复习要吃得起苦

学校制定了"二五"规划：每年学考合格率均在 95% 以上，高考本二以上上线人数以 20% 的速度增长。学考合格率 95% 以上，是学校生存的要求；高考本二以上上线人数以 20% 的速度增长，是学校发展的要求。发展目标的实现，不靠运气，没有捷径，不能等待，只有吃苦。因此，学校师生形成以下共识。

（一）没有资本把自己看得高，我们只有重基础

2005 年，一批在当地学校有经验的骨干教师汇集我校，面对眼前的学生，深感过去的教学方法必须改变，即所谓"因材施教"：将奥赛培训改成基础补习，将深难度突破改为基础过关。过去带惯了尖子班的教师当然有些不习惯，如同坐惯了小轿车的官员被逼着骑单车跑长路，种惯了肥沃土壤的农民

被逼着开山地种红苕一样。没有资本把自己看得高，我们只有狠抓学生基础知识的落实。

（二）没有神力可以帮你考好，我们只有同吃苦

我们骑单车跑长路也能到达目的地，开山地种红苕也能有好收获，靠什么？靠的是我们坚持不懈、吃苦耐劳的精神。领导们千方百计改进教学方法以调动学生学习积极性，培养学生良好的学习习惯；老师们加班加点精编基础题，挤用课外时间组织学生进行基础知识过关；学生通过做基础题品尝到学习成功的快乐，自觉利用休息时间进行主动学习。领导带头吃苦，老师跟着吃苦，学生自觉吃苦，应届生高考本二以上上线人数 2010 年比 2009 年增长 64.29%，2011 年比 2010 年增长 15.22%，2012 年比 2011 年增长 24.53%。回想自己的做法，我认为是师生一路共同苦出来的。

（三）高考特困县帽子不好戴，我们有信心扔掉

虽然我们现在的增长率不小，但应届生本二以上上线绝对人数还很少，原因很多，有人理解，也有人不太理解，在此我没有必要进行解释。大家知道，我们花垣县已戴了多年高考特困县的帽子，要一下子扔掉并不容易，但是，请各位相信我们，即使目前的教育评价体制还有些问题，但边高人有信心。我想通过边高人的继续努力，高考特困县的帽子一定会尽快扔掉的。

四、目前高中教学的困惑与成因

目前高中面临的困惑，其实最根本的是应试教育残余的守旧思想和新课程全新的改革理念之间的矛盾所带来的困惑。它困扰着底层教育主管部门，困扰着普通高中，困扰着广大师生。这种困扰又集中地表现为两个方面的问题，一是教育主管部门怎样建立科学的评价机制来引导新课程背景下的高中教育；一是普通高中的新课改背景下的课堂教学改革能否强力推进。

先说教育评价。从教育部、省教育厅的文件来看，自上而下都强调要改变学校评价学生、教育主管部门评价学校的尺度。但是，就目前的各级各类评价制度看，显然是这样一种情形：新的评价机制尚未建立健全，传统的评价机制依然顽固地束缚着新课程背景下的高中教育。譬如教育主管部门对一个学校的评价标准相对单一，主要倚重于保生和升学……这是远远不符合新课程精神标准的。单说对传统意义上的教学质量的评价，其标尺又是静态的，不考虑不同学校的高一起点成绩和高三毕业和升学成绩的发展状况，只是单纯地对高三成绩进行绝对静止的比对评价。这样在生源不均等的现实背景下，不仅有挫发展中学校的信心和势头，而且更加大了教育发展的不公平度，有碍于湘西自治州普通高中办学水平的大幅度提升。

再说课堂教学改革。新课程实施以来，自上而下一直在吹课堂教学改革的春风。湘西自治州的《2012 年全州教育工作要点》也明确提出："确立以课堂教学改革为重点推进基础教育课程改革的工作思路，坚持用课程标准实施教学的课改方向，办好课堂教学改革试点学校"，"认真抓省级课改样板校建设工作，培植一批州级课程改革样板校"。可惜这些文件远不如《规范办学行为的若干禁令》来得有政策的强制性，也不具有高考升学率评价法对一所高中的终极评估意义。于是，当金太阳集团去年在保靖组织全州课堂教学改革研讨会上展播在千里之外的河北鹿泉中学首发的"全国高中课改联盟"时，与会代表居然还不知道在距保靖县城 25 公里的花垣县城就有一所边城高级中学位列联盟之中，是全国高中课改联盟的发起单位之一，湖南省仅此一所。而且前面两年就已经在全省示范性高中校长研讨会上两次交流自己的课堂教学改革经验，这所学校就是边城高级中学。边城高级中学并不是湘西范围内的省级课改样板校，而边高人一直在默默地做着课堂教学改革实践，与麻岔等省级课改样板校一样，以拓荒者的姿态勇敢地直面破茧前的痛苦与孤独。我们深深地感到，湘西普通高中的教育依然像一位抱着应试的禅杖、端着题海的金钵、冷眼看课改的方外高僧。所以我们要问：湘西普通高中新课改的出路在哪里？

五、对全州高中教育的建议

（一）建立科学考评制度

尽快建立对学校全面考评、动态考评的科学尺度，并拿出十足的人力物力，扎实行动，大力推进课堂教学及学校其他方面的改革。

（二）进一步规范高中招生录取行为，提升办学空间

合理安排高中招生录取时间，解决高中招生与初中起点师范生招生时间错位导致的问题。

（三）妥善安排高中学业水平考查工作

音乐、美术、通用技术笔试最好在星期六（或星期天）进行，以避免与其他年级在考查场地、监考人员安排上的矛盾；县里其他部门并不像高考一样重视学考，信息技术考试用电、考生异地参考安全无法得到有力保障；体育考查的时间规定性与天气不可预知性之间的矛盾，碰上下雨不能如期完成。

讲 坛

校长素质与学校品牌建设

——在花垣县校长培训班上的讲话
（2012 年 7 月 15 日）

我和大家聚集在这里，学习和讨论"校长素质与学校品牌建设"，我打算就"校长的素质"和"学校品牌建设"两个方面谈谈自己的看法，算是抛砖引玉，以求教于各位行家里手。

一、校长的素质

我打算从两个方面讲讲"校长素质"的问题。一是普遍意义上的"校长素质概论"。二是进一步谈谈校长必备的"四气"。

（一）校长素质概论

和每一个人的素质构成一样，我们需要从"身体素质""心理素质""社会素质（主要是社会职业素质）"三个方面，对"校长素质"加以全面分析。

1. 身体素质

身高体重、肌体官能、运动负荷、应急抵抗。基本要求：身体健康、精力充沛。

2. 心理素质

识真审美、情绪情感、信心意志、气质性格。基本要求：自信胜任、博爱师生。

3. 社会素质

政治思品、教学业务、教育管理、公关沟通。基本要求：知识/学识渊博、实践过硬。

（二）校长必备的"四气"

我认为，校长必须具备的素质可以概括为"四气"——决策要有大气、管理要有正气、用人要有和气、改革要有霸气。"四气"具备，方可建立品牌。

1. 决策要有大气

一个人在世界观上，在认识问题上，小家子气，就一定干不出大业绩。校长需要扎实的理论基础，要努力成为理论家，眼界要高远。要有全局观念，胸襟要开阔。

（1）掌握国家教育政策法规

尽管我们做了很多普法工作，但是不少领导和老师都不重视，认为自己心里装有一个"良心法官"就够了。谁知道，有时候就是凭良心办事而犯了法；有时候自己受到伤害又不知道怎样用法律武器捍卫自己的权利和尊严。

在当今法制社会，必须做一个法制校长。所以做教育的，必须要认真学习《教育法》《义务教育法》《教师法》《预防未成年人犯罪法》，甚至还要学习一点《刑法》《民法》《民法通则》等。

做校长还必须会弹素质教育"最敏感的几根弦"——除了应试教育背景下被强化的文化考试成绩之外的艺体、卫生健康教育，还有教育收费的敏感问题。万不可因为几个专业生取得了一点成绩，就忽视一代青少年的艺体素质和卫生健康；也不必因为收费问题很敏感，就把该收的费用都免除了，这将严重捆缚学校发展的手脚。所以我们要认真学习《学校卫生工作条例》《学校体育工作条例》《教育部关于当前加强中小学管理规范办学行为的指导意见》《省教育厅关于进一步规范普通中小学办学行为的规定》《湖南省物价局、湖南省教育厅关于规范中小学服务性收费和代收费管理有关问题的通知》《湖南省物价局、湖南省财政厅、湖南省教育厅关于进一步加强中小学教育收费管理有关事项的通知》。

作为校长，还要积极把握国家教育发展的时代脉搏和远景规划。我们要认真学习《国家中长期教育改革与发展纲要》《国家中长期人才发展纲要》《学校民族团结教育指导纲要（试行）》《公民道德建设实施纲要》。这是本世纪初出台的几个关于教育的新纲领新文件，对于未来人才培养和学校建设，具有高瞻远瞩的指导意义。

同时，中小学校长们，还必须熟知国家、省、州、县关于入学、招生等相关政策。譬如高一新生的招生工作要求，省级示范校和州级示范校志愿填报原则。又譬如高考扶持民族地区的政策，今年又有新内容，叫做"贫困地区专项招生计划"。该计划面向我省 37 个"集中连片特殊困难地区"招生。凡具备本县户口，并在本县就读高中的考生，均可以填报。但自治州就是吉首地区（如吉首市一中、州民中等）不在该项计划范围之内。

（2）精研中外教育理论名著

中国的教育学名著，推荐《论语》《学记》《陶行知文集》等；外国教育学名著，特别推荐四部：《普通教育学》（赫尔巴特）、《学生的动机》（斯金纳）、《教育在十字路口》（马里坦）、《给教师的建议》（苏霍姆林斯基）。

不适应理论研读的同志，也可以先读一些感人的教育随笔，诸如周弘的《赏识你的孩子——一个父亲对素质教育的感悟》、黄全愈的《素质教育在美国》、卡鲁阿纳的《苹果与粉笔灰》、桃李书系的《感动教师的 119 个故事》等。

（3）领会新课程改革的理念

认真学习《关于基础教育改革和发展的决定》《基础教育课程改革纲要（试行）》《新课程标准》，同时关注《新课程》期刊。

总之，倘若校长不懂得上述三方面的理论知识，就有可能在政治上偏离党的教育事业方向，业务上存在教育管理的重大缺憾。这样，不仅管理不好学校，甚至连自己的前途命运都无法掌握。

（4）要树立顾全大局的观念

古人云："不谋万世者，不足谋一时；不谋全局者，不足谋一域。"可见，牢固树立大局观念，具有重要的现实意义。顾全大局，不仅是做好全局工作的需要，也是最终实现局部利益的需要。首先，要站在时代的发展、国家民族的振兴高度看待教育事业，让教育符合党的根本方针。其次，在制定学校规章制度、落实各项管理工作的时候，要坚持学校的长远发展和集体利益高于任何领导和教师的个人利益的基本原则。最后，有大局观念的校长，才能带出一支有大局观念的教师队伍，行政领导只有真正做到"以事业为重，从大局出发，为师生着想，对未来负责"，广大教职工才能够在伟大的目标和崇高的利益原则下高度凝聚在一起。

2. 管理要有正气

如果正气不立，必然邪气横行。所以，治校和古人"修齐治平"要求一致，要有正气。

怎样才能在学校树立正气呢？下面谈四个方面的做法——以崇高砥砺人、

按制度规范人、树榜样激励人、用活动充实人。这些或许也能够算得上是学校实现"正气养人"目标的重要途径。

（1）以崇高砥砺人。教师是社会群体中素养比较高的人群，但是师德规范还是要常抓不懈。这就好比一盏明灯，不仅需要经常添油充电，也需要时时擦拭灯罩。只有让每一位教职工永葆为党和人民的教育事业而奋斗的崇高理想，让每一位教职工都具备胡锦涛总书记所要求的崇高职业道德，做到"爱岗敬业、关爱学生、刻苦钻研、严谨笃学、勇于创新、奋发进取、淡泊名利、志存高远"，才能以平凡的教书职业成就我们伟大的教育事业。

（2）按制度规范人。校长案头必须放一本本校的治校典章，内容包括：安全责任制度、规范收费办法、教学常规要求、坐班出勤纪律、绩效奖惩方案等。你还要随时思考这些制度符合国家法律法规吗？它们体现教师民意民愿吗？它们有利于学校的可持续发展吗？在学校发展的关节点上，还要及时组织学校智囊团、教代会，科学严谨的修正、更新学校制度。规范的制度，还需要严格的落实，这里不细说。总而言之，制度的制定和落实，是校长工作的重中之重。倘若一个校长常年在外谋私事，或上矿山赚大钱，全无心思深入学校教育教学最前沿，不去思索了解学校办学的现实困境，是制定不了科学制度，想不出治校良策的。即使现有的那几个疏漏不堪的制度也无法贯彻落实。如此一来，教育教学质量如何，是完全可以推想得到的。

（3）树榜样激励人。教师最容易受到以下三方面榜样的熏陶。一是中外优秀教师的榜样作用。如孟二冬、殷雪梅、陆永康、谭千秋等，他们的崇高精神足以彪炳千秋，为万世之法。二是校长自身的榜样作用。校长要始终坚持国家和集体利益高于一切，在工作作风、生活作风上以身作则，在履行制度、投身教研、推进课改等方面率先垂范。三是校内教师的榜样作用。学校每年选评的"师德标兵""教研之星""优秀班主任""优秀教师"等，他们最贴近广大教职工，最能体现学校激励机制。其激励作用，不可小觑。

（4）用活动充实人。除常规教学活动之外，调动处室、教研组、备课组及师生社团，开展丰富的师德师风活动、教研教改活动、师生体育竞赛、课外兴趣活动、社会考察等。通过这些活动，将老师从麻将场、娱乐场、私人门面拉回来。让广大教职工多参与教育教学，多思考教研教改，多维护学生利益，多谋划学校前途。

3. 用人要有和气

东方文化中，有一个词，极有境界，那就是"和而不同"。我讲的"四气"中的后面两个"气"就是从这里得到的启发。"和"就是追求"人和"，"不同"就是追求"创新"。这里先说"人和"。古人说"天时不如地利，地利不如人和"，对那种因大义而聚、为大义而奉献的"人和"境界甚为推崇。

（1）和则众志成城。中国有句俗话："家和万事兴。"古代为政，都追求"政通人和，百废俱兴"，可见"和"是社会群体的高级境界。当然，"和"也有小团体"聚于利"的苟合。譬如大和民族的"大东亚共荣"其实是私欲的膨胀，而中华民族的"一国两制"，才是走向"天下大和"的沧桑正途。简单地说，"和"是"大团结"，是一个集体为了同样的目标，为了共同的利益，紧密团结在一起筑成事业的"万里长城"。边城高级中学教师就是为了振兴花垣民族教育，为了花垣人民子孙万代的切身利益而从四面八方云集起来，在北清湖畔开创了花垣县高中教育的新天地。

（2）和则才尽其用。我们常说"这支笔我写惯了""这辆车我开惯了"，这就表示，经过了一段磨合期后，已经达到了"物我相和"的境界了，俗称"和手"。用人之道也是如此。领导通过一段时间，了解了下属的本领、脾性，就能真正知人善任，并让他们各尽其才。倘若，校长和属下不"和"，离心离德，纵有千里马，也不能为你所用。

（3）和则政令畅通。"和"，是集体事业内部合力的最大效益化的根本保证。只有上下齐心，才能使政令下达，才能使民意畅通。政令畅通，不是靠"钦差大臣传圣旨"；民意畅通，也不是靠"写歪信、告黑状"。

（4）和则事业兴旺。学校的全部事业都是要讲究团结协作的。一个班级，各科老师要互相配合，共同研究学生，扶优转差。一个备课组，也要共同研究教材教法、学案学法、考纲考法，资源共享发挥合力。一个年级组，乃至于全校都是这个道理。校长就是要以学识魅力、人格魅力，加上制度建设和落实，来达到全校范围内的"和天下"之境界，这样就能发挥全校教师的集体智慧和力量，从而创造出最大化的教育教学效益，那就是教育奇迹了。

4. 改革要有霸气

重提一下"和而不同"。如前所述，"和"的意义可谓重大。而"不同"创新精神，同样可贵。

（1）有霸气才敢"上梁山"。大凡改革都是在极端落后困迫的背景下产生的，也就是说，往往是被逼的。所以教改非得有一股子"敢于上梁山"的勇气才行。看看下面几个全国课改名校，当初起死回生的校长，如洋思中学的蔡林森，杜郎口中学的崔其升等，哪一个不是"绝地反抗，求得翻身"的英雄？如今全湘西的基础教育还是在低谷里缓慢爬行，虽然在进步，但是很慢很慢，尤其是素质教育完全摆脱不了与外界差距越拉越大的命运。这个时候，懦夫们会垂头丧气，得过且过；志士们必将摩拳擦掌。我希望这是一个"造英雄、创神话"的时代，我们渴望湘西能出一批教改的"草莽英雄"，让武陵山不再沉默！

（2）有霸气才敢"为人先"。懦弱、不自信的人，只能做武大郎，送他一个学校，有优良的办学条件，他守不住，他也发展不好。如果碰上一个建设条件差、基础弱的学校，就更加浑浑噩噩地过日子。让他把炊饼店升个格，开个连锁店，他是不敢的；或者让他把老店盘了，改开一家百货超市，他也是不敢的；甚至是让他把算盘扔掉，使用计算机进行账务管理，他也不敢。这就是缺乏创新的表现，多了一份落后的迂腐气。敢为天下先者，才能不断学习新知识、新技能，才能不断想出新办法，不断开拓新天地。当今是一个在改革创新中急剧变化的伟大时代，只有敢为天下先者，才会成为教育的弄潮儿。

二、学校品牌建设

（一）学校品牌

下面是在网络上找到的关于"学校品牌"的两个代表性定义。

定义一：学校品牌就是教育服务产品的生产要素。即名校长、名教师、名课程、名学生（高素质）、及优质客户服务、优良校风传统等因素的培养和有机结合的过程，在此过程中提供既区别于竞争对手而又发挥自身特色的教育服务产品，满足消费者的教育需求来塑造学校的形象，以此引起消费者的偏好、共鸣与追随，赢得持续的竞争优势。

定义二：优质教育品牌是经过精心培育和市场选择形成的，为教育消费者所偏好、给办学组织带来较大的经济和社会效益并引导教育消费的特色学校、校长和教师、学科等的总称。

根据以上定义，我们可以做这样的解析。

1. 学校品牌可以有无数的品牌小元素，如品牌校长、品牌教师、品牌学生、品牌课程、品牌文化、品牌特长等。品牌学校应该有一个或多个品牌小元素在较大范围内和其他竞争对手相比较而言，显得特别强势。

2. 一所学校要成为品牌学校，起码有三个要素不可或缺。一是创建品牌首先表现为师生个人素质不断追求全面、健康、优质发展，教育教学质量不断追求卓越；二是要意识到墨守成规创建不了品牌，东施效颦也创建不了品牌，唯有改革创新才能创建品牌；三是真正的品牌要经得起时间的考验，不是短时间内玩花样走秀，而是特色化内涵式的科学发展产物。

（二）花垣县中、小学品牌建设的现状

1. 品牌校本教材为数不多

它们是国土小学的《珠心算》，花垣小学的《苗族民间艺术和民间竞技》，边城高级中学的《为学而教》《我的成长记录》。

2. 品牌教师寥若晨星

课改领头人有唐冰军，教研领头人有陈秀坪，珠心算金牌教练有彭世芳等。

3. 品牌学校屈指可数

小学有花垣小学、国土小学、花垣镇一小等。初中有麻栗场中学、道二学校。高中有边城高级中学——湖南省示范性高级中学。但目前它们的品牌优势不是很明显。

花垣县中小学品牌建设刚刚起步，亟待推进。

（三）影响花垣县中小学校品牌建设的要素

1. 不利因素

（1）相对落后的地域文化；

（2）相对滞后的义务教育；

（3）有待改善的办学条件；

（4）急需提升的师资水平。

这些都是我县教育面临的共同问题。在湘西自治州内，各学校多项指标都有一定的差距。近些年来，花垣县办学条件虽然得以改善，但教育教学质量与泸溪县有很大差距。

2. 有利因素

（1）政府增加教育投入，引进优秀人才，建设教育强县。

（2）县教育主管部门强化师训工作，城乡师资对调，基础教育不断进步。

（3）课改理论传播，课堂模式转变，弘扬人本精神。

（4）武陵片区开发，加强对外联系，扶持民族教育。

3. 问题思考

我提一个问题，让大家思考：你认为目前影响花垣县学校品牌建设的最重要的一项因素是什么？

    A. 生源基础   B. 师资力量

    C. 硬件设施   D. 校长素质

开放性答案，允许有异议。参考答案 D。因为一个校长应该去改变前三项因素，并且能够改变。

（四）民族地区未来创品牌学校的方向

1. 注重素质教育，在培养学生特长技能方面创品牌

目前，我县在音体美、书法、编导、播音、主持、飞行员等竞赛或招考中都有所突破。艺体特长生培养，在各学校都逐渐受到重视，但还需要上规模、上档次。而在学生写作能力、实践能力、信息技术、通用技术、科技发明等方面，还举步维艰，但也大有可为。

2. 推进新课改，在课题、校本、教改方面创品牌

目前全县正在推行教改。希望各学校抢占先机，积极争创省级新课程改革样板校，做全国新课程改革先锋。

3. 推进民族文化进校园，在传承和弘扬民族文化方面创品牌

一是正确认识民族文化价值，弃粗取精，不要成为传统的"守旧者"，更不要成为传统的"卖丑者"。二是师生共同参与，不断努力，形成传统文化研究、传承和发扬的课题与课程，积累系统性研究成果，支撑学生成长。三是开创新时代地域性民族文化研究，包括"绿色边城""魅力边城"等研究，为子孙后代留下一笔宝贵的精神财富。

4. 探究综合性办学，走联合办学、共创品牌之路

当前，教育发展规划提倡办综合性普通高级中学。它其实也是新课程改革的必然延伸。新课程采取"必修课程＋选修课程，活动课程＋学科课程，职业教育课程＋学术性课程"的形式，在各地进行试验和推广，已经为综合性高中的建设准备了理论和实践基础。哪个学校能够把握这一基调，高唱一曲"综合性办学之歌"，一定会成为全新的品牌学校。

对于"校长素质和学校品牌建设"，大家都有自己独特的见解。而且对于自己学校的品牌建设，也都有着美好的远景规划。但是学校品牌建设确实迫在眉睫，而且又任重道远。我愿意和各位同仁一道，铁肩担重任，妙手创品牌，为花垣县民族教育的灿烂明天而奋斗！

在师德师风专题会议上的讲话

老师们：

我于 2005 年 7 月来到这所初建成的发展中的学校任校长，感到压力很大，脑袋里时刻装着的是师生安全这座大堤，左肩担负的是师资水平和教学质量两副重担，右肩拴着的是学校发展、环境改善、职工福利三条绳索。在教育局各个领导的关心、支持下，在校务会成员和全体教职工的共同努力下，短短两年，一所崭新漂亮的学校在县城城北开发区拔地而起！我主观的感受是世上原来没有边城高级中学，因为有我和大家的真诚与信任，有我和大家的理解与宽容，有我和大家的坦荡与大度，上帝就降临了这片土地。我们在这 250 亩的校园里，沐浴着友和爱的春风，书写着奋与斗的历史，讲述着苦与乐的故事！

老师们，旧时的湘西是匪盗云集之地，而现在的湘西却是人才汇聚的地方。在座的 171 名老师，从四面八方来到了这里。有了大家，花垣县的基础教育才迈上新的台阶；有了大家，花垣县的高中教育才异军突起；有了大家，各级领导才一次又一次地从百忙之中抽出时间来到这里。大家是学校的财富，是学校的骄傲，更是学校的希望！李书考副校长在一次教师会上谈到：一个人的成熟要经历由"剑气萧萧"到"化无形为有形"的过程。其实，一个人的工作也是要经过几个阶段的，先要有"昨夜西风凋碧树。独上高楼，望尽天涯路"的那份期盼，然后要有"衣带渐宽终不悔，为伊消得人憔悴"的那份坚持，最后得到"众里寻她千百度，蓦然回首，那人却在灯火阑珊处"的那份惊喜。期盼是动力，坚持是关键，惊喜是结果。作为平均年龄才 35 岁的教师群体，教学方法不能格式化，教学手段不能单一化，个人言行不能自由化。在教改的过程中，我们既要大胆革新，开拓开放，又要遵章守纪，稳扎稳打；我们既要有先进的教学理念，又要加强个人修养，努力提升教学质量和人格魅力。我相信，大家一定会牢记黄智敏局长等领导的教诲，一定会把他们的教诲当作自己人生长河中的航标并向着航标，不懈努力，奋勇前进！

最后，我用 2005 年 8 月我在就职演说中的一段话作为今天发言的结束语，与大家共勉。

"一个人的生命是有限的，但精神是无限的；校长的权力是有限的，但为教职工谋利益、为教职工提供施展才华的空间是无限的；机遇对我们学校是有限的，但我们自强不息促使学校发展是无限的；一个人干的工作是有限的，但点滴积累促使事业进步是无限的；一个人的知识、才能是有限的，但大家团结一心、共同改造环境的潜力是无限的。这些无限寓于有限之中，这些有限又将推动无限。生命有限，追求无限！大环境得到改善了，我们的学校就会有发展，我们的事业就会有进步！"

开展师德师风集中学习整顿的讲话

前不久，县教育局石开专门会议，要求在全县范围内开展一次师德师风集中学习整顿活动。此次活动主题十分明确，那就是要进一步规范管理行为、教育行为、服务行为和学习行为。

会议强调，开展本次学习整顿活动，旨在突出师德建设的规范性、针对性和实效性，解决师德师风方面的突出问题，完善师德建设长效机制，增强广大教师的职业荣誉感、历史使命感和社会责任感，提高教师队伍的综合素质，树立良好的教师队伍形象，为教育发展营造出更加和谐有利的环境。

同志们，师德建设是一项长期工程，我们一刻也不能停止；师德建设是一项与时俱进的创新工程，我们丝毫也不能松懈。全校教职工务必行动起来，顺应时代要求，响应上级号召，积极投身到此项工作中去。

一、思想上要高度重视

要以邓小平理论和"三个代表"重要思想为指导，以"当人民满意的教师，办人民满意的教育"为目标，以"学为人师、行为世范"为准则，以"爱岗敬业，教书育人、为人师表"为核心，以提高教师思想政治素质和职业道德水平为重点，以解决教师队伍中的突出问题为关键，引导全体教职员工严格遵守师德规范。学校要大力弘扬高尚师德，切实提高师德素养，造就一支让人民满意的教师队伍。

二、认识上要明确到位

通过师德师风集中学习整顿活动，努力实现"四个规范"，力争取得"四个实效"。"四个规范"：一是指规范管理行为，领导干部要树立先进的教育理念，全面实施素质教育，深入教学第一线，自觉规范言行；二是规范教育行为，教师要牢固树立"育人为本，德育为先"的思想，尊重学生，因材施教，改进教学方法，促进学生全面发展；三是规范服务行为，从事服务工作的人员要依法办事，按规操作，不断改善服务态度，提高服务质量；四是规范学习行为，教师要牢固树立终身学习的思想，与时俱进，勇于创新，不断提高思想政治和业务素质。"四个实效"即注重教书育人，在提高教育教学质量上求实效；增强服务意识，在服务社会、服务家长、服务学生上求实效；解决教师队伍中存在的突出问题，在树立教师良好形象上求实效；推进学校各项工作，在促使学校"一创双争"上求实效。

三、工作上要真抓实干

本次师德师风集中学习整顿活动共分学习动员、分析评议、整改提高三个阶段。

（一）学习动员阶段，重点抓好三个环节

1. 全面动员部署

学校召开动员大会，明确开展师德教育活动的重要意义、主要目标、工作步骤和具体要求；制订好教育活动方案；鼓励全体教职员工积极参与教育活动。

2. 开展学习培训

采取集中学习和自主学习相结合的方式，组织教职员工开展学习培训。学习《教师法》《义务教育法》《未成年人保护法》《教师资格条例》《中小学教师职业道德规范》《公民基本道德规范》《专业技术人员考核暂行办法》《关于进一步加强和改进师德建设的意见》以及师德建设"十要十不准""五条禁令"等法律法规和政策文件；学习胡锦涛总书记关于树立社会主义荣辱观的讲话精神和给孟二冬女儿的回信精神；学习先进典型的事迹和精神。在学习过程中，学校将根据教职工学习的实际情况，采取学习原文、组织讨论、召开座谈会等方式，切实增强学习培训的针对性，以提高实效性。

3. 组织专题讨论

在动员、学习的基础上，组织教职工对照教师职业道德规范，认真开展专题讨论，进一步明确新时期师德师风建设的具体要求及注意事项。

（二）分析评议阶段，重点抓好四个环节

1. 重温师德规范

在引导教职工熟记《中小学教师职业道德规范》基础上，让他们结合本职工作的特点进行自我形象设计，时刻提醒自己严格遵守师德规范。

2. 查找存在的问题

组织教职工对照《中小学教师职业道德规范》和《公民基本道德规范》，全面总结个人在依法执教、爱岗敬业、热爱学生、严谨治学、团结合作、尊重家长、廉洁从教、为人师表等方面的情况，重点检查存在的突出问题，并从世界观、人生观、价值观上剖析问题存在的思想根源。

3. 征求多方意见

采取多种方式广泛征求家长、学生及社会各界人士的意见，积极开展评选"人民满意教师"活动，真正评选出师德高尚、业务精湛、受家长欢迎的教师。同时，教职工个人也要主动征求多方意见，学校领导更要以普通教师的身份带头征求有关方面的意见。

4. 撰写剖析材料

在深入学习、查找存在问题、自我反思的基础上，对照教师职业道德规范，每位教职工撰写自我剖析材料，找准存在的问题，分析原因，明确今后努力的方向。

（三）整改提高阶段，重点抓好两个环节

1. 制定整改方案

在分析评议的基础上，学校和每位教职工都要制定整改方案，找出存在的具体问题，分析出现问题的根源，提出切实可行的整改措施；在学习、评议、整改的基础上，每位教职工要写出师德师风承诺书。

2. 公布整改情况

在一定范围内公布每一位教职工的整改情况，以便接受家长、学生和同事的监督。整改提高结束后，表彰师德师风教育活动中涌现出来的师德标兵，汇编其先进事迹材料，把师德师风教育活动引向深入。

为努力把本次师德师风集中学习整顿活动抓实抓细抓好抓出成效，领导要有强度，宣传要有广度，学习要有力度，评议要有深度，提高要有效度。

同志们，教育大计，教师为本；教师大计，师德为本。让我们牢固树立社会主义荣辱观，以遵守师德为荣，违反师德为耻。努力提高自身法律素质，领导要坚持以法治校，教师要坚持以法执教。进一步强化对师德师风建设重要性和紧迫性的认识，增强责任感和使命感，促进学校办学质量和办学效益的健康发展！

"守师德、正教风、树形象"教育活动剖析

本学年，我校根据花垣县教育局指示，开展了"守师德、正教风、树形象"教育活动。在活动中，我们学习了《中华人民共和国教育法》《中小学教师职业道德规范》《关于进一步规范中小学办学行为的若干规定》《中华人民共和国教师法》《关于进一步规范全州教师职业行为的通知》《教师行为禁令》《公民道德纲要》《关于进一步加强和改进我县中小学教师师德建设的意见（花教字［2005］15号）》《关于全县教育系统人事管理若干问题暂行规定（花教字［2004］11号）》《关于教职工请假及其扣发工资的补充规定（花教字［2006］18号）》《边城高级中学教师"十不准"》，也学习了胡锦涛总书记关于树立社会主义荣辱观的讲话精神和给孟二冬女儿的回信精神，以及方永刚同志的先进事迹。

本次师德师风教育活动，我校是以邓小平理论和"三个代表"重要思想为指导，全面贯彻落实党的十六大、十六届六中全会精神，紧密联系我校教师思想政治工作实际，以"守师德、正教风、树形象"为主题，切实解决教师队伍中存在的一些问题、学生与学生家长反映强烈的突出问题。努力造就出一支政治坚定、业务精通、作风优良、忠诚于党和人民教育事业，全县人民满意的教师队伍。

通过学习，我们做到了：

1. 明确了教育活动的目标

教师队伍职业道德素质的高低，直接关系到国家素质教育能否顺利实施，直接关系到下一代能否健康成长，直接关系到国家和民族的未来。当前，教

师职业道德建设确实存在一些不容忽视的问题，如个别教师的行为严重损害了人民教师的形象，降低了教师在人民心目中的地位，给教育事业带来了不良的影响。只有花大力气加强教师职业道德建设，才能重塑教师良好形象，这是势在必行的一大举措。

我们的活动目标是：

（1）通过开展教育活动，促进广大教师转变教育观念，强化教职工依法执教、廉洁从教的意识，做到以人为本，依法从教，提高教师政治思想素质和职业道德水平。

（2）通过组织学习先进典型人物的师德风范，以增强广大教师的事业心、责任感，使教师热爱学生，爱岗敬业，严谨治学，无私奉献，团结协作，乐于进取，廉洁从教。力求解决目前教职工队伍中作风不够严谨，态度不够端正，不注重自身形象，不严格执行教学常规，排挤学困生等问题。

（3）通过开展教育活动，促进教育教学质量的不断提高，形成"爱岗敬业、乐于奉献、努力工作、争先创优"的良好局面。

2. 加强了对教育活动的组织和领导

首先，认真抓好师德师风教育活动的学习和宣传。通过校报、黑板报等方式宣传优秀教师的模范事迹，树立典型，使广大教师学有榜样。同时，学校成立以校长为组长的师德师风教育活动领导小组，并落实领导责任制，以确保师德师风教育活动全面有效地开展。

3. 撰写了师德师风教育分析材料

有针对性地解决当前社会反映强烈的师德师风问题，如纠正办学、教育、管理和服务工作中存在的突出问题；坚决杜绝教师对学生讥讽、歧视、侮辱或变相体罚等行为；杜绝向学生推销教辅资料，或接受学生家长财物以及有偿家教等以教谋私行为；杜绝在教育科研工作中弄虚作假、抄袭、侵占他人劳动成果的不端行为；杜绝招生乱收费、考试舞弊等不正之风和违法乱纪行为，力求通过本次师德师风教育活动，使人民群众反映比较强烈的问题得到解决。

4. 加强了过程监督和管理

（1）学校主要领导亲自做好各阶段的动员报告、工作报告及总结报告，及时总结通报每一个阶段教育活动的进展情况以及主要存在问题。

（2）加强对师德师风教育活动过程的监督，及时表彰一些师德教育先进备课组与个人，并通过召开经验交流会，及时总结推广先进典型经验，对检查中发现组织实施不力的年级与处室及时给予批评并限期纠正。

（3）通过师德师风教育活动，逐步建立群众参与监督的评价制度。欢迎广大学生、家长和社会各界群众积极参与，广泛征求意见，及时公布有关教育活动情况，主动接受社会的监督。

5. 将师德师风教育活动与学校的管理有效结合起来

（1）开展师德师风教育活动，必须与党员的先进性教育活动相结合。党员教师必须紧密结合共产党员先进性教育活动，积极带头参加批评和自我批评，落实整改措施，充分发挥共产党员在师德师风教育活动中的模范带头作用。

（2）开展师德师风教育活动，必须与新一轮中小学教师继续教育相结合。教科室把师德师风教育作为新一轮教师培训的主要内容，严格按照培训标准要求进行考核，提高教师师德水平。

（3）开展师德师风教育活动必须与当前教育人事制度改革相结合。每位教师在师德师风教育活动中的表现，必须作为教师年度工作考核和教师职称、职务评聘的重要内容和依据。通过以上举措以激发广大教师参加师德师风教育活动的积极性。

（4）开展师德师风教育活动，必须与科学合理的评价标准、评价评估方法和体系相结合。

6. 建立了长效激励机制，确保了师德教育健康可持续发展

加强师德师风建设是造就一支高素质的教师队伍、办好人民满意教育的关键。学校要认真总结师德师风建设的经验教训，进一步强化师德师风教育，建立和完善师德教育管理制度和管理体制，促进师德师风教育管理规范化。同时，不断探索改革创新师德教育的内容、模式和方法，着力建立我校师德教育的激励和长效机制，确保其健康可持续发展。

作为校长，在师德师风教育活动中，我将继续做好以下工作：

（1）继续学习现代教育理论、管理理论与相关政策法规，依法治校，依法治教。

（2）搞好领导班子的团结，使领导班子具有"互相尊重、互相理解、互相补台"的思想，做到"以事业为重，从大局出发，为师生着想，对未来负责"。

（3）完善学校教育管理制度，发挥制度的规范与激励作用。

（4）转变作风，积极工作。坚持科学的态度和求真务实的精神，兢兢业业地做好各项工作，树立强烈的时间观念、效率观念、质量观念。严格要求自己，自我加压，始终保持与时俱进、开拓创新的精神状态，自重、自省、自警、自励，时时严格约束自己，正确对待个人得失，不计名利，不讲价钱，不图虚名，不事张扬，勤勤恳恳，兢兢业业，全心全意为教育、为人民服务。

（5）正确对待群众提出的各种意见，从群众意见中看清自己平常没有察觉或没有引起重视的问题，虚心接受群众的意见和建议。

自我教育是一种内化

刚才，我们聆听了 11 位老师的精彩演说。他们从不同的方面，以不同的事例为我们生动地呈现了 11 位优秀教师的先进事迹。他们以我们身边熟悉的人、熟悉的事为范例，用充满激情的语言，给大家作了一场以师德师风建设为核心内容的精彩生动的演讲，很好地诠释了良好师德师风的内核。我和大家一样，都被演讲中的先进人物所具有的师德魅力一次次地感动。这种感动在不断地拷问着我们自己的灵魂，不禁在内心问自己：自己的师德师风达标吗？符合当今师德师风建设的要求吗？我相信在座的每一位也都在思考着这一问题，而这也正是我们组织这次活动的目的和意义。一是要通过这种教育形式，向老师们传达一个明确的信息，师德师风建设是教师队伍建设的重要组成部分。学校高度重视此项工作，并将长期加强学校教师师德师风建设，为今后创建省示范性学校，及其他能提高学校办学层次的相关工作打下坚实的基础。二是通过这种教育形式，以期达到老师们自我教育、自我查摆、自我反思、自我改进、自我纠正、自我提高的目的。三是我们要用身边熟悉的先进事例来教育自己，大力宣传我们身边先进教师的师德师风。这样我们学习起来有榜样，效仿起来有原型，师德教育也不至于流于形式。

自我教育是一种内化过程，当外显于形时，便是我们常说的自律。而自律又是师德建设中的重中之重，也是长期有效的。为人师表，就是要求我们时时处处要为学生做出榜样，包括我们言传身教的一切行为，这也就迫使我们的言行必须高度的自律，即使在细微处也应表现出为人师表的风范。因此我们作为教师应该具备比常人更高尚的道德情操。这在当前加强师德师风建设的重要时期显得尤为重要。我们既要把科学文化知识传授给学生，更要用自身完美的行为感染学生，影响学生。既然选择了教育事业，就应该自觉地加强个人修养，不断完善自我，以高尚的道德去"为人师表"。

这样的严格自律、为人师表的典范远的不说，在我们身边就有很多，这些众多的榜样告诉我们，当好教师，一是需要我们自觉成为追求真才实学的榜样，坚持终身受教育，具有继续学习的能力；二是需要我们自觉解放思想，开拓进取，既要打好人文科学基础，又要打好科技素质基础；三是需要我们自觉成为遵纪守法的模范，时时处处以大局为重，克服个人主义，自觉遵守宪法和社会公德准则，自觉遵守校纪校规，自觉强化个人的法制观念和意识，严禁体罚学生，以模范的行为为学生们做出表率。

师德是教师道德品质的内化，师风是教师道德品质的外显，自律是师德师风建设的重中之重。

最后，让我们以这次师德师风演讲会为契机，自觉深入地开展一场师德师风的自律建设活动，把我校师德师风建设推向更高层次。

在师德师风教育动员大会上的讲话

为全面贯彻落实2004年中央8号文件和胡锦涛总书记关于社会主义荣辱观的重要论述精神，花垣县教育局对在全县开展以"知荣明耻师为范"为主题的师德师风教育活动进行了统一部署。为贯彻文件精神，学校继续扎实开展"教师队伍建设年"活动，进一步提升我校师德师风建设质量和教师职业道德水平，加强教书育人、为人师表的自觉性，以优良的师德师风带动校风教风学风建设，今天我们召开"师德师风教育活动"动员大会，标志着此项活动已全面启动。学校已经成立了活动领导小组，正着手制定详尽的活动实施方案，对活动进行整体规划与部署，稍后举行的教师"同伴互助"结对仪式，就是师德师风教育活动的一个具体举措，借此加速实现学校从规模数量向内涵质量发展的转变。

这次教育活动的重点有三个：学习提高、对照检查、整改建制。主要目标是加强师德修养，做人民满意的教师。此次活动标准高、要求严，立足于解决实际问题；立足于制度建设、班子建设和队伍建设；立足于提高教育管理水平和学校办学水平。

建设一支人民满意信赖的教师队伍，是学校事业的发展之本。师德师风建设是一项关系到学校发展的长期而艰巨的工作，它渗透于学校各个部门、各个环节之中，需要全体教职工共同关注和参与，需要组织保证和制度保证。下面我就这次活动，提出三点要求：

一、明确师德师风教育的重要意义

当前，教师师德呈下滑趋势是教育界存在的较普遍问题之一。就学校而言，师德师风建设也存在一些不和谐音符。一些同志放松和忽视理论学习，政治观念不强，育人意识不强，重视教书却忽视了育人；有的缺乏责任心，工作不认真，教学方法单一落后，简单粗暴，歧视学困生；有的人把个人利益看得过重，动辄闹个人情绪，大局意识不强。这些情况虽然只存在于少数人身上，但足以说明师德建设的力度有待进一步加大，依法治校、依法治教的自觉性有待进一步加强，教师队伍的师德水平有待进一步提高。

我们在全县中小学率先启动师德师风教育活动，就是要把师德建设作为学校事业发展的重要突破口，促使全校教职工树立以学校发展为己任的意识，不断提高教师的师德水平和育人水平，为促进学校的事业发展提供强有力的师资保障。

二、落实师德师风教育活动的目标

这次教育活动分三个阶段进行。3月1日到8月31日为宣传、动员、学习阶段，9月1日到10月30日为对照检查、整改阶段，11月1日到12月31日为建章立制、总结阶段。

（一）动员学习阶段

除了大会集体学习文件外，各学习小组要组织教师深入学习文件中规定的学习篇目，学习学校的管理制度。设立学习专题组，教师认真做好学习笔记，每人撰写两篇以上学习心得体会，开展好学习心得体会评比活动。同时利用学校网站等宣传阵地引导社会各界关注和支持师德师风教育活动。

（二）对照检查、整改阶段

每位教职工都要严肃认真地按照文件要求，认真查摆自身存在的问题和不足，搞好"七查"，即查摆是否存在以下七个问题：言行与国家法律法规相违背，违反考试管理规定和要求；行为举止违反社会公德和《中小学教师职业道德规范》，弄虚作假，有损害教师为人师表、教书育人形象的言行；事业心和责任心不够强，不重视思想业务学习和提高，组织观念不强，纪律性差，随意缺课旷工；教育观念落后，教育方法简单、粗暴，教育管理学生缺乏耐心、细心和爱心；为教不廉，强制学生订购书报教辅材料，向学生乱收费、推销商品，向学生和家长索要钱物、吃请，以敛钱为目的，举办各种名目的家教班、补习班、提高班；不尊重家长、不能友善地与家长沟通，指责、训斥学生家长；体罚和变相体罚学生，加重学生和家长的课业负担，在组织教学、排座位等方面歧视后进生。

通过对照检查，教职工写出书面检查材料，在文件规定的范围内进行交流。同时，我们学校将坚持开门整改，加强与家长的沟通，设置师德监督信箱，聘任师德监督员，接受社会、家长、群众的监督，征求家长对学校的建议。

（三）建章立制、总结阶段

结合学校教育教学开放周活动，积极开展学生评教、家长评教活动，不断完善师德考评制度，并将师德表现作为教师年度考核、职务聘任、派出进修和评优奖励等的重要依据，定期完善表彰奖励制度。针对群众反映的突出问题，学校将归纳整理，在一定范围内进行通报。对师德表现不佳的教师要及时劝诫，敦促改进，限期改正。经劝诫仍不改正的，要进行严肃处理。

三、确保师德师风教育活动取得实效

学校党员，特别是行政班子要起先锋模范作用，争做师德师风建设的带头人，以自己的实际行动带动广大教师，以党风带教风，以党性铸师魂。学校教育办和各工作小组要总结师德师风建设中的真人真事，大力宣传先进典型，努力营造尊重先进、学习先进、追赶先进、争当先进的校园氛围，进而带动校风、教风、学风全面建设。

同时，对教书育人成绩突出者予以表彰、奖励。在教师职务评聘晋级等方面加以体现，对违反师德的教师进行必要的批评和相应的处罚，对情节严重并造成恶劣影响的坚决实行"一票否决制"。

老师们，"以师德树师表，以师德促师能，以师德铸师魂"是我们每位教师共同的信念和追求。通过今天的动员会，希望老师们能进一步统一思想，提高认识。让我们更清楚地意识到：正确认识自身的职业价值，倡导爱岗敬业，强化责任意识，是社会对教师职业道德的必然要求。希望老师们牢记县教育系统规定的教师职业道德"八要八不要"，践行我校"爱生、敬业、博学、善研"的教风，为建立团结、和谐、富有战斗力的边高人团队，做出不懈的努力和应有的贡献。

以良好的师德撑起教育的蓝天
——教师职业道德建设专题讲座

今天学校举办教师职业道德建设讲座，很有必要。一是因为教师职业道德建设是一个永恒的主题，要常抓常新；二是我们学校近年来积极争创省示范性高中，经省教育厅基教处专家初检，专家们提出了指导意见；三是学校自查，我们发现在办学中存在一些违规办学行为。这些违规行为的出现，一是我们班子，特别是我个人在决策上的失误；二是我们教师职业道德方面存在一些不足，教学行为不规范。为了规范办学，我首先在这里作一个关于教师职业道德的讲座，谈谈我的一些体会。

一、教师职业道德建设不容乐观

当前，国内某些教师经受不住市场经济的冲击，有悖师德的现象屡禁不止，在一定程度上影响了人民教师整体形象。例如教师急于求成，往往口不择言，伤害了学生的自尊；学生因做错题而被老师罚抄作业，学生迟到就被罚扫除等变相体罚学生的现象时有发生；教师不公平地看待学生，把学生清晰地分为三六九等，做不到一视同仁，对优生"笑脸相迎"，对后进生"不闻不问"，给学生造成极大的心理伤害。某些办学机构追逐短期效益，盲目地乱办学、乱收费的现象也屡见不鲜。

师德形成绝非一种表面的行为。任何一种师德表现都能折射出深层的东西，它包含着人才观、学生观、质量观、管理观、学习观、评价观等。一句话，有什么样的教育理念，就有什么样的师德表现。导致师德失范现象的因素很多，主要有几个方面：一是只注重学生的智育发展，忽视了学生人格培养，没有注意心灵的沟通；二是教师缺乏良好的心理品质，教育学生需要良好的心理品质；三是在利益的驱使下急功近利，缺少爱心，不会关爱学生；四是教育评估机制仍以应试成绩为核心。教师面对各方面的压力，延缓了师德建设的进程。

面对新的情况，在推进素质教育、倡导更新教育理念的同时，怎样树立新时期的师德形象，已成为广大教师面临的重要课题。我们必须及时抓好教师职业道德建设，为学校创建省示范性高级中学奠定师资基础。

二、转变教育理念，实施素质教育

素质教育代表着中国教育发展方向，没有素质教育就没有中国现代化教育。胡锦涛总书记指出："实施素质教育，核心是要解决好培养什么人，怎样培养人的重大问题，这应该成为教育工作的主题。"素质教育在理论上、实践上有效地解决了培养什么人和怎样培养人的重大问题，因此我们应当努力转变教育观念，认真践行素质教育。

学生是学习的主人，是发展的主体。教师面对的是学生的未来，而不是个人眼前的荣誉和利益。因此教书育人不可急功近利，需从大处着眼。部分教师受应试教育理念的影响，习惯于只看眼前，不顾将来，如以剥夺学生个性为代价换取教师的师道尊严，以牺牲学生的学习兴趣为代价，过分苛求学生的成绩，换取暂时的高分。据媒体报道，某校有一位以教学成绩好而知名的教师，他有一套成功的应试办法，他带的学生在所在市前 2000 名中比重很大，很多家长走后门把自己的子女安插在他的班，也如愿考上了理想的大学。可是这些学生到了大学后，面对大学的开放式教学环境不能适应，不仅成绩下降，还不同程度地产生心理障碍。这位教师对学生的教育关注点仅仅停留在了应试上，忽视了学生全面的发展，其落后的教育理念导致教学盲点的产生。

众所周知，爱迪生七岁上学，因成绩差退学；爱因斯坦两岁说话，上学时智力迟钝；德国诗人海涅是尽人皆知的后进生；普京上小学时学习成绩一塌糊涂，而现在成为力挽俄罗斯经济大滑坡的总统。事实表明，学习成绩与创造力无明显的联系。创造力有早晚、先后之分，越是有个性的人，创造力越突出。个性是创造的前提，把个性作为一种有价值的东西，作为一种财富来加以对待，我们就不会按成绩把学生分为三六九等，我们眼中就会没有差生，只有差异。只有实施素质教育，我们才会实现综合素质的全面发展。

三、以身示范，情感育人

搞教育跟风走，是形式主义，也是一种不理智的急功近利的短期行为。因为，学生的成长和发展有其阶段性，不能强求一致，无法整齐划一。而真正能够给学生以伟大启迪和深刻影响的往往是一些教育细节。本学期，我们学校一位教师外出学习，向很多教师说自己所带班级是："上课怨，下课欢，不打不闹不是这个班。""教务主任安排我带一周的课，我精心地准备了每一堂课，先与学生进行沟通，问问他们想听什么，怎么讲才能提高他们的兴趣，然后引导学生自读、自悟，教师解疑，让每一个学生都对学数学有了新的认识，一周后，他们强烈要求我再给他们上几节课。我受同学欢迎，其实并没有什么法宝，也许就是我不训斥学生，能发现学生的闪光点，并给予及时的表扬，真诚地赏识他们。"我们的教师队伍中，绝大多数老师责任心都很强，然而，仅有责任心是不够的，要变单纯的"责任"为丰富的"情感"，再去面对学生的各种行为。

四、以师爱，撑起教育的蓝天

"百年大计，教育为本；教育大计，教师为本；教师大计，师德为本。"那么，到底什么是师德师风？所谓师德，就是教师具备的最基本的道德素养；师风，是教师这个行业的风尚风气。爱岗敬业，教书育人，为人师表，诲人不倦，有教无类……这都是师德。"十年树木，百年树人"，踏上三尺讲台，也就意味着踏上了艰巨而漫长的育人之旅。怎样才能做一名好教师呢？我认为，热爱学生、尊重学生是教师最基本的道德素养。

一个教师只有热爱学生，才会依法执教，关心学生的健康成长；才会爱岗敬业，乐于奉献，竭尽全力地去教育学生；才会自觉自愿地约束自己，规范自己的言行，更好地做到为人师表、廉洁从教。我国现代教育家夏沔尊说："教育之没有情感，没有爱，如同池塘没有水一样，没有水，就不能称其为池塘，没有爱就没有教育。"教师面对的不是冷冰冰的产品，而是一个个鲜活的生命，茁壮成长的未成年人。如果说智慧要靠智慧来铸就，那么爱心要靠爱心来成就。在我们的身边，许多老师敬业爱生的事迹常常感动着我，尤其是班主任，他们是真正将自己的心掏出来给学生的，这样的老师怎能不赢得学生的爱戴！古代教育家早就提出"有教无类"，"同在一片蓝天下，孩子们应该有同等的受教育权利"。热爱一个学生就等于塑造一个学生，而厌弃一个学生无异于毁坏一个学生。前苏联著名教育学家苏霍姆林斯基就曾花十年时间，将一名有偷窃习惯的学生培养成一名成功的农庄主席。每一位学生都渴望得到老师的爱，都希望得到老师的器重和尊重，尤其是那些家庭有过特殊变故的学生，他们容易形成孤僻性格，这就要求教师真诚相待、热情鼓励、耐心帮助，用师爱的温情去融化他们"心中的坚冰"，让他们在愉快的课堂中接受教育。虽然我们无法像太阳一样，将自己的光辉撒遍世界的每个角落，但我们却可以像母鸡爱护小鸡一样，关爱自己的每一个学生，不带有任何一点偏见。

但值得思考的是：为什么有的老师对学生如此关爱却得不到学生的理解和认可？高尔基曾说过："爱孩子，那是母鸡都会做的事，如何理解孩子才是一件大事。"只有尊重学生，才能教育学生。没有尊重就不可能有真正意义上的教育。在学生心目中，亦师亦友，民主平等，是"好教师"的最重要特征。爱心和知识，对学生来说，他们更喜爱前者。青少年学生特别渴求和珍惜教师的爱，师生间真挚的情感，必定有着神奇的教育效果。这种情感会使学生自觉地尊重教师的劳动，愿意接近老师，希望与老师合作，向老师袒露自己的思想。我们应时常想想教育家们的谆谆告诫，"你的冷眼里有牛顿，你的讥笑中有爱迪生"。

新课程改革已全面铺开，其主要理念就是"以学生为本"，关注学生的主体地位，而尊重学生，平等对待学生，关爱学生是师生和谐相处的重要前提。每个人都有自己的自尊，每个人都希望得到别人的尊重，这是一种心理上的需求，但尊重是相互的。学生是有自己思想和行动自由的独立个体，被平等对待是一大愿望，能得到老师的尊重对学生来说是极大的精神鼓舞。尊重学生的实质是把学生当做和自己一样有尊严、有追求、有独特个性、有自我情感的生命个体。从尊重学生出发，建立新型的现代师生关系，教师要进行必要的角色转换，要从传统的师道尊严中摆脱出来，要从家长的威严中解放出来，要从唯一正确的师长的假想中醒悟过来，学会倾听，学会理解，学会宽容，学会欣赏，懂得赞美，善于交流，成为学生成长的伙伴，成为学生成长的引导者和鼓励者，成为"孩子们的同志和朋友"。

在学生心中栽下一棵尊重的幼苗，用爱心去浇灌，它必将伴随其生命的成长，长成参天大树。"万紫千红随风去，冰心一片在玉壶"，这就是一位普通教师的高风亮节！

雨果曾说过："花的事业是尊贵的，果实的事业是甜美的，让我们做叶的事业吧，因为叶的事业是平凡而谦逊的。"我想，教师所从事的就是这种叶的事业——平凡而伟大。

"言必行，行必果"，行动实践远胜于说教。师德，不是简单的说教，而是一种精神体现，一种深厚的知识内涵和文化品位的体现！其实，在日常的教育教学工作中，许多教师都在用行动诠释着师德师风的真正内涵。师德需要培养，需要教育，更需要每位教师的自我修养！让我们以良好的师德，共同撑起边城高级中学教育的美好蓝天！

提高师德修养，做高尚的边高人

今天，我讲两个问题。一是什么是师德，它的内涵有哪些；二是怎样提高师德水平。

第一个问题，师德的内涵。

师德，顾名思义就是教师的职业道德，是教师在从事教育活动中所展现的道德观念、行为规范和品质的总和。师德自古有之，如封建时代就讲究师道尊严，春秋时期的教育家孔子就提出了"仁者爱人""有教无类"的师德要求。就现在看来，这些都还闪烁着真理的光芒。

师德观念也要与时俱进。首先，新时期的师德应表现为一种以爱学生为核心的强烈的使命感和责任感。师之爱不同于父母的亲情之爱，这种爱要着眼于对全体学生的培养，着眼于德、智、体、美等全面发展。其次，新时期的师德应表现为一种与时俱进的先进理念，包括先进的教育观、教学观等。对教师来说，既要教好书又要育好人。再次，新时期的师德还应表现为一种具有表率作用的人格魅力。孔子曰："其身正，不令而行；其身不正，虽令不从。"教师的工作是培养人的工作，而最能起到深远影响的是教师的人格力量，所以，有人将教师喻为学生人生的引路人。最后，新时期的师德还应表现为一种以先进文化为底蕴的高尚的情操。陶行知先生说得好："要人敬的，必先自敬，重师首先师自重。"教师是先进科学文化的传播使者，所以，他首先必须是一个"文化人"，能以一种积极向上的时代精神去感召下一代。

第二个问题，怎样提高自己的师德境界。

首先谈一下师德现状。目前一些教师道德意识淡薄，思想行为偏离师德原则和规范，具体表现如下：

（1）敬业意识淡薄。由于市场经济负面效应的影响，部分教师过分看重个人利益，仅仅把教师工作当做一种谋生手段，敬业精神不足。

（2）精力投入不够。人生理想趋于实际，崇尚个人主义，价值标准注重物质，行为选择偏向现实，无心钻研业务，备课不认真，教案缺乏新意。

（3）育人意识淡薄。只顾完成教学任务，对学生的思想道德教育不闻不问，与学生接触时间很少。

（4）示范作用欠缺。师表意识淡薄，纪律观念差，在对学生"说教"时，自己却不能身体力行。

再谈提高师德修养。教师是人，不是圣人，更不是神。我们既然选择了教师职业，就应该顺应时代发展的步伐，做一个师德高尚的好园丁，特别是作为一个创绩的边高人，更应珍惜岗位，懂得感恩。

新时期的师德可用"师爱为魂，学高为师，身正为范"来概括其内涵。师爱就是教师对学生无私的爱，它是师德的核心，即"师魂"，要体现在"一切为了学生，为了学生的一切，为了一切的学生"的教育实践中。

一个对教育充满爱的教师，应该是爱自己的工作岗位的。何谓"爱自己的岗位"？简而言之，就是要能"用心去工作"，而不只是用脑去工作，更不只用手和脚去工作。所谓"用心工作"是相对于"用脑工作"而言的，这样的人充满工作激情及感召力。"用心工作"的前提，就是教师对教育工作的意义有深刻的认识，而且这种认识不是抽象的思辨或理论的推演，而是一个真正的教师对人生的认识。所谓"用心工作"就是要在自己的岗位上真正做到为每一个学生的发展服务。

对教育的爱，应该体现在爱自己的学生身上。今天的这种"爱"不只是体现在传统的"严"字上，而应该体现在"服务"二字上。传统的观念认为教师是真理的化身、是知识的传播者。我是传授者，你是接受者，所以我就可以呼风唤雨，你就只能俯首帖耳，师道尊严主宰着教师。而当今从学生发展理念的要求来看，教师应该是"学生发展的服务者"，即使在探求课堂知识的过程中，你也只是"平等中的首席"。聪明的学生，漂亮的学生，乖巧的学生，人人喜爱，这是人之常情，但对教育的爱更大程度上体现在对智力平平、相貌平平、家庭平平的普通学生身上，更体现在对所谓的差生身上。

当你面对差生时，你应该善于发现，甚至放大他的每一个细小的进步，使他获得成功的满足；你应该借此机会，鼓足他前进的勇气和信心。

对教育的爱，还应该体现在爱自己上。所谓爱自己，简单地说就是为自己的发展负责，其中包括两个方面：第一是有承担任务的信心，第二有承担责任的勇气。生活中有些人遇到事情常会说"这不该是我做的事""我做不了这件事""我没有时间做这件事""我不具备条件做好这件事"，而另一类人会说"我可以做这件事""我能做好这件事""即使没有时间，我也会挤时间完成这件事""虽然条件不成熟，但我会创造条件争取完成这件事"。所以说，有两种人绝对不会成功：第一种是除非别人要他做，否则不会主动做事的人；第二种则是即使别人要他做，也做不好事的人。我相信大家都愿意做一个有为的教师，那么你应该有承担任务的信心，你所做的工作应该比明文规定的职责还要多一些，因为你还有一些潜在的职责。你不应该只是做那些别人让你去做的事情，而应该主动做那些需要做的事情。爱自己的另一个表现就是有承担责任的勇气，在日常工作中，谁都难免有一些失误，如课堂教学任务没有完成、对同学批评教育失度、与同事相处有点小摩擦。你应该主动承担责任，时刻警戒自己不要重蹈覆辙，这样你会在事业的征途中不断前进，成为一个让人尊重的教师。

学高为师则要求教师要有丰富的学科知识，要精通业务，治学严谨，注重创新，"要给学生一杯水，自己至少要有一缸水"。把学习作为毕生追求，以坚韧不拔的毅力和持之以恒的精神，提高自己，完善自己；立足岗位，勤于学习，不断提高应对竞争和挑战的能力，要以时不我待的紧迫感学习新知识，特别是要学习科学文化知识，学习掌握与本职工作相关的新知识、新技能，一点一滴积累，一步一个脚印前行，真正做到学有所得，业有所专，干有所长。

对教育的爱，还应体现在努力顺应教育改革上。边城高级中学在新课改背景下，进行教科研工作，创立的教育理念"为学而教"包含三层意思：一是为学生有效学习而教；二是为学生终身发展而教；三是为学校发展而教。探索的"八环节"、"四落实"、"471"学习策略都是有效的经验，应当认真地推广实践，用以提高教育教学质量。

教师本身要以德为本，身正为范。作风要正派，办事要公正，为人要正义。作为学生的榜样、引路人，要做到为人师表，要铭记：从我做起，从小事做起，从今天做起。

师德需要培养，需要教育，更需要的是每位教师的自我修养！

从教育转型的临界点看校园文化生态的突变
——新时代校园文化生态建设刍议

关于什么是校园文化和怎样建设校园文化，学术界有很多中肯的述评。但有的仅从狭义的角度来观照校园文化，有的虽然是广义的探讨，但是并没有深入的触及应试教育的死结——实践精神和能力的缺乏，故而关于校园文化的建设在认识上难免有一些盲区和误区。拙文拟站在素质教育与应试教育的临界点，呼唤校园文化的突变，探讨广义校园文化建设规律，以期弘扬素质教育的实践创新精神。

一、校园文化和校园文化生态

关于校园文化的定义，众说纷纭。总体上看，因为各种历史背景原因，校园文化曾更多在学校德育工作和第二课堂的领域中被提到，往往被标榜为比较重要的德育形态和课外教育形态。

有一种比较普遍的观点认为，校园文化是以校园内生活成员为主体，以课外文化活动为主要内容，以校园为主要空间，以校园精神为主要特征的一种群体文化。这种观点其实还是属于狭隘的校园文化观。因为它"以课外文化活动为主要内容"，而我们完全可以反问，课内文化难道不是校园文化的主要内容吗？尤其在我们深思应试教育"倡课外"背后实质是"轻课外"的现实之后，不难发现，这个定义表示"课内文化活动"的"应试意义"事实上尚未完全根除，依然有"重德智轻能力"的传统倾向。

也有学者认为校园文化是在社会文化传统和地域文化基础上应运而生的，是置身于现代社会文化大环境中的一种具有自身特色的亚文化形态。它是指学校根据办学实际对社会文化传统进行摒弃、接纳和改造，经过长期发展历史积淀而形成的文化形态，是一个学校校园精神与氛围的集中体现。校园文化的核心是学校共同的价值观念、价值判断、价值取向。这个定义有较广而又较强的概括性和科学性。但是，关于校园文化核心的论述依然有传统的缺陷，那就是受经典校园文化德育功能观念的影响，忽略了校园文化的社会实践性和价值创造功能，明显带有传统圈养式"育德育智"办学模式的痕迹。

上述校园文化的定义都有一定的局限性，前者是应试教育时代人们对狭义校园文化研究的初步认识，后者是德育挂帅的教育理论强化的产物。我们绝不否认德育的重要意义，尤其是在这个注重应试、忽视品德的应试教育时代。但是，我们不可否认的事实是应试教育在教育环境选择、教学课程设置、教学方式方法、教学效果检测等方面存在的致命弱点：缺乏紧密联系社会实践的条件、精神和能力。为了迎接素质教育时代的真正到来，我们必须在更开阔的视界里认识校园文化，给校园文化以全新的广义的界定。

我们认为，校园文化就是校内生活成员在一定的社会时空背景下，为了人类的成长和社会实践的发展而制定的教育教学目的、实施的教育教学行为和取得的教育教学成果，经过较长时间的不断发展、不断丰富、不断创造、不断积累的物质文化与精神文化的总和。这里我们特别强调"为了人类（而不是个人）的成长和社会实践的发展"，是为了将广义的校园文化和人类社会实践紧密关联起来。如此，我们才可以更符合素质教育时代的要求和把握好新时期教育科学发展的方向。

在对广义校园文化认识的基础上，我们可以进一步借鉴"生态学"，思考校园文化生态。"生态学"是一个庞大的学科体系，研究范围从分子、基因、细胞、个体、种群、群落、景观到生物圈。借鉴生态学思想，对校园文化生态的内涵可以做一个简单概括：包括学校环境设施，如建筑、绿化、运动场所、图书阅览室馆、科技场馆、劳技园以及形式各样的新闻媒体、媒介；学校规章制度（含办学理念）、管理模式（含师生参与）等因素；学生在校园内的一切生活、学习和实践活动，以及相伴产生的品质、体质、精神和知识、能力、成绩等教育因素；校园文化实践中的特定人际关系，如具体的师生关系、师师关系、生生关系、干群关系、处室关系等；校园文化和它的外部环境之间的关系。

校园文化生态自身是一个生命系统，同时又是它所栖息的社会生态系统的有机组成部分。这个生态系统是一个开放的、与社会有着全方位资源交换的而且不断地在做内部调整的动态系统，具有其组成部分自身所没有的新的特性和功能。以生态科学的整体论与系统观对校园文化的各类问题进行分析、判断和决策，有助于校园文化机构准确把握，并正确运用校园文化运行规律，真正"坚持以人为本，树立全面、协调、可持续的发展观，促进文化、社会和人的全面发展"。

二、校园文化生态的规律及应用

（一）系统开放及非平衡原理

生态系统只有在开放的条件下才能够进行自组织、自优化，开放是生态系统演化的根本。普利高津的耗散结构理论认为，"非平衡是有序之源"，所谓非平衡是指系统内部组分的差异，有了差异和不平衡，各种校园文化才会有个性、交流和发展。所以说唯有开放，才会使校园文化春色满园关不住；唯有非平衡，才会让校园文化百花齐放满目春。开放性要求我们与社会交流，贴近实践，注重实践能力的培养；非平衡性，要求我们动态地掌握学校、教师、学生的个性发展与社会共性需要的关系，创办特色化的有效教育，培养个性化的有用人才，适应当代社会不同分工。

（二）文化因子的依存与制约规律

校园文化生态所包含的各种文化因子之间的关系就如生态系统内的各个种群之间、群体之间以及构成食物链的个体之间关系一样，表现为一种依存与制约关系。没有一个因子离开了其他因子而能持续存在或继续生存下去，缺乏其中任何一种机制的系统都是没有生命力的系统。这种依存关系，可能是错综复杂的，也可能是和谐平衡的。错综复杂主要是指任何一个校园文化生态都要有多种利导因子主导其发展，并有多种限制因子抑制其发展，它们的平衡依赖于校园文化系统组织与功能的相互适应性，族群的多样化是生存能力的主要因素，而高度同一性是很危险的事情。从这个意义上说，校园文化中德智体美劳何可偏废？单纯追求升学率，重视知识传授而忽视实践能力等，又是多么狭隘的见识和举动。同时也引起我们深度思考，诸如"追星文化"和"正统文化"、"快餐文化"和"经典文化"等具有一定对立性的内容在校园文化中的地位和关系变化。

（三）双向反馈与自然演替原理

校园文化系统不断地与其他社会文化子系统之间进行着知识文化、生产力与精神价值等方面的流通与交换，校园文化生态系统内部包括多重反馈机制，既有负反馈也有正反馈。校园文化生态自组织的实现，很大程度上依赖于系统的反馈机制。只有依靠反馈机制，系统才能不断地进行修正以实现其目的。系统出现新的结构、模式、形态，在开始时总是弱小的，需要靠系统的自我放大和自我激励机制才能生长、壮大，这就是正反馈机制。新系统常常是先生成它的基核，再凭借正反馈机制逐步长大。只有两者有机结合，系统才能够自我创造、维持和更新。譬如新时代要求校园、课程、师生都向社会实践靠拢，但是这种意识是先行的，而行为却会受到历史传统、现实条件、主观心态等多方面因素的制约，很难做到大胆实践、积极革新。我们需要给予每一个创新以积极的鼓励、支持、探索和指导。

（四）在竞争中的协同演化原理

竞争和协同是生态系统演化的基本规律，组成校园文化生态系统的各个组分之间既有竞争又有协同。竞争与协同是对立统一的，对于校园文化生态的演化和发展来说，两者都不可缺少。如果只有竞争没有协同，则竞争会引起内耗与外耗；反之，如果只有协同没有竞争，则缺乏激励机制，容易诱发惰性。所以，协同是竞争基础上的协同，竞争是协同基础上的竞争。然而，作为一个教育发展并不成熟的阶段，应试教育至其极致时期，必然产生的一个结果就是不公平竞争，抹杀校园文化系统因子的协同精神。这一点表现为地域有文化发达地区和落后地区、学校有示范类和非示范类，有的校内有重点班和普通班，班内有优生、中等生和差生……并且，在物资条件、地位待遇、社会选择等方面存在相应的规矩——有意或无意地执行了不平等的竞争游戏规则，进而导致不平等性不断加剧。这就有赖于用校园文化广泛的实践性来增强生态阈限功能来加以调节。

（五）生态阈限内自我调节原理

生态平衡是指生态系统的动态平衡。在生态阈限范围内，生态系统能承受一定程度的外界干扰和冲击，并可以通过自我调节恢复到稳定状态。当外界干扰超过生态阈限，生态系统不能通过自我调节恢复到原初状态，则称为"生态失调"。生态阈限的大小取决于生态系统的成熟程度，如环境的质量和生物的种类、数量及其相互联系。生态系统越成熟，它的种类组成越多，营养结构越复杂，稳定性越强，对外界的压力或冲击的抵抗能力也越大，即阈值高；相反一个简单的人工的生态系统，则阈值较低。因此，校园文化建设，必须坚持文化因子的丰富性、多样性的个性化原则，必须坚持文化因子间关系的共性与个性、竞争与协作的良性统一。

三、校园文化必须突出实践性

教育人有一个共识：作为教育初级阶段的产物——应试教育，由于受校园的相对封闭性和传统人才批量生产的历史需要的影响，我国校园文化长期缺乏极强的实践性和个性化的创造力，直到今天，我们才开始望见了素质教育的大门。纵观中国教育历史，我们不难发现，是否具有较强的实践创造能力应该是应试教育和素质教育的临界点。

根据耗散结构理论，阈值即临界值对系统性质的变化有着根本的意义。在控制参数越过临界值时，原来的热力学分支失去了稳定性，同时产生了新的稳定的耗散结构分支。在这一过程中，系统从热力学混沌状态转变为有序的耗散结构状态，其间微小的涨落起到了关键的作用。这种通过在临界点附近控制参数而出现的微小改变导致系统状态有明显大幅度变化的现象，叫做突变。耗散结构的出现都是以这种临界点附近的突变方式实现的。那么，今天，我们站在应试教育和素质教育的门槛上，就是这个临界点，也就是校园文化建设突变的最佳契机。我们必须走在时代的前列，抓住机遇，促成校园文化建设的飞跃。建构全新的现代校园文化生态，除了继承创新校园文化的优秀成果之外，必须坚决完成应试教育向素质教育的重要转型。这是中国教育的革命性突变，这个临界点最大限度地决定了新旧教育文化生态在实践意义上的巨大差距。我们只有找准临界点，立足临界点，切实做好临界突破，才能迎来教育改革的真正春天。

首先要确立学生在校园文化生态建设中的实践主体地位。我们建设校园物质文化，大体上相当于建设校园环境。要打破常规的、一成不变的、静止的成人化模式，要让学生成为校园文化建设的主体，为学生的发展提供更为宽阔的空间，使每一个角落都成为学生学习、探究、实践的园地。如在教学楼内减少一些先哲们的治学和教育的名言警语以及催人奋进的标语，而要多开辟学生作品栏、精品屋，张挂学生的美术、书法、电脑作品，摆放一些有价值的图书，展示学生的小制作、小发明，让学生在特长展示中充分表现自己的思维和想象，为他们提供展现才华、张扬个性、实践创新的平台。校园里除了张贴一些著名科学家和学者画像之外，也可以举办一些同学们自己的"校园之星""班级之星"评选活动并将相片张贴出来，甚至应该让每个同学都有展示自己的天地。如校训、校风等内容，学校绿化和建筑的命名等，都可以发动学生去完成，体现学生主体性的时代文化主题。还要让学生积极参与到校园制度文化的部分建设中去，让他们成为学生管理制度的制定者、执行者、遵守者和监督者。

其次校园精神文明建设要为学生树立一种关心社会、关爱他人、勇于实践、善于实践的品格。就学生而言，校园文化内容包括品德文化、学习文化、综合实践活动文化、文娱体育和审美文化、生活和心理卫生文化等。当前形势下，在学生文化建设实践中，应坚持"育人为本"，把加强未成年人思想道德建设摆在突出位置，放在素质教育的首要位置。同时也应该纠正重课堂教学、轻社会实践的现象，绝不能让学生"学习成绩提升上去，实践能力降低下来"；要改变学校德育工作仅仅是"组织活动"的观念；要坚持把发掘人的创新潜能与弘扬人的主体精神相结合，使学生在成长、发展过程中，学习上自主、主动参与和探究，生活上自立、主动自理和服从，行为上自律、主动约束与反省，交往中自强、主动合作与交流。关注社会，关注自然，珍惜生命，爱护环境；积极举办各种社团活动，开展各种形式的体验教育活动；使学生能够融合于集体，广泛交友，展示自我，经受挫折，体验成功，使学生懂得自重自立与文明沟通，从而促进学生健康心理品质的形成。总之，在实践中获得的德育熏陶才是持久的，在实践中获得的创造能力才是强大的。

再次是创设至关重要的校园文化开放性的实践环境。除了经常走出校园，走向社会实践之外，校园文化的环境建设也必须为学生提供一定的社会实践基础设施。诸如家政技能特训部、文化园、生物园、农业基地、工业园，甚至相关理工科实践项目基地，包括机电维修、驾驶、网络技术等实践项目。

总之，教育在校园内的一切产物，都是校园文化，在这个意义上，学校教育没有什么课内课外之分别，也没有教育和教学的不同。如果我们仅仅将第二课堂或者德育工作的内容视为校园文化的绝大部分内容，那么我们很难彻底地完成提高教育主体的实践能力的任务。也许，中国教育的社会实践性能的加强还需要一个较长的历史时期，先驱者的道路也许并不平坦。但是，教育的社会目的从来就规定着校园文化的实践性。而今，素质教育时代的来临，必将引发校园文化建设的质的飞跃——把校园文化建设朝着社会实践性极强的方向推进的工作，这有待于广大教育工作者坚持不懈地努力。

只为成功找方法

有些人做了一件不成功的事情，或者被批评的时候，总是会找种种借口告诉别人。因为他害怕承担错误，害怕被别人讥笑，或者只是想得到暂时的轻松和自我解脱。上班迟到了，说是因为堵车；工作砸了，说是领导决策错误；学生不满意，说学生过于苛刻；晋不了级或降了职，说领导偏心，或什么的牺牲品；增加一点工作，说自己太忙；参加集体活动，说没意思；等等。可以毫不夸张地说，借口就是一个掩饰弱点，推卸责任的"万能器"。有些人把宝贵的时间和精力放在了如何寻找一个合适的借口上，而忘记了自己的职责和责任。更为可怕的是借口常常还是一张敷衍别人，原谅自己的"挡箭牌"，容易扼杀人的创新精神，产生猜疑心态，让人消极颓废。它更是一剂鸦片，让你一而再，再而三去品尝它，逐渐地让你变得心虚、懒惰，遇到困难就退缩，受到批评就带情绪，换了岗位就告状，最终丧失执行能力。

许多借口总是把"不""不是""没有"与"我"紧密联系在一起，其潜台词就是"这事与我无关"，不愿承担责任，把本应自己承担的责任推卸给别人和外界环境。早在战国时代，孟子就尖锐地讽刺了这类心态的荒谬性。一天，梁惠王问孟子，为什么我国的百姓没有增加？孟子回答说："国君必须负起责任，积极采取措施实行王政，让百姓不饥不寒，养生丧死而无憾；如果君王对百姓漠不关心，看见狗吃人吃的东西，这样奢侈的现象不去管，路边有饿莩不知道开仓救济，只是一味推托说：'这不是我的责任，而是年成不好。'这跟杀了人说'这不是我的过错，是凶器的过错'，有什么区别呢？"

学校中这种寻找借口，推诿他人的现象屡见不鲜。例如有些年级组、处室出现问题后总是说"你们年级组如何如何""他们处室如何如何""是他们处室的事""花垣人如何如何""外地人如何如何"之类的言语。

老师们啊，认真想一想，"你们是谁，他们是谁，政教处是谁，教务处是谁，服务中心是谁？"一个学校就是一个团队，不应该有"我"与"别人"的区别，而应该站在学校的立场上积极主动地承担责任，为解决问题出谋划策。一个只会推脱责任的员工，不可能获得同事的信任和支持，也不可能获得上司的信赖和尊重。如果人人都寻找借口，无形中会提高沟通成本，削弱团队协调作战的能力。大家再仔细想一想，现在哪个是外地人；哪个又不是花垣人？为这一观点，我已经批评了几个老师，这是让我最不能接受的一句话，把自己作为外地的人，那是不安心；把别人作为外地人，那是排挤，是思想问题。为什么有的人头脑中还有这些想法呢？我们现在都是边高人，这是一种缘分。记得副校长李书考去年曾说："我们已经没有退路了，我们的后面就是莫斯科。"上述错误想法，正在侵蚀着我们的机体，有"邪气压倒正气"的感觉，领导不敢表扬人，有时也不敢批评一些错误的现象，这是一个学校的最大劣根，将阻挠学校的发展与竞争。借口会产生矛盾，会使工作没有主动性、创造性，也就不可能有和谐校园。

人们会在失败后寻找借口，经常是与工作中没有全力以赴去争取成功相联系的。特别是当事情原本可以做得很好却没有做好的时候，人们为了掩饰心虚，总是喜欢拿各种借口搪塞。其实每一个冠冕堂皇的借口背后都有很多丰富的内涵，只是我们不愿意说出来，或者是从潜意识里我们就排斥它们。美国西点军校奉行的最重要的行为准则，就是六个字"没有任何借口"，它强调的是每一位学员想尽办法去完成任何一次任务，而不是为没有完成任务去寻找借口，哪怕看似合理。其目的是为了让学员学会适应压力，培养他们不达目的不罢休的意志。它让每个学员懂得，工作是没有任何借口的，失败是没有任何借口的，人生也没有任何借口。据美国商业年鉴统计，二战后，在世界 500 强企业中，西点军校培养出来的董事长 1000 多名，副董事长 2000 多名，总经理 5000 多名，任何商学院都没有培养出这么多优秀的人才。

优秀的教职工从来不会给自己找任何推托失败的借口，他们会去努力地完成任务，会事先做好计划，会在工作中坚定不移地朝着目标前进，全力以赴地排除困难，不言放弃。正如美国成功学家格兰特纳说：如果你有自己系鞋带的能力，你就有上天摘星的机会！

不要为自己的错误辩护！把时间和精力用到工作中来，仔细琢磨下一步该如何去做。成功的人永远在寻找方法，失败的人永远在寻找借口，当你不再为自己的失败寻找借口的时候，你就离成功不远了。

正确对待收入

学校存在这样一股歪风，工作质量可以打折，工作数量可以推脱，也就是工作做与不做，做好与做坏无所谓；但对自己的待遇或评价不如意的时候，便分毫必争，打个人算盘，甚至找到学校大吵一番。针对这一现象我今天讲一个观点：正确对待收入。

大量的调查表明，在任何一个组织中，如果存在互相攀比收入的风气，那么组织成员中的每一个人都会感到十分委屈，都会感到十分不公平。互相攀比的结果是对某一人而言，他会认为与别人相比拿少了，而又必然被同事评价为拿多了，人人都会认为"他人收入太高，我凭什么比他低，这很不公平"，所谓"人比人，气死人"就是指这种现象。

人的情绪出现了"气死人"，自然会降低学校发展的竞争力，影响学校的发展与生存，最终由"气死人"到"饿死人"。这种现象在国有企业中很常见，正因为危害严重，在大部分国有企业中都实行工资保密制度，有的企业规定：攀比收入者将予以除名。

互相攀比是如何创造出委屈感的？它的产生过程，我们试分析如下。

首先，决定收入的因素是非常多的。例如工作数量、工作质量、工作的难度、学历、职称、年龄、工作态度、职位、运气等。一个人收入不如别人，可能是由以上诸多因素中的某一个或某几个造成的。

其次，互相攀比的典型过程是用单一因素或较少因素来比较。如职工与教师，或教师与领导比较。

互相攀比收入无论对个人、对同事，还是对团队都会造成极大危害。因为互相攀比收入的结果就是都认为别人占了便宜而自己吃了亏，且这种互相攀比极易使同事之间产生裂痕，伤害彼此感情，激化矛盾，从而引发对工作的不负责，得过且过，破坏团队精神和工作气氛。具体来说有如下三点：

一是降低自己的生活品质，自己制造痛苦。因为攀比都是单因素或少因素比较，拿自己最不利的方面与他人最有利的方面比较。所以攀比总可以找到理由证明自己"吃了亏"。具有攀比人格特征的人，无论跳槽多少次，增加了多少工资，换了多少领导，他永远认为自己吃了亏，永远心理阴暗，情绪低落，感到非常痛苦。

二是降低他人的生活品质，给他人制造痛苦。盲目与他人攀比，抱怨一旦被传入对方耳中，很有可能引发同事之间的矛盾，从而使大家都陷入到痛苦中去。

三是降低学校发展竞争力，严重者可造成学校崩溃，到那时灾难性的大痛苦就真正来临了。

所以大家要保持良好心态，严于律己，宽以待人，维护良好的团队精神和工作氛围。

师德，牢记在心中

今天，我讲的题目是"师德，牢记在心中"。

一、师德的概念

师德是教师职业道德的简称，是教师在从事教育活动中必须遵守的道德规范和行为准则，以及与之相适应的道德观念、情操和品质，它体现着社会和人民对教师的希望和要求。

师德是教师素质的重要组成部分。教师劳动的知识性、专业性、艺术性、复杂性、长期性、示范性与创造性的特点决定了教师素质构成的特殊性。教师素质是顺利完成教学任务，培养人所必须具有的身心相对稳定的潜在基本品质。其本质特点是指教师自身的质量，即教师身心发展的总水平。其构成要素主要是教师的机体素质、文化知识素质、道德素质与心理素质等。

师德是教师人格特征的直接体现。在教育中，一切师德要求都基于教师的人格，因为师德的魅力主要从人格特征中显示出来。历代的教育家提出的"为人师表""以身作则""循循善诱""诲人不倦""躬行实践"等，既是师德的规范，又是教师良好人格的品格特征的体现。在学生心目中，教师是社会的规范，道德的化身，人类的楷模，父母的替身。他们都把师德高尚的教师作为学习的榜样，模仿其态度、情趣、品行、行为举止等。

二、师德的内涵

师德的内涵应是"师爱为魂，学高为师，身正为范，理念为先"。

师爱为魂。教师对学生有无私的爱，也包括对学生的安全保护，这是师德的核心。

学高为师。教师对某一学科知识储备丰富、业务精通、治学严谨、注重创新，这是师德不可或缺的重要组成部分。

身正为范。教师要时时处处以身作则，率先垂范，这是师德的直接体现。

理念为先。教师要与时俱进，终身学习，不断学习新的教育理念，要会沟通、交流、合作，这是师德的基础。

师德体现在教书育人，言传身教的职责中；凝聚在对学生始终如一，无微不至的关爱里；升华在对教育事业无比忠诚，为教育事业无私奉献，不为名所动，不为利所诱的坚贞操守上。

三、师德的最高境界

师德的最高境界是什么？中国教育学会会长顾明远先生说是"勤业爱生"。那么"勤业爱生"在具体的教育教学实践中是什么样子的形象？

（一）做一个心中有"道"的教师

话说一个偏僻乡村学校好不容易才邀请到一位特级教师来讲一节课，但谁也没有想到来的竟是一位十分年轻的美女。这个美女特级教师随意走进了一间教室，准备上课。而这间教室的讲台上散落着乱七八糟的粉笔，台面上有一层白乎乎的粉笔灰，黑板上画的全是乱七八糟的东西。这个特级教师用目光巡视了一周后，迅速收拾好了讲台上散乱的粉笔，轻轻吹去了讲台上的粉笔灰，然后转过身去，用黑板擦把黑板擦得干干净净。这时，教室内鸦雀无声，即后，教室里响起了一片掌声。大家用掌声给她的开场白打了最高分。在讲课的过程中，她出了几道题让学生做。过后，她又讲解了这几道题的规范做法。之后她说了这样一句："请做对的同学扬一扬眉毛，暂时没做对的同学笑一笑。"课后，所有的听课教师都感悟到了什么样的教师是特级教师。

其实，这个美女特级教师所遇到的情况，应该有很多中小学老师都遇到过。但有几个能做到这样呢？很可能大多数老师都是对讲台上凌乱的摆设视而不见，只要能腾出放讲义的地方就行了，至于清洁讲台，那是学生值日生的事情；也可能有的老师担心厚厚的粉笔灰弄脏讲义，就用书使劲拍，吸一口气用嘴猛吹，顿时，坐在前排的学生就遭了殃。也偶尔会有几个学生往回吹，而这时老师就会对他们吹胡子瞪眼，认为这是对教师极大的不尊敬。另外，我们再想一下，平时，一般老师对待那些做错题，或者完不成作业任务的学生，岂能只是对他们笑一笑而已？往往是恨不得痛骂一番才解心头之恨呢！

由此我们想到，钱学森冲破国外的重重阻力，放弃优厚的待遇，毅然回国；被称为"杂交水稻之父"的袁隆平，依然与当地农民一样，天天出没在田埂上；拥有亿万身价的姚明，从国外回来的接风宴，竟然是去单位食堂……这些名人之所以令人钦佩，首先，就是他们心中有"道"——追求自身人格的完美、道德情怀的高尚。

（二）做养马的"伯乐"

传说中，天上管理马匹的神仙叫伯乐。在人间，人们把精于鉴别马匹优劣的人，也称为伯乐。人们大多知道"伯乐相马"，却不知道伯乐的本职工作是"养马"。

世人对伯乐的关注全放在他养的是否是千里马，他能否发现千里马上；对马的优劣评判也只有能否日行千里这一个标准。这一现象同教师与学生的关系太相似了，社会要求教师是"伯乐"，培养出来的都是"千里马"（即学习尖子）；而很多教师也以培养"千里马"（学习尖子）为唯一目标。尽管千里马极少，却仍然按照千里马的标准去养马，造成的后果必然是绝大多数的普通马"屈死于'伯乐'之手"——"骈死于槽枥之间"！

每个人都有自己擅长的领域。如同马，不善跑的可能善拉，不善拉的可能善跑，不善拉、不善跑的可能善于表演。对学生来说，有的善于学习，有的善于创造，有的善于管理，有的善于劳动，有的善于体艺。当初那些在学校的所谓"问题生"毕业后却成就了一番事业，被邀请回母校做报告的事也不少见。所以教师不能扼杀和忽视学生的个性，不能把学生都按照成绩这一个标准来分类，什么样的马我们都要养，并且要根据不同的马的需要，用不同的饲料和方法喂养，让所有的马将来都能在各自不同的领域发挥它的价值。

因此我们说，作为一名好的教师，最高的标准和境界就是当好"养马"的伯乐。

（三）自觉抵御诱惑

说到师德，许多人会说，用真爱去关心、呵护每一个学生，用宽容之心对待不同的学生，用因材施教之法去教育、感召每一个学生，这就是师德的最高境界！

以前，我也曾这样认为，因为这是作为教师最起码的素质，每个教师都应该具备。但时至今日，网络时代，市场经济，信息爆炸，物欲横流，老师经受住了种种诱惑的考验，才能谈得上达到了师德的最高境界！

作为教师不参加学生及其家长的宴请，不拿学生送的红包，不以任何理由收取学生不该交的费用，教师节的时候不变相接受礼品礼金……面对种种诱惑，秉公办事，对待学生一视同仁的老师，这才达到了师德的最高境界。

（四）做到谨言慎行

教师工作最大特点就是整天在"说"，对学生怎样说才是师德的最高境界呢？

央视名嘴崔永元在回忆他的学生时代时说，他本来数学成绩非常好，是班上数一数二的尖子生，就因为他的数学老师一句"你丢尽了全班同学的脸"，而使他从此失去了学习数学的兴趣。

国家语委语言文字研究所佟乐泉所长在回忆他小时候读书的事时说，有这么一回，为了上学方便，他转至某小学读书，做课堂作业时，为了得到老师的表扬而极其小心，在作业本上涂改了几处。老师课堂巡视至他的身后，他本以为能得到夸奖，谁知道从老师鼻孔里哼出了这样一句话："又是一个丙等生！"因此，他失去了在这所学校继续读书的勇气，宁可多跑路，央求母亲给他转回到原来的学校。

全国著名特级教师贾志敏读中学时物理特棒，因为眼睛近视，上课看不见板书，他先是用纸圈成圆筒状做眼镜，被制止后他又用双手圈成筒状，老师误以为他是故意调皮而狠狠地训斥了他一顿，使贾志敏从此与物理学科无缘。

如此看来，亲其师，信其道，教师的一言一行，一举手一投足，对于孩子来说是多么的重要！

四、培养我们今天所需要的"师德"

（一）要确立以"育人为本"的教育观念

曾经有一个同学在自己的作文中写下这样一段话："我常常听老师和家长们说，一个人要怎样怎样的活着才是有意义有价值的，可是我并不这样认为也不明白。我不知道我的这一生，到底要追索怎样的意义，活得是否有价值。

一个人赤裸裸地来到这个世上，最终又赤裸裸地离开这个世界，无论他生前有多少财富，多大的名誉，到头来还不是什么也没有吗？难道他可以带走什么吗？仔细想想，人活着真是没有什么意思，真的很累。在 20 岁之前，我们要学习，活在家人、老师的期许之下，背负着沉重的压力和包袱。在 20 岁之后，开始走向社会，开始工作。为了有口饭吃，不得不拼命努力工作，依然很辛苦。到了 40 岁，要维持生活，养活孩子，整天忙碌着……如此看来，活着又是为了什么呢？来世上受罪吗？如果不是，那又是为了什么活着呢？

人生的意义在于何处，真想不通。来到这个世上走一遭，最后又离去，什么也没有了，来和不来又有多大区别呢？

老师，您可以回答我这个问题吗？希望您务必讲真话，不要用大话和空话来敷衍我，因为这样的话我已经听过太多太多，早已厌烦。"

老师在他的本子上写下了以下几句话回应他："很高兴看到你能如此深入地思考'人生的意义''活着的价值'这类问题。能作出这番思考，说明你不甘平庸。你说财富、名誉到头来什么也没有了，这话也许不假，李白就曾感叹'功名富贵若长在，汉水亦应西北流'。但一个人来到这忙忙碌碌的社会，就不可能不创造财富，不可能不有所追求。陶渊明可以'不为五斗米折腰'而不要官位、不图名利，可他还得'种豆南山下''晨兴理荒秽，戴月荷锄归'。如果每个人都抱着功名富贵终成空，不肯付出艰辛的劳动，认为活着是受罪的信条，那这个社会就不会前进，人类也就只能处在动物时代。以我个人而言，虽觉生活有重压，很苦、很累，但想到通过我的'受罪'，可以让家中老母有口饭吃，可以让孩子有本书读，这就是十分令人高兴的事情。尤其是看到你们这些天真烂漫、活泼可爱的孩子一天天长大，那更是叫人感到欣慰。'人生的意义'是个很大且很深奥的问题，要我回答这个天大的难题，我也无法准确回答好这个问题。以上所说，不见得完全正确，仅供你参考。下面是我昨天晚上在网上为你找的赵鑫珊写的一篇《人是什么》，望你仔细读读，看看哲人是怎样回答这个问题的吧。最后祝你在新的一年里收获更多的开心与愉悦，并与大家分享。"

一周后交上来的作文，老师发现这个学生又写了这样的话：

"老师，很抱歉给你添麻烦了，我想对你说声谢谢。看了你的回答和赵鑫珊的《人是什么》，虽然不能说使我彻底弄明白这个问题，但也对我有很大的启发，让我明白了很多，对人和人生有了新的理解。我知道了我为什么活着，应该怎样活着，不仅仅是为了自己，也是为了我的家人和整个社会。我不知道将来的我会怎样，但我会认真过好每一天，笑着走过我今后的人生道路。"

据说这个学生是这样说的，也是这样做的。后来这个学生以积极健康的心态投入到学习与生活中去，不但成绩很好，而且乐于为同学和班级做事。

（二）要确立"让学生生活在希望中"的教育观念

伟大的教育家、思想家陶行知先生有一个"四块糖的故事"，或许能给我们很好的启示。

当年陶行知任育才中学校长时，有一天，他看见一位男生欲用砖头砸同学，就将其制止，并令其放学后到校长室。等陶先生回到办公室，见男生已在等他。陶先生立即掏出一块糖递给他："这是奖给你的，因为你按时来了。"接着又掏出一块糖给他："这也是奖给你的，我不让你再打人时，你立即就住手了，这说明你很尊重我。"男生带着怀疑的眼神接过糖果。陶先生又说："我调查过了，你打同学是因为他欺负女生，说明你有正义感。"陶先生遂掏出第三块糖递给他。这时男生哭了："校长，我错了，同学再不对，我也不能采取这种方式。"陶先生满意地笑了，他随即掏出第四块糖说："你已认错，再奖你一块。我的奖完了，我们的谈话也该结束了。"这就是陶先生的教育艺术。

最后强调的一点是师德的核心是爱。爱不仅仅表现在学生身上，更多地还要表现在对待事业、对待同事、对待自己上。

教师的工作不是给学校干的，更不是给校长干的，而是给自己干的，是在不断提升、完善自我，实现自己的人生价值。那么这就要处理好四个关系，一要处理好和社会大环境的关系，二要处理好和本职工作相关的关系，三要处理好人与人之间的关系，四要处理好自己和自己的关系。人生最难管理的是自己的心灵世界，要不断解放自我、珍爱自我和超越自我。

学习习近平总书记师德师风建设讲话辅导

一、习总书记在哪年向全国教师提出"做四有老师"？其内容是什么？

2014 年 9 月 9 日，在第三十个教师节来临之际，习近平总书记向全国教师提出了"做四有好老师"。

（一）做好老师，要有理想信念

广大教师要始终同党和人民站在一起，自觉做中国特色社会主义的坚定信仰者和忠实实践者，忠诚于党和人民的教育事业，要用好课堂讲坛，用好校园阵地，用自己的行动倡导社会主义核心价值观，用自己的学识、阅历、经验点燃学生对真善美的向往。

（二）做好老师，要有道德情操

老师对学生的影响，离不开老师的学识和能力，更离不开老师为人处世、于国于民、于公于私所持的价值观。老师是学生道德修养的镜子。好老师应该取法乎上、见贤思齐，不断提高道德修养，提升人格品质，并把正确的道德观传授给学生。

（三）做好老师，要有扎实学识

扎实的知识功底、过硬的教学能力、勤勉的教学态度、科学的教学方法是老师的基本素质，其中知识是根本基础。好老师还应该是智慧型的老师，具备学习、生活、处世、育人的智慧，能够在各个方面给学生以帮助和指导。

（四）做好老师，要有仁爱之心

爱是教育的灵魂，没有爱就没有教育。好老师要用爱培育爱、激发爱、传播爱，通过真情、真心、真诚拉近同学生的距离，滋润学生的心田。好老师应该把自己的温暖和情感倾注到每一个学生身上，用欣赏增强学生的信心，用信任树立学生的自尊，让每一个学生都健康成长，让每一个学生都享受成功的喜悦。

二、习主席在哪年向全国教师提出当好学生四个"引路人"？其内容是什么？

2016 年 9 月 9 日，在第三十二个教师节来临之际，中共中央总书记、国家主席、中央军委主席习近平上午来到北京市八一学校，要求广大教师要做学生锤炼品格的引路人，做学生学习知识的引路人，做学生创新思维的引路人，做学生奉献祖国的引路人。

三、我国教育的四个"迫切需要"是什么？

《国家中长期教育改革和发展规划纲要（2010—2020 年)》丰富和发展了中国特色社会主义教育理论体系，描绘了未来教育改革发展的宏伟蓝图，指明了教育事业科学发展的方向，开启了从人力资源大国向人力资源强国迈进的历史征程，必将成为中国教育改革发展史上新的里程碑。召开全国教育工作会议、颁布教育规划纲要，主要基于四个"迫切需要"。

一是应对国际竞争新形势的迫切需要。当今世界进入空前的创新密集和产业振兴时代，新的科技革命正在孕育中，知识和创新越来越成为提高综合国力和国际竞争力的决定性因素，人力资源越来越成为推动经济社会发展的战略性资源。许多国家都在积极谋划教育和人力资源开发战略，将其作为抢占国际竞争有利位置的重要举措。谁占领了教育、科技的制高点，谁就占领了未来发展的制高点。我国要在激烈的国际竞争中赢得主动地位，必须要有长远眼光和忧患意识，及早谋划教育的改革发展。

二是适应我国经济社会发展新要求的迫切需要。当前，我国正处在改革发展的关键阶段，工业化、信息化、城镇化、市场化、国际化深入发展，走新型工业化道路，建设创新型国家，加快转变经济发展方式，都凸显了提高国民素质、培养创新人才的重要性和紧迫性。我国要在2020年（建党100周年）全面建成小康社会，进而到本世纪中叶（新中国成立100周年）基本实现现代化，科技是关键，人才是根本，教育是基础。

三是满足人民群众新期盼的迫切需要。教育承载着人民群众对未来美好生活的期盼。随着知识、技能的价值越来越充分显现，人民群众对优质教育的渴望从来没有像今天这样强烈；随着社会主义民主法制不断完善和公民权利意识的不断增强，人民群众对教育公平的关注从来没有像今天这样突出；随着社会经济发展、文化繁荣和群众生活的日益丰富，人民群众对多样化、个性化教育的需求从来没有像今天这样迫切。

四是推动教育事业科学发展的迫切需要。今天，中国人民的面貌、社会主义中国的面貌、中国共产党的面貌发生了历史性变化，教育起了非常重要的基础性作用。同时，我们也清醒地看到，我国教育还没有完全适应经济社会发展和人民群众接受良好教育的需求，主要问题是发展不够科学、大而不强、质量不高，主要表现在人民群众有学上的问题基本解决，但上好学的问题依然突出；学生适应社会和就业创业能力不强，创新型、实用型、复合型人才紧缺。究其根本原因，是教育观念相对落后，内容方法比较陈旧；教育体制机制不完善，学校办学活力不足；教育投入不足，教育优先发展的战略地位尚未完全落实。接受良好教育成为人民群众强烈的愿望，深化教育改革成为全社会共同心声，全面推动教育事业科学发展成为最为紧迫的任务。

与青年教师谈教学

一、常规教学的基本要求

（一）备课

备课是教师上课的先前准备，只有充分备好课，才能把课上好。那么备课应该怎么备呢？一般应注意以下几点：

（1）备课标。教师应认真学习《课程标准》，理解本堂课的教学要求，在教材中的地位及前后知识的衔接关系。

（2）备课本。即备课本的知识内容、能力技巧等。

（3）备学生。上课前教师应充分了解学生的基本情况，要根据学生已具备的知识基础，确定本堂课的教学内容。不能一味按课标要求备课，要从实际出发，针对学生进行备课。

（4）作好课前应有准备。即有关实验、仪器、教具或课件、小黑板等等。

（二）写教案

教案一般包括如下内容：

（1）教学课题（或教学内容），总课时数标在教案右上角。

（2）教学目标。

（3）教学重点。

（4）教学难点。

（5）教学手段。

（6）教学过程。

（7）课堂小结。

（8）作业布置。

（9）教学反思（根据实际情况适当书写）。

（三）作业布置与批发

作业布置要恰当，批改要及时，最好当天作业当天批改完，及时发给学生，并要求学生纠正。批改作业时教师要标记正误，标记作业等级或评分，标记作业次数，标记日期。

二、教学反思是优化课堂教学的催化剂

教学反思是教师以自己的教学活动为思考对象，对自己在教学活动中的观念、行为以及教学效果进行审视、分析、归纳的过程。课堂教学是一个教师与群体学生之间的教与学的双边活动。它既能使学生探索知识，形成技能，培养心智，发展情感；也能使教师实践教学设计，提高教学能力。因此，教师作为活动的双边主体之一，在课前、课中和课后应积极反思，一方面保证教学过程的有序推进，另一方面不断提高课堂教学的效率。作为不断提高课堂教学效率与促进教师专业成长的重要手段，教学反思确实是优化课堂教学的催化剂。

（一）反思教学理论及模型

教学是指在一定教育思想、教学理论和学习理论指导下，在特定环境中进行的具有相对稳定结构形式的教学活动。反思教学的理论构建先驱是约翰·杜威（John Dewey）和萧恩（D. A. Sohon）。约翰·杜威认为反思性行为是一种对信念和实践进行积极、持续和仔细的考虑行为。反思性行为实际上就是反思教学的理论基石。

萧恩在约翰·杜威反思性行为理论的基础上，明确提出了反思性实践的概念。他认为反思有两种时序，一方面，反思可能发生在行动前、行动后或行动前后，也就是"对行动的反思"。在教学中，"对行动的反思"就是指课前对课堂教学的思考与策划，课后对课堂内所发生的一切事件的回顾和总结。另一方面，反思也可能发生在行动过程中，当实践者在实施计划时，通常会与情境进行反思性对话，也就是说，实践者试图提出和解决当时的问题。教学中，教师经常会碰到出乎意料的教学事件，需要对这些事件进行审视、调节和控制，这也是"在行动中的反思"。反思性教学的目的就是要求教师和学生找出教学过程中的困惑与问题并对这些困惑与问题加以解决，就是要求教师和学生在教学过程中将成功"点"、教学偶得及时记录整理，写出心得，实现个人素质的积累，实现专业水平的提高。

（二）反思教学的实践

教学实践和教学反思相辅相成。一方面，教学实践是反思的根本源泉，没有教学实践，反思也就成了无源之水，无本之木。另一方面，不注重总结

和反思，就找不出教师和学生在课堂教学中的成功和收获以及存在的问题在哪里。

1. 思在课前——使教学设计优化，教学过程高效有序进行

课前反思，就是要结合教材特点和学生实际，决定教师教什么，如何教，学生学什么，如何学。作为教师，就是要根据教材内容和学生特点优化教学设计，备好课。备课是教师为上课而做的准备工作，它是教师有效上课的重要前提。

首先，要合理运用教材，大胆实施创新。现行教材，体裁多样，内容丰富。教材无论是全省统一或是全国统一，它都缺乏与地区相适应的针对性。如果按照教材和教参内容原封不动地组织教学，势必影响整个教学任务的完成。因此，首先要求教师要研究教学内容和教学对象，确定教学目标、教学重点和难点，然后再对教材进行认真分析、取舍。在分析、取舍过程中，一定要对教材进行深度挖掘和深度加工，彻底摆脱现有教案、学案的束缚。

其次，要充分了解学生，发挥主体优势。学生是教学的对象，只有全面了解学生，才能确定切合实际的教学深度和难度；要研究每个学生的身心特点和个性需求，用符合教育规律和学生身心发展规律的办法对他们进行教育和引导，因材施教，使他们各得其所。

2. 思在课中——使教学过程优化，衍生更佳效果

课中反思，就是要把课堂教学的着力点放在学生的发展上，及时发现和处理教学过程中出现的问题，确保教学活动的正常开展。

第一，要创设有效的课堂活动。一是活动目的要明确。在设计和组织教学活动时，要坚持"以活动促学生发展"的教学理念，使活动具有教育意义并适合于学生，让活动真正为学生的发展服务。二是活动内容要适切。活动要适合学生的兴趣需要，真正反映生活经验和学科特点，活动设计要与学生的生活经验和已有的知识相联系。三是活动的品质要高。教学活动通常以外显的对象参与、动手操作的实践形式呈现，但真正有价值的活动离不开高水平的思维参与。动手操作的目的在于支持高质量、高水平的动脑思考。因此，活动设计要以提升活动内在的思维品质为宗旨，围绕激发学生思维、提高认知能力方面来展开。

第二，要明确教师的主导作用。在教学过程中，教师应成为学生课堂活动的组织者和引导者。因此，要鼓励和指导学生，帮助他们树立信心，提高学习积极性；要努力为学生提供必要的信息和帮助，启发他们的思路，引导

他们进行质疑、探究和创新；要把案例学习反思、困惑问题反思与教学反思有机结合起来，使师生在教学反思中学会反省，学会发现。

第三，要突出学生的主体地位。教学中，学生不应是被动的知识接受者，而应是课堂教学活动的主体。因此，既要发挥学生的主体作用，调动学生参与活动的积极性，又要在教学活动中逐步培养学生的合作意识，使学生在与同伴、教师的合作学习中学会新知识，学会发现问题、分析问题和解决问题的新方法。

3. 思在课后——使教学经验理论化，使经验型教师向专家型教师发展

教学后反思，是指总结教学目标的合理性，反思整个教学过程中的优与劣。

首先，要注重课后自我反省，分析优点和不足。每节课结束，教师和学生都要利用一定时间进行反思，"反思"教学过程，总结教、学得失。教师要写好"教学后记"，客观评价教学任务是否完成，困惑问题是否得到解决，教学目标是否达到。除此之外，还要自我剖析教学过程，理性总结教学经验，要把课堂教学与学生自主学习结合起来，做好学生学习的跟踪服务工作。

其次，要及时获得同事和学生的听课反馈。作为教师，要创设民主融洽的教学环境，敢于接受同事和学生提出的合理化建议，敢于肯定和吸收同事和学生发表的独特见解，及时调整自己的教学行为，使教学达到最佳效果；要定期或不定期采用问卷和个别谈话的方式进行教学反馈调研，向同事和学生征求对教学工作的意见和建议，向同事和学生学习。只有这样才能优化教师自己的后期教学能力，提升专业发展水平。

总之，教师和学生都要善于思考，勤于思考，乐于思考。教师要在不断尝试"反思性教学"中，形成对教学活动进行评价的习惯，不断提高课堂驾驭能力和获取知识的能力，只有这样，才能加速实现经验型教师向智慧型教师转变，向专家型教师发展。

三、新课标下的课堂教学——读、思、议、说、动

我非常欣赏教育家陶行知先生提出的"六大解放"。解放孩子的头脑，使他能想；解放孩子的眼睛，使他能看；解放孩子的双手，使他能干；解放孩子的嘴巴，使他能说；解放孩子的空间，使他能接触自然，接触社会；解放孩子的时间，使他能学自己想学的东西。其核心是给学生学习的主动权，使学生自觉主动地学，有兴趣地学。新课标积极倡导"自主、合作、探究"

的教学方式。跟随教育发展，在教学实践中，我总结了"读、思、议、说、动"的五字教学方法，激发了学生自主合作探究学习的热情，从而培养了学生良好的学习习惯。

（一）让学生会"读"

教材是学习的基本依据，只有读懂教材，才会从中受益。新课标下的教材图文并茂，有许多趣味性、可读性、教育性强的故事和实验事例。只有认真读才会对故事表达的哲理有充分的认识，对实验事例引发的问题有充分的理解，从而得到启迪，受到教育。

（二）让学生善"思"

孔子说"学而不思则罔"。在学习过程中，教师要引导学生思考，因为，思考是学习的有效方法。在读教材的时候，学生会遇到许多不懂的问题，这就需要他们去认真思考，去寻找问题的答案。教材本身也设计了许多栏目，如"学与问""思考与交流""实践活动""科学探究""科学史话""科学视野""资料卡片"等以启发学生去思考。在学生思考时，要引导他们既要善于从具体的实验事例中归纳出重要的结论，明白应懂的道理，更要善于从一个问题联想到另外一个问题，从一个实验想到另一个实验，学会递进式和发散式思维，培养自己多层次、多角度思考问题的能力。

1. 在教学过程中要留给学生思考的时间

在实践中，我发现有些老师提出问题之后，只要有学生举手，就马上让他回答，这样就打断了其他学生的思路，有时也会诱导他人的思路，使他人不能独立思考，久而久之，还会使许多学生，特别是思维较慢的学生失去思考的习惯，因此得不到锻炼，这与新课程的第一要义"面向全体学生"是相悖的。只有在充分的思考过程中，学生的思维能力才能得到锻炼，得到提高和升华。同时，只有经过自己的思考得到的正确答案，学生才会铭刻在心。所以让学生思考是提高学生学习积极性的一条途径。这正如在市场上买一条现成的鱼，不如在大河中亲自钓一条鱼的感受。只有真正的猎取，才有充分的锻炼，才有成功的快乐。

2. 要指导思考方法，使学生在获取知识的过程中学会思考

在教学过程中，教师要加强对学生思维方法的指导，让学生学会从不同的角度、不同的范围思考问题，不仅使他们知其然，更要使他们知其所以然。这样有利于他们学会思考，能学到众多的解决问题的方法，更有利于提高他们的自学能力。

3. 要鼓励学生大胆质疑问难

爱因斯坦曾精辟地说："提出一个问题往往比解决一个问题更重要，因为解决一个问题也许仅仅是一个科学上的实验技能而已。而提出新的问题、新的可能性，以及从新的角度看旧的问题，都需要有创新的想象力，而且标志着科学的真正进步。"学生感到自己需要问个"是什么""为什么""怎么样"的时候，他就把自己的思维发动起来了。要使学生养成"凡事问一个为什么"的思维和质疑问难的习惯。据此，教师应要求学生读书时，把在读书的过程中遇到的困惑疑难问题在小组内提出。然后经过教师梳理，每小组选择最值得研究的一个问题参加小组汇报。这样，就把教学变成了学生自学的过程，也体现了"以学施教"的原则。

另外，在学生读书思考时，要指导学生把质疑思考的问题及时记录下来，并通过自己的独立思考整理出答案，在互相讨论交流的过程中进一步整理答案。这样不仅能够培养学生的动手习惯和分析解决问题的能力，也为课堂上的"说"做好了准备。

（三）让学生多"议"

鼓励学生开展讨论，各抒己见，在"百花齐放，百家争鸣"中更深刻地认识问题。新教材设计了许多启示学习的小栏目，如果我们在学习过程中能很好地利用，会收到理想的效果。学生在课堂上针对教材学习栏目中的问题发表自己的见解，既能锻炼自己的胆量，培养自己的口头表达能力，又能在老师同学们的帮助下纠正自己思想上的偏差，使自己的认识得到提高、思想得到升华。

1. 由自悟进行讨论

学生先根据自悟、自得情况，在小组进行讨论，再让小组代表向全班汇报，解决了哪些问题，是怎样解决的，并提出还有哪些问题没有解决；然后对那些"想领悟而领悟不到，虽经研究而研究不出的部分"，教师引导学生"再思、再议"。但要求学生在议论过程中必须言之有理、持之有据。真理愈辩愈明，经过反复的思考、讨论问题自然就解决了。这样学习，获取的知识将非常牢固，而且对于提高学生的求知欲及明辨是非的能力大有裨益。

2. 引发辩论

孔子说过："不愤不启，不悱不发。"学生"愤""悱"之际，即在学生独立思考的基础上，在学生"心求通而未得，口欲言而不能"之际，教师要不失时机地引发辩论。在辩论中，学生的个性得到了很好的发展。学生敢于发表自己的见解，敢于对他人的见解进行评价和补充，这就有助于培养学生的批判思维能力，有利于提高学生敏感的捕捉力，增强学生的自信心。

（四）让学生乐"说"

人长着嘴是用来吃饭、说话的。思想只有通过交流和碰撞才能迸出火花。教师压抑着不让学生说，就等于堵了他们学习的一条渠道，久而久之，学生也就变成了被动接受外界信息的"容器"。现在的课堂教学，虽然不再是教师的"满堂灌"，但学生还是被老师的满堂问或形式上的启发牵着鼻子走，仍是学习的"仆人"。只有真正让学生去说，才能真正落实学生的主体地位，调动其积极性。在学生充分"读""思""议"之后，鼓励学生大胆发表见解，充分地说出他们的体会。学生的体会正确吗？有条理吗？评价也不必由老师急于进行，同样可交给学生，意见不同可以讨论。这期间教师干什么呢？一监督，保证学生的"说"围绕中心；二鼓励，促使学生轻松踊跃地说；三启发，当学生"愤""悱"之时，趁机启发引导，画龙点睛；四总结，提取学生"说"的精华，使之条理化、明晰化。教师起主导作用，但并非要讲很多内容，应"好钢用在刀刃上"。需要指出的是，教师点拨要适时，不唯上，不唯书，不僵化。在一堂课结束前，要让学生总结本节知识，说说学习后受到了什么教育和启发。学生在交流谈话中，巩固了基础知识，提高了语言表达能力，拓展了思维，受到了良好的训练，提高了综合素质。

另外，在学生"说"的过程中，要指导学生学会倾听其他同学的见解，并及时做好记录。在这种互动过程中，提高学生的批判意识和辩证思维能力。

俗话说"祸从口出"，但"福祸相依"，学生如果不闯"祸"，很可能不会有今后的"福"。斗胆向教师进一言，课堂应是学生主动说话的阵地，让学生主动说个够，让他们说出酸甜苦辣，说出一个灿烂的明天！要让学生在课堂上"敢说""多说"，采取不同的形式让学生"说"。

（五）让学生愿"动"

让学生积极参加各种活动，动手做实验，在活动中学以致用，锻炼自己的实践能力，是学好新课程的关键。新课标重视对学生行为习惯的训练和实践能力的培养，因此，新教材中设计了许多灵活多样、具有教育意义的活动和创新实验，学生不仅可以从这些实践中获取新知，培养能力，升华思想，还能交流情感，促进心理健康。

许多老师或许会问，既要落实教学常规的每一项要求，又要不时反思学科教学的每一个环节，还要研究和掌握教学实施的诸多方法，哪有那么多时间？我再借用老子一句名言"有所不为才能有所为"。猎豹逐鹿，想逮一群，将一无所获，若认定一个目标，坚持不懈，终有所得。

新课标要求我们努力建设开放而有活力的课堂，倡导自主、合作、探究的学习方式。只要我们充分发掘新课程丰富的人文内涵，爱护学生的好奇心、求知欲，就能充分激发学生的主动意识和进取精神。因此，我们在教学时，必须有所取舍，按照新课程标准的要求和学生特点抓住重点，让学生会读、善思、多议、乐说、愿动，促进课堂效率的提高，从而促进新课改的顺利实施。

与青年教师谈说课

一、说课的意义及作用

说课是教师经过备课，在一定的场合下，把所备章节的教材分析、学况分析、教学要求、教学过程、板书设计、主要设计意图，根据需要用准确的语言具体地向其他教师及有关人员表述的过程。

说课是有理论、有实践备课过程的表述，是非课堂教学的一种教学活动形式。这种教学活动形式对落实课程标准，研究教材内容和教与学的方法，提高课堂教学效率有很大的促进作用，特别对教师，尤其是对青年教师教学能力及综合素质的提高，具有针对性的指导意义。

说课的作用有以下两个方面。

（一）提高教师的备课能力

应试教育向素质教育转轨，其根本目的是为了提高学生素质，促进学生的终身发展。要提高学生素质，首先必须提高教师素质，备课能力就是教师应具备的基本素质之一。传统备课多是教师封闭式的个人备课。由于个人的文化水准、认识能力和教学经验的差异，其课堂教学效果也不同，致使教学班质量不平衡，对全面提高教学质量很不利。

说课将传统封闭式的备课开放化，理论化，实践化，同传统封闭式的备课比较，主要有三点好处：

1. 使备课更全面

传统的备课是教师自己备课完毕，就直接走进课堂进行教学，因此有很多不周到之处。说课则是备课后先对老师们说，不仅要说过程，还要说教材分析、学况分析、教学目标、教学程序、设计意图、理论依据。说课后众人共议，取长补短，共同提高。这样经过充分全面的准备后，再走进课堂，效果必然好于前者。

2. 使备课更精深

说课多了一个备课的深层加工过程，能明显提高备课质量。

3. 对备课更重视

因为说课是说给同行听的，所以说课者非常重视。在备课时要学习很多知识、方法、理论，要细致地钻研教材，分析学况，精心准备说课，反复推敲教学设计，甚至还要多次请教他人。

（二）提高教师的理论水平

教学要有正确的理论指导，没有理论指导，教学就没有高度，就不会吸引学生，成为无源之水。备课、说课、上课没有理论基础就会一团糟。说课一定要在理论指导下去研究内容、方法、过程。这里所说的教学理论是符合时代需要的教育思想和观念，以及与此相适应的教育方法论基础。

说课对教学重点环节设计意图的表述，主要是理论方面的内容。只有理论与实践相结合，才能明显地促进教师教学水平的提高。例如，让一个后进生回答他感兴趣的问题；某个道理由学生联系生活实际来理解，鼓励学生运用所学知识解决实际生活中的问题；学生感兴趣的内容，放手让他们自己去做。这些虽然是方法上的问题，但也必须在一定理论指导下进行，有了正确的认识，方法才能奏效。

二、说课前的准备

可以多形式、多层次地组织说课，如让教师轮流说，大家共同议，取长补短，使认识统一，知识统一，进度统一，达到备课标准化、制度化、规范化。也可以把说课列入计划管理，进而形成制度，作为全面锻炼队伍、提高教师素质的有效途径，作为加强教学管理、提高教学质量的有力措施。

说课前应做哪些准备呢？应做好知识准备、理论准备、技术准备、心理准备。

（一）知识准备

知识是基础，没有比较丰富的知识，要想说好课是不可能的，所以，说课前首先要做好知识准备。知识准备的内容很多，其中比较重要的是课程标准、教材知识以及其他相关知识。

1. 熟悉课程标准。学科课程标准是学科教学的指导性文件，教材是根据课程标准编写的，这一点许多教师往往忽略。说课前，教师一定要熟悉课程标准，掌握课程标准所规定的教学任务、教学目标以及各年级的教学要求，教学中应遵循的原则，尤其是要根据教学内容分解课程标准所规定的教学目标。离开课程标准的具体要求，说课就会迷失方向。例如，对学生口头表述历史的能力要求，初一年级就不能要求学生能完整地叙述历史事件过程与历史人物活动，这是对初二学生的要求。初一学生只要求初步学会复述重要事件和重要历史人物的活动，能概述重要历史事件和历史人物的重要内容。

2. 钻研教材。熟悉所说教材的编写意图和教学目标，了解知识的承接性和延续性，对知识系统的内在联系要做到心中有数。还要掌握本课在本册教科书中所处的地位和作用，明确重难点。

3. 扩展知识视野。教师具备多学科多层次的知识结构，这样才可以在本学科的天地里游刃有余，使说课既具有深度又具有广度。

（二）理论准备

说课的理论因素很浓，教师没有一定的理论水平，是说不好课的。说课一定要在理论指导下去研究教学内容的分析、过程的设计、教学方法的运用。否则说课就没有高度，就是无本之木。因此，教师在说课前要针对教学实际需要，有计划、有步骤地学习教育学、心理学、学科教材教法等有关理论；要明确教育规律，掌握所教年级学生的生理、心理特点，掌握课堂教学所要遵循的教学原则，掌握本学科的主要教学方法及要求。只有这样，才能使教师不断提高教育理论的素质，使说课具有一定的高度。

（三）技术准备

1. 明确说课的内容

关于说课的内容，没有什么固定不变的"框框"，通常包括说教材分析，说学况分析，说教学目标的确立和实现教学目标的基本思路，说突出重点与突破难点的策略，说优化教学过程结构的设想，说教学方法的选择和教学手段的使用，说教学效果的预测这七项内容。

说课要求教师不但要说出怎样教，而且还要说清"为什么这样教"的理论依据（包括课程标准依据、教学法依据、教育学和心理学的依据等），使听者既能知其然，又能知其所以然，达到理论与实践的有机结合。

2. 掌握说课的技巧

第一，加强说的功夫。说课有不同的类型，不同的目的，但都得用语言表述。要动口，就要加强说的训练，要有说的工夫；要注重语气、音量、语调、语速、语感；要进入角色，脱稿说课不能用背诵的语调；要用"说"或者"讲"的语气，设计意图则用说明性语气。教师所处的位置要和讲课相同，板书和演示操作等活动要自然和谐、落落大方。

第二，对说课的内容要分清主次。说课时的各方面内容，不能平均使用力量，不能眉毛胡子一把抓，要分清主次。每一部分的重点是要说清"是什么"和"为什么"。

3. 准备好说课所需的教具

说课前要准备好本次说课所用的尺、挂图、小黑板、卡片、幻灯片、录音录像等教学用具，以及表演和板书需要的道具，以便说课时根据需要做必要的介绍和演示。

（四）心理准备

说课是一种新生事物，许多教师根本没有接触过。同时，它要求高，规定教师在短时间内谈完一节课设计的整体思路。如果说课教师心理压力过大，很容易在说课时失去心理平衡，形成心理障碍，从而影响正常水平的发挥，这就需要教师在说课之前，做好充分的心理准备。

1. 充分认识说课的重要性

"说课"活动是在短时间内较经济地大幅度提高教师素质的最佳形式，也是大幅度提高教学质量的有效途径。教师要充分认识到这一点，从而积极踊跃地参与这项活动，化压力为动力，积极主动地学习现代教育理论，认真钻研课程标准、教材、教法，使自己的理论水平和业务能力通过说课活动在原有基础上有较大进步。

2. 教师要消除紧张心理

说课时要从容自如，避免过度心理紧张，要正确地估价自己的实力，使能力得到应有的发挥。

3. 注意自我心理调节

说课是在没有学生配合的情况下，一切靠自己完成，有时可能出现漏洞，这时需要教师具有应变能力，恰当而又不留痕迹地加以弥补。这种自我控制的心理能力不可能一蹴而就，需要在平时加以训练。

"凡事预则立，不预则废"，"不打无把握之仗"，这都说明事前准备的必要性。充分准备是说课成功的起点，也是自我提高的过程，只有说课准备充分，才能提高说课的质量，才能不断提高自身业务素质。

三、说课的基本内容

（一）说"教材分析"——确定教学重点

教材是教学的一个基本要素。深入细致地分析教材、把握教材，是教师能够驾驭教学过程取得最佳教学效果的基本前提。因为只有全面熟悉教材、把握教材，才能掌握教材的知识结构和教学重点；只有钻研教材，才能掌握和贯彻课程标准的精神和要求，实现"知识、能力和学科思想方法"的目标；只有深入地分析教材，才能对教材的结构、教学程序、方法的选择等方面做到清晰自如，实现"过程与方法"的目标；只有对教材的作者、编者与读者的心了然于胸，才能将教学过程中的认知与情感、态度、价值观融为一体，更好地实现教学的多元目标。因此，教师必须钻研课程标准，领会教材编写意图，分析教材逻辑系统，把握教材知识结构，并侧重分析本节课内容在教材知识体系中的地位和作用，做到教学的知识重点、能力点与过程、方法及情感、态度、价值观的有机结合。

一般意义上说，教学重点是教材知识结构中带有共性的知识和概括性、理论性强的知识。因此，在教学中掌握重点知识，对一般知识会更加容易理解，抓住重点就能举一反三，触类旁通，使知识产生迁移，使知识体系结构合理，有利于学生认知结构的形成。教学重点要从教学目标的角度去考察和思考。那么，教学重点里除知识重点外，还应包括能力和情感的培养。诚然，智力的开发、能力的培养、情感的形成都离不开知识。因为知识是能力形成的前提。但抓重点掌握知识本身并不等于能力和情感。因此，教师在确定知识重点时，从教学目标体系出发，还要明确能力培养和情感培养的重点，保证教学重点的完整性。

（二）说"学生分析"——指出可能出现的教学难点

学生是学习的主体。分析学生，是教师实施教学行为的关键，是贯彻"因材施教"原则的前提。教学是一种复杂的认识活动，即使是再好的教学设计，一旦脱离学生的实际，违背学生的认识规律，也不会达到预期的目标。教师要在教学过程中培养学生的自主意识，发挥他们的自主性，使教与学和谐发展，要从学生的实际出发，对学生的认知水平和结构、各种能力水平、思维品质、情感态度价值观作详尽的分析，才能确定学生在学习过程中可能出现的难点，以采取有效的措施，使教学真正做到有的放矢，达到预期的目标。

按照布鲁纳的学说，儿童的发展阶段大体可以分为三个阶段：

行为把握阶段。通过组合和游戏等动作活动，理解并把握事物的阶段。幼儿、小学低级学生主要处于这种水平。

图像把握阶段。以实物、绘画等图像为线索，理解并把握事物和事理的阶段。小学高年级和初中学生主要处于这种水平。

符号把握阶段。未必伴有具体图像，主要发挥抽象思维的作用，以语言为符号的抽象概念和抽象原理的方式，理解并把握事理的阶段。初高中学生主要处于这种水平。

学生在学习某一具体教学内容时，其"认知的前提能力"，也就是今后所要学习的前提条件——基础知识的掌握程度，这是关系到学习该课题的已有知识与已有的各种能力，是一种动态变化的量。我们把教学对象的"认知的前提能力"分为"律前"和"律后"两个阶段，即把握某一类知识规律之前和把握某一类知识规律之后两个阶段。

在"律前"阶段，学生需要理解特定的知识和掌握特定的技术，这些特定的知识和特定的技术所具有的逻辑性占了极大比重，学生思维的自主性受到束缚，为了使学生更易理解特定的知识和顺利掌握特定的技术，需要借助各种教学媒体，这些教学媒体主要起到化抽象为具体、化内隐为外显、化隐蔽为直观的作用，这实际上是用"降低学生的心理发展阶段"的策略来对待教学对象的。因此，在"律前"阶段，对教学目标和学生的心理发展阶段应遵循"能低则低"的原则。

在"律后"阶段，学生的学习是围绕如何运用知识解决问题而展开的，是一种发散思维的过程，需要积累主体性的学习活动经验，发展思维能力、培养情感、形成态度、构建价值观。为了使学生积累主体性的学习活动的经验，发展思维能力，必须促进学生的知识内化和更好地迁移。因此，在"律后"阶段，对教学目标和学生的心理发展阶段应遵循"能高则高"的原则。

教学难点，是那些比较抽象、离生活较远或过程比较复杂，使学生难以理解和掌握的知识。在教学实践中常见的教学难点有三种：一是与教学重点相同的教学难点，即既是教学重点又是教学难点；二是教学难点并不是教学的重点，但是是与教学重点有着直接关系的教学难点；三是与教学重点无关或没有直接关系的教学难点。教学难点由教材知识体系和学生认识能力以及教学条件等来确定，并要具体分析教学难点和教学重点之间的关系。

（三）说"教学目标的确立和实现教学目标的基本思路"

教学是人类特有的一种实践活动。教学目标是指教学活动的主体在具体教学活动中所要达到的预期结果、标准，是教学活动的出发点和归宿，是优化课堂教学的前提和保证。我们在这里所说的教学目标，一般指课时目标，课时目标要求明确、具体。

确立教学目标，要以课程标准和教材，学生学习的特点及其发展为依据。为了简化分析过程，我们把教学目标分成两类。

一类目标——形成态度、发展思维、培养情感之类的教学目标，即个体能力的发展。

二类目标——理解特定的知识，掌握特定的技术、形成熟练技巧之类的教学目标，即主体操作能力的形成、系统知识的掌握。

可以从以下三个方面来进行具体叙述。

1. 知识、能力与学科思想方法

知识：认知目标，即听、说、读、写、计算，实验操作技能，体育运动、劳动技术、音乐、美术等技能技巧。能力：一般能力，包括图像观察、记忆、操作（运动操作与心智操作）、想象、表达、问题解决与思维能力，其中思维能力是核心；学科素养，包括学科意识、创造能力、思维品质、学科语言四个层面。学科思想方法：如归纳与演绎、类比与对比、量变与质变等。

2. 过程与方法

过程：与学习过程相关联的心理过程分析。方法：所要用到的学习方式与学习方法的指导。

3. 情感、态度与价值观

就是促进学生的身心发展，即情感、意志、性格的发展；积极的人生态度的养成；符合社会规范的价值标准的确立。

（四）说"突出重点与突破难点的策略"

教师高超的教学技艺体现在突出重点、突破难点上。这是教师在教学活动中投入精力最大、付出劳动最多的方面，也是教师的教学深度和教学水平的标志。因此，教师在说课时，必须重点说突破教学重点、教学难点的基本策略。教师的说课，要从知识结构、教学要素的优化、习题的选择和思维训练、教学方法和教学媒体的选用、反馈信息的处理和强化等方面去说明如何突出重点、突破难点。

（五）　说"优化教学过程结构的设想"

唐文中主编的《教学论》中指出："从系统论角度看，所谓教学过程，就是那些引起教学活动系统状态变化的诸因素之间的相互联系、相互作用过程。"教学过程的发生，有待于教师有目的地"引起"，而教学过程的定向发展，也有赖于教师把教学过程与学习过程有机地加以协调和控制。研究教学结构，一定要从教学系统内部不同层次、同一层次内部各要素之间的相互联系、相互作用的动态过程去研究。教学结构是一个对立统一的多维整体结构。

我们从教学要素的空间组合上看教学，它由教师、学生、教材和物质条件构成，是教学系统得以运行和发展的前提。从教学过程运行的逻辑程序上看，教学由教学目标、教学内容、教学方法、教学组织形式、教学结果等形成过程性结构，即时间结构。在这里教师、学生、教材、教学条件是教学系统本身比较稳定的基本要素，而教学目标、教学内容、教学方法、教学组织形式、教学结果等都是教学过程的基本要素。教师在教学设计过程中，必须考虑教学系统中各个要素之间的关系及整个过程中各个环节之间的逻辑联系。

教师在说课过程中，首先，要说明教学过程运行中怎样处理好教师、学生、教材的关系，在哪些关键性问题和环节上体现教师为参与者、引导者、促进者，学生为主体，做到以"教"促"学"，以实现知识结构的内在规律与学生认识规律的最佳结合，掌握知识和发展思维能力的最佳结合，同时做到最佳状态的情感交流和情感调控。

其次，教师要说明怎样组织好教学过程，通过情境创设、新知学习、反馈强化、知识应用、结束等控制手段和语言、提问、演示、讲解、板书等基本技能，促进教学过程有序的发展，即按规律运动。

以一类目标为主的课堂教学过程，以"主体性的教学过程"为宜。其主要阶段是：收集信息（主动地收集情报）→发散思维（学生亲自收集信息之后，展开种种组合的发散思维，提出假设，找出规则）→迁移能力（转变为能动的能力）。要达到一类目标——形成态度、发展思维、培养情感，学生如不去主动地展开种种学习活动，要积累主体性的学习活动的经验，是困难的。

以二类目标为主时，以"接受性的教学过程"为宜。其主要阶段是：提供信息（教师向学生提供信息）→符合思维（沿着教师铺设的轨道，学生通过分析综合活动，加以掌握）→巩固（巩固掌握所学的知识技能）。

理解特定的知识和掌握特定的技术时，这些特定的知识和技术所具有的逻辑性占了极大的比重。学生所拥有的自由的主体性的思维受到束缚，因此，在教师的主导下，学生进行接受性学习的居多。

结合教学目标、教材与学生的分析，便可以选择相应的教学过程结构：

（1）摆弄实物→亲身感受→出色地操作；

（2）在操作活动中感知→想象→表达→鉴赏；

（3）在游戏活动中抓住全貌→找出要领→掌握（制作）→讲评（小结）→反省（巩固练习）；

（4）操作实物→提出简单假设→凭借图像加以理解→实际应用；

（5）在具体情境中抓住问题→提出假设→验证→应用；

（6）通过（实物绘画）感知→构思、设想→表达→鉴赏；

（7）从语言符号感知→构思、设想→表达→鉴赏；

（8）从观察示范中抓住全貌→找出要领→形成练习→讲评（小结）→巩固练习；

（9）讲解技术要领→形成练习→讲评小结→巩固练习；

（10）观察（实物、绘画、演示）→强化表象→综合分析→小结→练习；

（11）介绍事例→综合分析→小结→练习；

（12）观察示范、绘画、演示（范例）→掌握规律（小结）→练习；

（13）讲解要领→掌握规律（小结）→练习。

（六）说"教学方法的选择和教学手段的使用"

教学方法是师生为达到一定教学目标而采取的相互关联的动作体系（包括内隐和外显的动作）。教学方法是教学过程最重要的组成部分之一，它直接关系到教学目标和任务的实现，进而关系到教学系统功能的实现。它涉及激发和维持学生的学习兴趣，发展学生的智力，促进学习的进程及迁移的形成等方面。

教学方法有其多样性、综合性、发展性、可补偿性等特点，各种教学方法都有其特殊的功能。

选择教学方法既是理论问题，又是实践问题。方法的基本问题是选择问题。因此，教师要根据教学目标、学生的特征（知识基础、心理特征、能力水平等）、学科的特点以及教师自身的特点、时间标准去选择教学方法。教师在说课时，根据上述内容，说明选择某种教学方法或综合运用几种教学方法的根据、作用、适度等，阐明其价值性。

教学过程是师生和谐发展的活动过程。这个过程应该是教师的教和学生的学统一的过程。那么，这个过程必须是教法和学法同步的过程。因此，教师在说课时要说明怎样教会学生学习的方法和规律，充分调动学生学习的积极性和主动性，使学生成为学习的主人。

教学手段是师生教学相互传递信息的工具、媒体或设备。在当前新的科学技术不断地涌入教育领域的情况下，传递信息的工具、媒体，从传统的手段发展到了电化教育。在教学手段上，由单一媒体的教学转变为采用现代化手段的多媒体教学。特别是计算机技术和媒体技术的发展，以计算机为中心，形成媒体系统。由于现代教学手段（媒体）具有信息量大、传播速度快、使教材形象化、丰富的表现力等特点，因此，它能够提高教学效率，提高教学质量，促进教学改革。教师在说课时，要从教学内容、教学环节、学生特点出发，说明使用教学媒体的有机性、适时性、适度性以及电教软件编制的构想等基本想法和使用这些媒体的价值。

（七）说"教学效果的预测"

教学效果是教学目标的归宿和体现。教学效果的预测，既是教师实现教学目标的期望，又是实现教学目标的自我把握程度。教师在说课时，要对学生的认知发展、智力开发、能力发展、情感态度与价值观的养成、身心发展等方面作具体的、可能的预测。

四、"说课"应遵循的几项原则

近几年来，"说课"这一教研活动形式引起了教育界的广泛关注，并得到了深入发展，无论从理论上还是实践上都探索并积累了不少有益的经验，正日渐成为提高教师业务素质的一条简捷、有效的途径。说课应遵循以下原则。

（一）科学性原则——说课活动的前提

科学性原则是教学应遵循的基本原则，也是说课应遵循的基本原则，它是保证说课质量的前提和基础。说课的科学性原则主要体现在以下几个方面。

1. 教材分析正确、透彻

说课中，教师不仅要从微观上弄清弄懂各知识点的内涵和外延，做到准确无误，更重要的是要从宏观上正确把握本节课教材内容在本学科、本学年的地位、作用以及本课内容的知识结构体系，深刻理解各知识点之间的关系。

2. 学况分析客观、准确，符合实际

说课中教师要从学生学习本课的原有基础和现有困难两个方面，以及学生心理发展的不同阶段分层次、客观、准确地分析学况，为采取相应的教学对策提供可靠的依据。

3. 教学目标的确定符合课程标准的要求、教材内容和学生实际

教学目标包括本节课的总目标与具体的基础知识目标、发展技能目标、过程与方法目标、情感态度价值观目标，其确定都要与教材分析和学况分析保持高度的一致性，并要有切实可行的落实途径。说课中，教师要说明自己的教学目标是如何确定的。

4. 教法设计可行性强

教学设计要紧扣教学目的、符合课型特点和学科特点、有利于发展学生技能，说课中，教师既要说清本节课的总体构想以及依据，又要说清具体的教学设计，尤其是关于重点、难点知识的教法设计的构想及其依据，使教法设计思路清晰、具有较强的可操作性。

（二）理论联系实际原则——说课活动的灵魂

说课是说者向听者展示其对某节课教学设想的一种方式，是教学与研究相结合的一种活动。因此在说课活动中，说课人不仅要说清其教学构想，还要说清其构想的理论与实际两个方面的依据，将教育教学理论与课堂教学实践有机地结合起来，做到理论与实践的高度统一。

1. 说课要有理论指导

在说课中，对教材的分析应以学科基础理论为指导；对学况的分析应以教育学、心理学理论为指导；对教学程序的设计应以教学论和学科教学法为指导，力求所说内容言之有理、言之有据。

2. 教学策略设计应上升到理论高度

教师在教学实践中，往往注意对教学策略本身的探索、积累与运用，而忽略了将其上升到理论高度并使之系统化、规律化，因而淡化、浅化了教学实践的功能。说课中，教师应尽量把自己的每一个教学策略设计上升到教育、教学的理论高度并接受其检验。

3. 理论与实际要有机统一

在说课中，既要避免空谈理论，脱离实际，"放之四海而皆准"；又要避免只谈做法不谈依据；还要避免为增加理论色彩而张冠李戴，理论与实际不一致或不吻合，要做到理论切合实际，理论指导实践，理论与实践高度统一。

（三）实效性原则——说课活动的核心

任何活动的开展，都有其鲜明的目的。说课活动也不例外。说课的目的就是要通过"说课"这一简易、速成的形式或手段，在短时间内集思广益，检验和提高教师的教学能力、教研能力，从而优化课堂教学过程，提高课堂教学效率。因此，"实效性"就成了说课活动的核心。为保证每一次说课活动都能达到预期目的、收到实效，至少要做到以下几点：

1. 目的明确

大体上，说课可用于检查、研究、评价、示范等几种目的。一般来说，检查性说课主要用于领导检查教师的备课情况；研究性说课主要用于同行之间切磋教艺；评价性说课主要用于教学评比、竞赛活动；示范性说课则是为了给教师树立说课的样板，供其学习、参考。在开展说课活动之前，首先要明确目的，也就是要明确将要开展的是哪一类型的说课活动，以便做好相应的准备工作。

2. 针对性强

这主要是针对检查性、研究性两种说课活动而言。检查性说课一般来说主要针对以下问题：教师的工作态度、教师的专业知识、教师的教学能力、教师的教研能力；研究性说课应主要针对承上启下、知识难度较大、结构复杂以及同科教师之间意见分歧较大的课节等。只有加强了说课的针对性，才便于说课人和评说人的准备和对问题的集中研究与解决。

3. 准备充分

说课前，说课人、评说人都要围绕本次说课活动的目的进行系统的准备，认真钻研课程标准和教材，分析学况，做到有的放矢。说课人还要写出条理清楚、有理有据、重点突出、言简意赅的说课稿。

4. 评说准确

评说人评说要科学准确，指导性强。说课人说完之后，参加评说的人员要积极发言，抓住教学理论上的重大问题和教学中带有倾向性、普遍性、规律性的问题进行重点评说。主持人还应该将已达成的共识和仍存在分歧的问题分别予以归纳总结，以便在教学中贯彻执行或今后继续进行研究。

（四）创新性原则——说课活动的生命线

说课是深层次的教研活动，是教师将教学构想转化为教学活动之前的一种课前预演，是备课的深化。说课是一种研究性活动，其实质就是集体备课。在说课活动中，说课人一方面要立足自己的教学特长、教学风格，另一方面更要借助于同行、专家参与评说，众人共同研究的良好机会，树立创新的意识和勇气，大胆假设，小心求证，探索出新的教学思路和方法，从而不断提高自己的业务水平，进而不断提高教学质量。只有在说课中不断发现新问题、解决新问题，才能使说课活动永远"新鲜"，充满生机和活力。

做一名科研型教师

如何做一名科研型教师，这是当前一个热门话题，又是一个急需解决的问题。在这里我们大家共同探讨，我首先来谈，作一个引头，起个抛砖引玉的作用。

一、形势逼人，教师需要重塑自我

建国 60 年来，我国教育事业发展很快，经过几次大的改革，现代素质教育已步入新课程改革、实施新课程教学阶段。新课程改革呼唤新教师，呼唤新的教学方法，新的师资培训。为此，新的教科研热潮兴起，教育科学研究发展的速度与之俱增。

我从教 20 年了，对此有一些深刻的感触。过去我们说搞教改，也就是些小打小闹的，写写心得体会，在报刊上发表点文章，就有成绩，有水平了。如今，说起科研，有的教师强调没有时间，缺少能力，有的教师说是"玩花架子""给外人看的"！也有说学习别人教研成果是"远水解不了近渴"。

如今实施新课程，促使大家进行教科研。学校"十一五"申报课题比较多，研究情况好，大部分已经结题，也不时传来课题成果获奖的消息，"八环节"、"471"学习策略经验墙内开花墙外香。但我们的科研要继续深入，形势发展逼迫我们。

当前教育改革和新课程的实施，向我们教师提出了更高的要求，教师不仅是教书育人，而且要做一个科研型的教育工作者。目前，在教师队伍中普遍存在这样一种现象：绝大多数教师缺乏现代教育理念和教育理论知识；知识结构陈旧；运用现代教育技术手段的能力差；教育科研能力欠缺，难以开发课程和适应新课程改革的要求。新课程对教师提出了较高的要求，即教师必须由教学的管理者转变为学生的引导者、合作者和共同研究者，由拥有知识的权威者变为学生学习的组织者等。教师角色的变化对教师提出了一个最基本的要求，那就是教师必须具备高素质的教育科研能力。

我个人认为造成这种畸形现状的原因在于我们教师自身，绝大部分教师普遍认为自己只要认真地教好书就行了，难以胜任科研这一深奥的工作，在心理上产生抗拒和畏惧的心理，一提起"科研"二字，觉得它距自己太遥远，似乎是可望而不可即的事；如果上级有要求，就马虎写一篇似是而非的"科研论文"，应付交差完事。他们更喜欢做的事是为了提高教学质量而"竭尽全力"，花费掉大量的时间和精力，以在"教学成绩"上取得成果，赢得领导和同事乃至社会的赞扬。这实际上是教育科研意识淡薄的典型表现。我总觉得教师这样的付出与收获在比例上不平衡，边城高级中学为什么不能多出"科研型"教师呢？为什么不能增强自己的教育科研意识呢？为此，就需要教师突破陈旧落后的教育观念和教育模式，树立从事教育科研的自觉性。让我们在现代教育教学理论的指导下，在教育科研的带动下，促进学生的全面发展。真正做到向教育科研要质量，做一位科研型的现代教育工作者。

面对教育的新形势，作为教师是否重新塑造自我，这已经不只是个人的小问题，而是关系到教育能否持续发展的大问题了。

二、不当"教书匠"，争当教育专家

现在国家提出"科教兴国"，学校提出"科研兴校"，"把教育教学纳入科研轨道"。我们教师应该怎么办呢？我认为就应该明确地提出"不当教书匠，争当教育专家"的口号。这样说绝不是追求时髦，哗众取宠。教师的工作如果只是单纯为了完成工作量，像传声筒一样去传递知识，死板地按照一个模子去塑造人，那自然就成了"教书匠"。而不断探索，按照科学规律培养学生，创造性地去帮助不同个性的学生，使他们都得到良好的发展，努力使自己成为"科研型"的教师，那才是踏上了通向教育专家的道路。

纵观中外教育史，有一个令人深思的事实，那就是世界上所有的伟大教育家，从孔子到陶行知、陈鹤琴，从柏拉图到马卡连柯、苏霍姆林斯基，毫无例外地都是长期工作在教育第一线，没有离开过教师的岗位。这绝不是偶然的，它证明了唯有教育第一线才是诞生教育专家的最好土壤。

三、教师研究教育科学的优势

我曾经和许多教师在科学研究上进行过合作，感到妨碍教师搞科研的原因既不是时间少，更不是能力低，而是大家在观念上认为科研很神秘，普通教师没法搞。其实，教育科研一点都不神秘，反而是同教师关系最密切的，也是教师最应该搞、最有条件搞好的一项工作。教师研究教育科学的优势至少有以下四点。

（一）教育工作本身就含有科研的性质

教师的工作是培养人，因而是世界上最复杂的一项工作。人类对培养自己的后代极其重视，这就决定了教师的工作需要有艰苦的研究在其中。教师反复钻研教材，就是在研究教学内容；经常了解学生，备课要"备学生"，就是在研究学生；千方百计想办法把学生教会，培养好，就是在研究教育教学规律。当然，在过去许多情况下，不少教师是不自觉地、被动地在进行研究。如果我们换一个角度，自觉地主动地来做这些工作，就会发现教师在科研上占有极大的优势，因为教育工作本身就含有科研的性质。

（二）教师生活在科研的"本源"之中

教育要发展，就要不断发现和解决问题；教育要成功，就要遵循教育规律。离开了现实的教育生活和环境，要完成这两项任务是根本不可能的。而教师正生活在"本源"之中，研究自己如何去发现和解决问题，引导学生成功，就是最大的科研。

（三）教师具有深入研究和反复实验的最佳条件

教育科研的实验园地就在课堂，教育研究的进行就在教师与学生的交往过程中，这就是教师拥有的最佳科研条件。有位班主任很想探索如何培养学生的自主性的问题，于是，他首先就在日常生活中注意发现学生主体性品质的萌芽。有一次，两个同学为了一件"谁先碰了谁"的小事争吵起来，但是他们并没有像往常那样去告诉老师，而是通过自己谈心把问题解决了。当老师及时把这件事情写入"班级日志"之后，原来班上爱告状的风气也有了改变。这样，这位老师也就得到了培养中学生自主性的一个初步的规律性的认识。对教育规律的认识应该反复检验，在这方面教师又具有天然的优势。一个班送走了，又接一个新班，将上一班初步发现的规律，运用到新的班级进行检验。

（四）教师能进入学生的内心世界

教师搞科研和专业人员的方法应该不同。我和教师们合作多年，总结出教师搞科研"三个相对"的特点，受到许多老师的欢迎。他们认为只要了解自身的特点，有意识地扬长避短，同样能搞好科研，取得成果。

"三个相对"分为如下三点：

一是时间相对少，但是实践相对多。教师每天有繁重的教学任务，表面看来要想进行科研，时间相对少。但是，仔细一想，如果我们通过加强学习，将每天进行的教育实践纳入科研的轨道，减少工作的盲目性，提高其"科研含量"，教育工作的时间变成了科研的时间，时间少不就变成时间多了吗？

二是眼界相对窄，但是体验相对深。在当前情况下，教师工作繁忙，不能抽出更多的时间去获取信息，显得眼界相对窄一些，这对于搞科研当然是不利的，因为搞科研需要站在制高点上，站得高才能看得远，所以教师要注意努力补上这个"短"。但是，从另一个角度我们会发现，信息量大固然重要，但是信息的深度和我们对信息的理解更为重要。如果我们见过世界上各式各样的麻雀，但是一只也没有解剖过，就不能说很了解麻雀；而如果认真地解剖过几只麻雀，难道还需要把全世界的麻雀全都解剖了，才能说了解麻雀吗？教师和学生朝夕相处，深度沟通，具备了"体验深"这样的优势，就会在一定程度上弥补"眼界相对窄"的短处。

三是理论相对薄弱，但是经验相对丰富。经验是形成科学理论的重要基础，是科学的前身。只要我们不断将经验上升为全面的系统的规律性认识，经验和理论之间就没有不可逾越的鸿沟。当然，我们应该重视理论的学习，不然实践就会变成盲目的实践。经验也是进一步掌握理论的基础。有位教师在教学中经常使用"手势语"，发现它在师生互动、发展学生的主体性方面很有成效，于是她在这些经验的基础上，通过学习心理学理论，得到了更深刻的认识。在低年级学生中使用"手势语"，能把他们好动的特点，从破坏性的表现（做小动作、招惹同学），引导到建设性的方向上来（积极思维、主动交流）。科学研究讲究深度，而人的内心世界往往被一扇难以叩开的大门封闭着。不过教师在这方面也是具有优势的。学生热爱老师，崇拜老师，甚至把老师的话当做"圣旨"。老师应该百倍珍惜学生们给予的信任，小心地靠近他们的心灵，发现并总结他们真实的成长规律，用来引导和帮助他们更健康地成长和发展。

四、科研型教师应有敏锐的观察力和思考力

我们在教育教学工作当中，常常会产生这样那样的问题。而这些问题有时候看似解决了，却仍然存在蔓延的状态，有的时候正在以这样那样的形式转变着。所以，我觉得，科研型教师应当具有强烈的科研意识和敏锐的洞察力，有敢为人先的创新精神，善于发现生活和教学中存在的问题。并且要认真地，深入地思考会遇到的这些问题，不要忽视我们的教学当中遇到的一些细小的问题，尤其对学生身心发展阶段所遇到的问题，我们总要去寻找它的根源，凡事有果必有因，我们只要在这些问题上多留心，或许就会看到那些平时忽略了的东西。其实，做个科研型的教师并不难。我们作为在一线工作的教师，不必因为自己的发现微不足道而感到离"科研"有多么大的距离。在学校学生所受的最重要的影响来自教师，所以，我们要重视在教学工作当中思考和总结。教育内容和教育对象的特殊性决定了教师的劳动没有固定不变的模式。教育科研能力是一种源于教育实践而又有所超越和升华的能力，教育科研的根本目的就在于创新。

有一种错误的认识认为教科研是教研部门和教育理论工作者的事。实际上，人们对教育规律的每一点认识，教育实践水平的每一次提高，往往都先来自教育一线的科研。当我们遇到一些对教育教学发展有重要作用的问题时，我们想通过教科研加以突破，可在教科研中不是被某一专业知识卡住了，就是因缺少一定的理论知识指导而中途流产。所以在教育科研过程中，教师要学习新的理论，学习先进的教育思想和观点，不断提高自己的知识，科学地总结自己和其他优秀教师的经验，使之上升为理论，从而克服经验的局限性和片面性，教师自己的水平也就得到提升。

五、科研型教师的成长要从细节和小处着眼

科研不是唱高调，怎么样去做才能培养自己成为教科研型的教师呢？我认为除了要善于发现，深入思考之外，作为一线的教师还要从日常工作的细节入手。其实，这些工作，平时我们也都在做着。比如，我们经常会将某些学生的近期情况，用书面的形式和家长做交流；比如，我们也经常会在教后将自己教学这一课当中遇到的问题和灵光闪现的地方做一下反思和记录。还有，我们会用教学随笔的形式，积累和记录下自己在教育教学上的探索，发

现的不足等，这样的工作我们做了很多很多，只是我们没有"更上一层楼"而已。所以，我想，我们教科研之路其实就可以从平常的这些细节入手。既然已经发现了，记录了，思考了，我们就可以发挥主观能动性，敢于探索、善于探索，利用我们积累的教育理念来对这些问题进行研究。如何指导学生探究性学习？怎样提高合作学习小组讨论的有效性？这些问题我们一直在思考着，并且在不断地尝试改变着。教育实践中的问题有大有小，教师要根据自己的时间和精力恰当选择，要选择实实在在的具体问题做课题研究，不选择抽象空泛的问题。教师不仅要想科研，而且要敢于科研，不怕困难与麻烦，勇于承担课题，并以坚强的毅力把课题做好，取得优良的成果。每一位教师都应树立"科研先导""向科研要质量，要水平"的思想观念，完成由经验型教师向科研型教师的转变。

六、科研型教师需有独创的教育实践和科学态度

教育科研要以教育经验做基础，但我们往往也只是凭自己的经验来进行科研，所以我的论文也是"经验式论文"。经验又往往是局部的、片面的，这就要求在科研中将经验和理论与实践结合起来。在课题科研中应建立必要的理论基础，并注意理论和实际结合。注意在实践中检验自己的经验知识，转化和拓展经验知识，并通过科学科研的方法和过程以及必要的实证材料的支持，将经验上升为具有一般规律性的可以推广的理论知识。

由于教育科研的对象往往是活生生的、不断发展变化的学生，学生的进步又和多种因素有关，因此教育科研往往具有多变量的特点，这就要求教育科研应是一种综合性研究，在科研中要采用多种方法，各种方法要相互印证。

教师是教育科研的主力军，但我们也需要教育科研人员在教育理论、科研设计、科研方法等方面给予指导和帮助。"名师出高徒"，要想培养高素质的学生，首先自己必须是一个高素质的教师。我们任重而道远，这是回避不了的责任和事实。

给青年实习教师的讲座

受钟教授的委托，我为大家做一个讲座——学校管理、教师成长、班主任工作，我很爽快地接受了。然而回去一想我又有点犹豫了，面对这些优秀学子，未来优秀教师，讲什么呢？怎样讲呢？现在只能凭自己的经验与大家作一个交流。

一、初为人师要注意的问题

（一）必须坚定自己的职业操守和教育信仰——要爱教师这份事业

大家走进校园有为人师的愉悦感，又有一种角色转变的拘束感。也许你们还没有做好当教师的充分心理准备就走上了讲台，也许你们对教师职业的认识还很模糊就进了中学校园。工作的辛苦，不理想的待遇，现实的人际关系以及进大学时的阴差阳错都导致一个青年人的思想不稳定。无论怎样，你既然走进了这一行业，就必须热爱它，必须坚定自己的职业操守和教育信仰，不能简单地把教师职业当成谋生的唯一手段。如果这样，你专业成长的生命力将缺乏持续的动力，更不可能有成功的爆发力，会很快产生职业倦怠，从而采取混日子的生活态度，结果造成对学生伤害，对自己不负责，对社会产生危害，所以首先你要热爱教师这个职业。

（二）必须不断反思，养成定期总结的习惯——要有教师思维

苏格拉底说："没有经过反省的人生是不值得过的。"反思是教师以自己的职业活动为思考对象，对自己在职业中所做出的行为以及由此产生的结果进行审视和分析的过程。

美国心理学家波斯纳提出教师成长的公式：成长＝经验＋反思。他还指出，没有反思的经验是狭隘的，至多只能形成肤浅的知识，在新课改实施中，反思的本质是一种理解与实践之间的对话，是这两者之间的相互沟通的桥梁，又是理想自我与现实自我的心灵上的沟通。"反思要常态化"，才能形成独特的个性与思考的习惯。

反思可以采用以下操作形式：

1. 在成败中反思

教后写反思日记，还可以写成故事性的随笔故事，或者是自己的一些成功或失败经历。

2. 在对比中反思

通过听课、评课、观察自己教学录像的教学反思，把教学过程给人启迪的地方写下来，反思成功之举、失败之处、智慧之光、学生之见，正是这看似平常却给人深省的课后小记，能使我们经常梳理自己的课堂，改进自己的教学方法，提高自己驾驭课堂教学的能力。

3. 在实践中反思

反思是一项重要的教学实践工作，教师要在反思活动中训练反思，在反思训练中提高教学监控能力。

4. 在学习中反思

在向专家、同行、学生及家长学习中反思自己的教学行为。

思考要走在工作的前面，一名优秀教师，必须学会善于思考，要善于观察生活中的点点滴滴，并能从中引发思考，产生思想。如果缺乏思考，缺少思想，我们的工作就会失去活力和生命力。

（三）必须要做好自己职业生涯的规划，让自己时刻有目标追求

教师的工作很平凡，但能把平凡的工作规划好，践行好就不平凡了。"十年磨一剑"，只要能够坚持，不断探索，努力工作，一定能有成效。下面是本人工作经历及奋斗目标，希望对大家有点帮助。

工作时间	工作学校	工作目标
1990.7—1991.7	永顺四中	教研：高考数学平均成绩在全县排名第二
1991.7—1994.7	永顺一中	做一名学生喜欢的班主任，搞好奥数培训，三年后有学生上清华、北大
1994.7—1995.7	永顺一中	做好一名优秀班主任，发表论文，确保有学生上清华、北大
1995.7—1998.7	永顺一中	做一名优秀班主任，搞好奥数培训，高考成绩上一台阶，确保有学生上清华、北大
1998.7—1999.7	永顺一中	做一名优秀班主任，确保有学生上清华、北大
1999.7—2000.7	永顺一中	做一名优秀班主任，确保有学生上清华、北大，准备中学高级教师申报材料
2000.7—2003.7	永顺一中	做一名教师喜欢的副校长，高考成绩全校要有突破
2003.7—2005.7	永顺一中	做一名优秀副校长，带领好一批教师
2005.7—	边城高级中学	做一名合格校长，制定好学校发展规划，努力实现发展目标

（四） 必须善于把握机遇

机遇会随时出现在每一个人面前，关键是你能否很好地把握。机会是给有准备的人的。要有能吃苦，肯吃苦，吃得了苦的心理准备与承受能力。

二、初为人师要培养优秀品质

（一） 热爱教师工作

立志成为一名优秀教师，要对自己要求严，作风踏实，态度诚恳，工作积极主动，品行端正，要有自己的教学理念，要有积极参与意识。

积极的人，像太阳，照到哪里哪里亮；消极的人，像月亮，初一十五不一样。

美国的石油大王洛克菲勒在给儿子的一封信中写道："天堂与地狱比邻。如果你视工作为一种乐趣，人生就是天堂；如果你视工作为一种义务，人生就是地狱。"此话让人颇有感触，尤其是他关于工作意义的精妙表述，让人敬佩。我们只有热爱教育工作，才可能脚踏实地为之奋斗，才能涌动出事业的激情。教师工作平凡，要把平凡工作做成不平凡，关键取决于你是否有梦想，有激情。

（二） 有良好的人际关系

人们追求高质量的生活，需要人与人之间的真诚理解、和睦相处；人们追求事业上的成功，需要团结互助、平等友爱的人际关系。教师的人际关系就是要为师生所欢迎，为领导所接受认可。

1. 良好的人际关系是人身心健康的需要

一个人如果身处在相互关心爱护，关系密切融洽的人际关系中，一定心情舒畅，身心健康。而不良的人际关系，可干扰人的情绪，使人产生焦虑、不安和抑郁等不良情绪。

2. 良好的人际关系是人生事业成功的需要

人际关系对人生业绩的影响很大，是你是否能取得成功的重要条件，良好的人际关系为你的成功产生助力。

3. 良好的人际关系是人生幸福的需要

优秀教师在工作中，因良好的人际关系而常感受到人生的幸福。他能尊重长者，虚心学习，工作踏实，不计较个人得失，胸襟开阔，乐观开朗，豁达谦逊，能接纳和容忍他人的一些不足，关心同事，并为他人提供及时的帮助。

（三） 熟练掌握教育教学基本功，初步形成自己的教育教学风格

你们现在要完成两个转变，一是由师范生向教师角色的转变，从"站上

讲台"实现到"站稳讲台"。二是由理解知识向教学能力的转变，要多一些教育教学实践，在解决具体问题中积累教育教学经验，在学习过程中了解不同教学风格，扬长避短，寻求自己的教育教学风格。

教师的成长是一个长期实践，不断积累的过程，教学风格的形成需自己不断探索并总结。下面谈谈个人的教学经历。

1. 偶然的立志阶段

1988 年上半年某一天，我被系主任推荐做家教，其实我至今都没有问过他为什么推荐我，也许是看我家庭贫困，为人真诚，也许是学习成绩一直名列前三名，也许……我阴差阳错被保送师大，进校的第一个想法就是考研，说实在的没有想当老师。当我第一次走进学生家时，我诚惶诚恐……

给学生讲了两小时课后，学生对她妈说："他比我们班主任讲得好。"其实当时我连上课的基本步骤都没有，只是和小孩一起边谈边推算，他的一句话不仅让我留在他家做长期家教，而且让我暗自决定要做一名优秀的教师。

2. 努力的探索阶段

1990—1995 年是从教的最初五年，也是奠定基础的五年。初出茅庐，我是这样走过来的。

（1）刻苦钻研大纲、教材，大量解题，深入研究解题规律，苦练教学语言、表达能力、板书、徒手画。

大学刚毕业，本该是进入永顺一中任教的，因为我是被一中校长亲自邀请回来的。然而不知是什么原因把我分配到永顺四中，当时在分配会上，我就与分管副局长发生冲突，说："退我档案，我回师大。"可能是从来没有人当面顶撞过他，他沉思很久，带着不满而又好像开导的语气说："年轻人在下面锻炼有好处。"后经过与一中老师交流，我带着失落，背着家人来到四中报到。然而让我没有想到是——学校让我上高三年级四个班的数学，我真的是一下子就晕了，但我没有推脱，而是全身心投入到学习、解题、研究、上课、辅导中去了。后来让我更没有想到的是——学校又让我教高一物理，高二英语，每天平均五节课，几百本作业……我成了一名全校任务最重的老师，而且很受欢迎。入校前四个月没有上街，更没有进城，忘掉了教学外的一切，包括相爱的第一个女孩。

（2）博采众长，学习模拟。

1991 年调入一中后，为了不让校长失望，不让同行看不起，让家长放心，让学生满意，我对自己的教学风格做了初步设计，一是保持四中教学精神，用奥数题目提升自己专业素养；二是继承对自己有深远影响的名专家、名教师的优良教风，吸取他们教学技艺、教学风格中的精华，结合自身条件和特点，扬长避短，先模拟起步。

模拟的第一对象是著名专家和学者，如张楚廷老师沉稳老练，讲学深入浅出，风格幽默风趣；张垚老师镇定自若，分析精辟深刻，生动形象，妙语连珠；周者荔老师思维敏捷，逻辑严谨，推导简单易懂。

模拟的第二对象是自己的老师。如童民才老师思路清晰，条理分明；袁奇伟老师精神抖擞，讲课质朴严谨；彭锡福老师教学语言精练，板书美观……他们的教学风格，音容笑貌，都深深地铭记在我的脑海中，成为我教学生涯中受用不尽之财富。

模拟的第三对象是工作中的同事。有人说过"同行不和"，我打心眼就不这么认为。永远保持初学者的心态，永远都把他们作为学习榜样，哪怕我教学成绩比他好。如肖典友老师功底深厚，典雅激情的风格；李龙亚老师的激情与洒脱……对我的教学帮助意义深远，他们的一招一式都有很高的示范价值。

当时我的想法是——博采众长，把这些老师各自教学特色中最亮丽的"闪光点"汇聚起来，用心领悟其真谛，归纳出在数学教学中必须遵循的若干个"要"和"不要"，并从讲台形象，语言特点，教法技巧等方面给自己"量体裁衣"，进行总设计，描绘初步教学风格：讲台形象——严谨、生动、幽默；板书——工整，详略得当；黑板画——规范、熟练、徒手作图；解题思路——灵活、富有启发性、讲究多解、巧解。

3. 形成教学风格的提高阶段

1995 年后，模拟达到熟练的程度之后，经过自己的思考和探索，就可按自己的教学思想、表达方式进行教学。

特色之一：对教材内容的处理有一定创造性，参照三种不同考试要求（会考、高考、奥赛），就教材内容严格细致地剖析、化整为零、合理增删、重新组合，设计层次，不同要求。使其形成由浅入深、由低到高、由表及里、由局部到整体的过程结构，让学生勾勒出知识网络及品尝到学数学的趣味。

特色之二：教学手段不断更新，建构模型——动画制作。

特色之三：教学方法灵活。

特色之四：不断总结与反思。

1998 年高考成绩让我们几个数学老师至今沾沾自喜，全年级理科平均分

112 分，文科 108 分，自己任教的一个班，班平均分 134.8 分。当然 1999 年后几年高考成绩一直是州内第一。

4. 形成教学风格的成熟阶段

将一些个性化的教学特色有机结合起来，并在教学实践中逐步稳定下来，使之成为一种在一贯的教学活动中表现出来的式样格调，这就是教学风格的标志。我的想法是，在整个教学活动中，教法并不起决定作用，起决定作用的是决定教法的指导思想；个人的教学指导思想必须合乎时代发展的要求；要全面认识数学教学的功能。数学不单纯是一种工具，是一种思维体操，更是一种品质的塑造，是一种求是创新精神培养；最好的教学方法是让学生理解参与，作学习的主人；不断反思总结，精益求精。

教学风格是发展的，可惜我已经浪费了八年时间，而且还没有成熟。最后给大家讲一则寓言。

在非洲的大草原上生活着羚羊和狮子。每天清晨，羚羊从睡梦中醒来，它想的第一件事就是，我必须比跑得最快的狮子还要快，否则，我就会被狮子吃掉。而狮子也同时在想：要想得到今天的美餐，我必须比跑得最快的羚羊还要快，否则我就会被饿死。于是在宽广无垠的大草原上，无时无刻不在演绎着惊心动魄的生死搏杀，优胜劣汰的自然法则在这里体现得淋漓尽致。

做一个轻松的班主任

大家都说做班主任很辛苦，其实这也是一个很有意思的工作，做班主任要学会"偷懒"，这样乐趣就要多得多。

我很不喜欢那种时刻看着学生的太过"勤快"的班主任。当然，"偷懒"首先要保证班级处于一种比较好的状态，否则就是对学生不负责任。

那么，如何才能做一个轻松的班主任呢？

一、建立规章制度

·班主任首先要建立班级的规章制度。规章制度不要太多，但对班级的管理却非常必要。比如，规定学生在自习的时候不准说话，讨论问题也不行，这样就减少了学生说话的机会，班级自习课的纪律就有了保障，班主任麻烦就少了；规定每人每周只有一次迟到的机会，第一次迟到可以不解释不受惩罚，但第二次迟到就要向全班同学说明情况，这样可以较好地解决学生的出勤问题；规定班级卫生人人有责，不能随地乱扔杂物，只要地面有杂物，责任人就是附近的学生，这样就可以保证班级干净；规定学生之间发生矛盾时，不论什么情况都不能打架，只要打架，你有理也变没理，这样可以防止恶性事件发生。当然我们还要对学生的课间操、眼保健操等集体活动提出要求，来保证集体活动的有序开展。一般，我认为有了这几条，班级就不会有太大问题。当然学生并不是都能达到这些要求，需要长时间的习惯适应。但当学生形成基本的规章制度意识后，班级也就好管理多了。

二、找到合适的帮手

班主任要想不陷于事务性的工作，做一个比较轻松的班主任，还需要寻找几个帮手，这些帮手就是我们的班干部。虽然，班主任有了规定，有了检查，但没有班干部帮忙，班级的纪律是不可能好的。很多班主任很辛苦，就是为班级纪律头疼。班主任不可能每时每刻都亲自检查班级纪律，即便这样做，也会造成班主任在和不在两个样的状况。所以，我当班主任都会寻找一位很得力的班长，这样班级的纪律就处于监控之中，而我只需要经常来督促一下就可以了。在很多学校，每个班不仅要负责自己班级的卫生，还要负责一块清洁区的卫生。如果没有一个得力的学生干部，这个工作也够我们忙的。如果选择一个做事特别认真、肯吃苦的学生负责卫生工作，就不需要每天去检查了，也可以让自己轻松下来。班级工作尽可能让学生去做，这样不仅可以减少我的工作，还可以不让自己处于矛盾的第一线，为解决问题提供好的时机。当然，好的班干部需要班主任去发现，去培养，并且要为班干部创设好的工作氛围，让班干部成为大家都渴望的一种身份。

三、培育班级文化

想做一个比较轻松的班主任，有了纪律，有了班干部还远远不够。你有纪律，但学生不遵守，你有干部，但班干部管不住学生，这样的班级让人头疼。为此需要我们培育班级文化，让学生对班级产生自豪感，以在这个班级为荣。学生刚刚入学的时候要军训，每一次军训，我都告诉学生，要努力训练，争夺第一。虽然只有短短的几天，但几天下来，学生的精神面貌就不一样。我的班常在军训中夺得第一，你看学生那个高兴的场面，就连当初对你的严格要求存在不满的学生，这个时候也只有对你佩服的份。

最初分班的时候，每个班级的平均成绩都差不多。但到了第一次期中考试之后，如果你的班级拿了几门学科第一名，你的学生在年级名次中排得靠前，那学生会是什么感觉？我班曾经有过在一次考试中包揽年级 8 个前一名的记录。走在校园里，只要说是我班的学生，大家都会很羡慕，你说这个班还能管理不好吗？

四、与"高手"过招

想做一个轻松的班主任，还要和班级的"高手"过招。只有收服了那些高手，我们的工作才会轻松。班级的"高手"有两类，一类是学习成绩突出、能力强的优秀学生，另一类是成绩差，比较调皮的"差生"。这两类学生不同，过招的方法也不同。对于优秀学生，他们往往自命不凡，对老师很挑剔，而且这类学生的家长也很挑剔。在处理问题时，班主任一般不要采用正面冲突的方法，而要顾及到他们的面子，对于一些小事要装着不知道。当然必要时还要指出他们的一些小问题，告诉他们这些小问题会影响他们的发展，同时要有意无意地显露出班主任的成绩，让他们知道班主任不一般。对于"差生"，不要急于和他们过招，甚至要让他们有一种错觉，让他们充分地表现，当他们得意忘形的时候再"动手"。当然，对这些学生也要鼓励，在指出他们问题的同时，不妨多夸一夸他们的优点，最好能够指出他们自己都看不到的优点，这样优点归优点，缺点归缺点，可以让他们服气从而服你。当你把班级的学生都"收服"后，我们班主任的日子就可以真的轻松一点了。

践 行

开发校本教材，运用校本教材

校本课程是学校课程体系中的重要组成部分，它与国家课程、地方课程共同组成学校实施的"三级课程"结构。它的重要意义就在于消除教育与生活、学校与社会、学生与家长、知识与实践之间的隔阂或对立，加强它们之间的联系，帮助学生理解知识的丰富性和多样性，开通多渠道来提高学生的实际生活能力。同时，开发校本教材是培养多种人才、满足社会多样化需要的有效措施，是体现与发挥学校办学特色、提高教育质量的必要环节。

基于此种认识，学校倡导广大教师认真积极地开发校本教材，以校本课程补充国家课程，以校本课程增进学生一些技能，以校本课程开发促进教师转变传统教育观念，让新的课程理念和"以学生终身发展为本"的理念在教师头脑中扎根，让教师通过自编教材和校本教材积累开发的经验，提高教育教学、科研能力。

近几年来，学校教师发挥自己专长，结合学生实际，一边认真教学，一边研究开发校本教材，先后收集编辑了十多本校本教材，这些教材虽是雏形，但记载了编撰者的艰辛。大千世界的事，总是由小到大，由"丑小鸭"成长为"美天鹅"，由滴水汇成江河大海。我们祝贺这些教材的诞生，更欣喜它们将发挥出的自我价值。这是一个良好的开始，良好的开端，终将会开创出明天的灿烂和辉煌。

艺体学科教师更是秉承"弘扬传承民族文化，提高学生综合素质"的意念，深化校园文化内涵，将具有民族文化特色的体育项目及工艺活动引进校园，组织了各种民族文化及体育活动协会，编写民族文化及体育活动的常识教材，对有这方面爱好的学生进行培训。将群体性的民族活动及民族工艺品制作纳入课堂教学。编写的民族体育、工艺校本教材具有创新性、操作性和实效性。

我校校本教材开发与实践刚刚迈出第一步，探索的路程还很长，还很曲折，更为具体深入的发展有待进一步研究。因此，我们应充分认识学校的优势，发挥我们教师的潜能，乘势加倍努力，通过校本教材及课程的开发，形成办学特色。另外，校本教材开发是一个循序渐进的过程，不是一次就能完成的。实践是检验真理的唯一标准，我们应该通过不断实践来修改完善校本教材。开发校本教材，运用校本教材，特别在艺体学科教学中以民族文化知识技能教授学生、培养学生、服务学生，提高学生综合素质。

实施素质教育，推进和谐发展

盛世和谐，为民族地区的教育事业提供了良好的环境和契机。于是边城高级中学诞生了。

2004 年，湖南省花垣县委、县政府斥巨资打造花垣县高中教育的航母——边城高级中学。今天，这所崭新的高级中学已经逐步成长为一颗镶嵌于湘鄂黔渝边区的和谐发展的教育明珠。

湘西的美丽出名，大抵是因为享誉世界的大文豪沈从文和他的《边城》。而边城以富裕出名，大抵是靠了党的富民政策和储量丰富的锰矿和铅锌矿。世界最大的锰锌金属矿藏自开发以来，这个以其古老的苗族文化和自然资源优势叩击现代文明的小县，将其无与伦比的美丽与活力展示于世人面前，让人钦羡不已。边城高级中学因这些独到的政治、经济、文化背景应运而生，也为"魅力湘西""锦绣边城"添上了富于时代气息的神话篇章。

近年来花垣县经济腾飞，经济提速跃居湖南省第一位。县委、县政府高瞻远瞩，决定加大教育投入，强力实施"科教兴县"战略。边城高级中学的建成是"教育强县"的一件大事，是功在当代、利在千秋的惠民实事。2003年县委、县人大、县政府、县政协研究决定，将边城高级中学的兴建纳入全县经济社会发展总体规划，并报州计委审批，号召举全县之力办好边城高级中学。县财政倾力投入，学校第一期建设总投资 1.5 亿元。而且，后续建设工程均由县财政投入，县委、县政府保证学校硬件优质建设，不给学校留下一分钱的负担，并且由县财政保障设立教育奖励基金。

富裕起来的花垣县人民积极响应"教育强县"的号召，企业和个人捐资达 3000 万元。特别是当地有远见卓识的民营企业家给予了大力支持。这一批非公有制经济人士致富思源、富而思进、义利兼顾，慷慨回馈社会，致力于民族教育事业的振兴。在边城高级中学可以看到许多民营企业冠名的建筑。衡民教学楼由花垣县衡民锰业有限公司捐建；汇银教学楼由花垣县汇银公司捐建；振兴教学楼由湖南省振兴化工有限公司捐建；锰锌高科教师公寓由花垣锰锌高科公司捐建；汇丰教师公寓由花垣县汇丰公司捐建；三立高级教师公寓由湖南三立矿业集团捐建；东锰体育馆由湖南东方锰业集团捐建；太丰综合楼由花垣县太丰有限公司捐建；峰云科技楼由花垣县峰云公司捐建。

上述这些都是纯粹的义捐。边城高级中学并不是这些企业家联合举办的私立学校、贵族学校。学校聘请这些公司的董事长为名誉校长，可是，他们绝不干预学校管理。他们乐于成为边城高级中学家庭经济困难学生的有力支柱，积极为学校依法设立奖学金、助学金，资助家庭经济困难学生顺利完成学业。为此，花垣县委统战部、工商联、教育局联合印发了《花垣县非公有制企业对口扶贫活动实施方案》，每年组织热心的民营企业家实施兴教利民的善举。学校利用"县财政助学基金"和"宋祖英助学基金"以及广东嘉宝莉集团的捐资助学，每年级举办两个"嘉宝莉民族团结班"，扶持优秀贫困生。

继实现经济腾飞的梦想之后，花垣人梦寐以求的就是教育的腾飞了。在党的十七大胜利召开之时，2007 年 10 月 19 日，中共花垣县委、花垣县人民政府又出台了 33 号文件——《关于加快建设教育强县的决定》，提出了"教育强县"的基本目标：坚持以邓小平理论和"三个代表"重要思想为指导，深入贯彻落实科学发展观，坚定不移地推行教育优先发展战略，以素质教育为主题，以改革创新为动力，巩固提高九年义务教育和高中阶段教育，加快发展职业教育和学前教育，有效服务我县经济社会发展，形成"体系完善、基础厚实、特色鲜明、社会满意"的教育发展局面，为富民强县提供更加有力的人才支持和智力支撑。并重申在 2008 年内全面完成边城高级中学配套设施建设，在 2010 年前把边城高级中学建设成为省级示范性高中，呼吁社会各界以民营企业家为楷模，尊师重教，为民族教育事业的发展贡献自己的力量。

这所封闭式管理的公立高级中学在硬件建设上充分体现出优越的人文关怀。教学大楼、学生公寓、生活服务中心、体育场馆、科技楼、图书馆……

构成了学生生活、锻炼、学习的理想世界。

在 2005 年夏季的公开招聘优秀教师的过程中，边城高级中学以其优越的硬件条件和远大的发展前景，得到了不少省市教育工作者的青睐。学校首次从 6 省 14 县市招聘专任教师 147 人（本科 144 人，研究生 3 人），其中高级教师 37 人，一级教师 84 人，二级教师 26 人。同时，当年就有不少邻近县的学生选择了这所崭新的高级中学。两年来，办学规模不断扩大。目前全校共有教学班 60 个，在校生 3400 余人，有教职工 214 人，其中专任教师 182 人。本科学历 172 人，研究生 5 人。其中特级教师 1 人，高级教师 43 人，一级教师 96 人，二级教师 33 人。

从 6 省 14 县招聘来的 200 多名优秀教师和来自州内各县以及邻近各省的三千多学生，迅速组成一个和谐的大家庭。在建设和谐社会、推进素质教育的时代呼声中，共同创造民族教育的新辉煌。高起点，高规格，高速度，边城高级中学办学模式无疑创造了花垣县教育的新神话。国家教育部、省人民政府、省教育厅，以及州县各级领导多次来校视察，对学校的各项工作予以了高度评价，省州县相关媒体也纷纷予以多方报道。

一、师生德育，夯实建设和谐校园的精神基础

建校以来，学校一直坚持以正确的理念管理学校，以科学的方法培养学生。始终坚持"素质为本，德育为宗"的办学思想，明确文明创建工作的重要性，建立文明创建工作领导小组，制定创建工作规划，确立"以提升师生综合素质和学校文明程度为核心，以党风、校风、教风、学风建设为主线，发扬学校的优良传统，不断开拓创新，塑造学校师生良好形象，完善学校依法治校、以德立校体系，构建团结健康、奋进开拓、民主和谐的管理氛围和育人氛围，以和谐氛围培养健康的人"的创建目标。把师德建设与公民道德建设实施纲要、未成年人思想道德建设和学习先进典型相结合，与社会主义荣辱观教育和社会主义法律规范相协调，与中华民族传统美德和社会主义思想道德观念相融合，形成良好的社会风尚，提高教师的文明素质。切实抓好党员干部的学习，促进领导干部以身作则，率先示范，带动社会风气的好转。精心组织开展中国共产党建党 85 周年、长征胜利 70 周年纪念活动，广泛开展"迎奥运、讲文明、树新风"活动，深入开展群众性娱乐活动，以活泼多样、丰富多彩的形式倡导和树立社会主义荣辱观，引导全校师生从身边做起，从自我做起，从点滴小事做起，扎扎实实地提高自身的综合素质。让"八荣

八耻"进校园，进教材，进课堂，使学生成为落实社会主义荣辱观的主力军，形成"知荣辱，讲正气、树新风、促和谐"的文明风尚。

学校将德育工作放在首位。组建起德育工作领导机构，由一名副校长主管，并从县公安局聘请法制副校长，成员由政教处人员、各年级组长和班主任组成；注重加强领导班子建设，发挥分层管理的战斗堡垒作用。我们提出了干部必须时刻牢记"以事业为重，从大局出发，为师生着想，对未来负责"；必须遵循"互相尊重、互相谅解、互相补台"，要增强忧患意识，廉洁公正，团结协作，改革创新；注重加强师德建设，要求教师要远离庸俗，远离铜臭，远离低级趣味，心中永远有追求。

学校将学生德育工作作为常规要务。一是重视开展养成教育。政教处和团委充分调动学生自治能力，运用各种丰富多彩的有效活动方式，重点养成学生良好的行为习惯，加强对学生的思想政治教育工作。关于青年人的理想、交友、学习等方面每周召开主题班会，强化交流与教育，并大力推行了"拒绝毒品"和"建设节约型校园"的教育活动。二是坚持活动育人。举行"文明礼貌月"活动，评比文明卫生寝室，同时，举行篮球比赛、文艺晚会、书画展等丰富多彩的活动，陶冶同学们的情操，锻炼同学们的意志，培养同学们的综合素质。三是注意心理疏导。为此，学校配置了男女生辅导员，设置了心理咨询室。

学校德育工作注重发挥校园环境育人的功效。一方面加强校园特色建筑、人文景观和文化设施的建设，学校于2007年底获批为湖南省园林式单位。另一方面加强校园的人文环境建设，形成良好的工作学习环境、和谐的校园环境、良好的个性环境。深入贯彻《中小学教师职业道德规范》，充分利用校园网、陈列室、图书阅览室、宣传栏、广播室、校园网等师生文化阵地，组织师生学习优秀模范人物事迹，教育全体教师不断提高师德水平，充分利用学校现有的文体活动设施，开展健康高雅、丰富多彩的文体活动，在校园里形成浓厚的文化氛围，使师生员工充分享受到文明的教育和熏陶；结合学校特点，不断增加新的活动内容和形式，举行一年一度的文化艺术节、科技节和体育节。

学校德育工作还充分注重发挥校园周边环境的育人功效。根据《花垣县教育局2005年教育系统学校及周边治安综合整治实施方案》的具体要求，结合我校具体情况，同所在地方政府、派出所紧密联系，设立了花垣县公安局三角岩派出所边城高级中学执勤点，以安全文明学校的创建为重点，落实整治校园周边环境工作方案，建立长效的工作机制，集中时间、力量，有步骤有计划地对学校周边环境进行全面整治，全校师生的工作和学习环境有了明显改观。

发展公益事业，是社会文明进步的要求，也是边城高级中学"建设和谐校园，回报和谐社会"的宗旨所在。学校积极动员师生参与各类社会援助和社会公益活动，援助贫困地区，资助困难家庭和学生，捐赠教学设备和教学用具，组织全体党员和团员青年参与志愿服务和义务献血活动。在2008年冬天抗击百年未遇的冰冻灾害中，学校组织教师与县委县政府领导和广大干部群众，积极投入到抗冰冻第一线。

二、"三制"改革，让竞争成为和谐的活性因子

学校坚持民主管理，实施"三制"改革。学校领导班子是一支年轻化、知识化、专业化的高素质团队。他们改革意识强，目标明确，工作高效，团结协作。在学校管理方面具有极强的整体协作能力、高超的管理水平和大胆的创新精神。

学校各组织机构健全，各项规章制度完善，践行依法治校。一是学校管理体系健全、职责明确、运转高速，充分地调动了教师的工作积极性。二是在管理上严格实行分层、分线、分块管理。分层管理即学校分校务会、教代会、行政、处室、年级组五个层次管理；分线管理即分德育、教学、共青团、文体卫、后勤五条线管理；分块管理即分语文组、数学组、英语组、文综组、理综组五个板块管理。通过这样系统的管理，确保了学校民主管理、政令畅通，提高了工作效率。

一年一度的教职工代表大会上，代表们着眼长远，顾全大局，同心同德，群策群力，以极其负责的态度，代表全校教职工行使民主治校权利和民主监督职能。每次都要提出若干个提案和若干条关于制度修订的中肯意见。大会不走过场、不搞形式。前两届教代会上，对修改后的规章制度进行表决，《教职工结构工资制度施行方案》获得了两张弃权票；而《教学质量评价方案》，更是因意见较多而未予通过，主席团提请学校行政责成教务处、教科室根据代表意见对《教学质量评价方案》作出全面修订。这很好地体现了在兴校、强校主题下的不同音符和谐齐奏，真正体现了教代会让全校教职工共同扛起治校大任、夯实治校基础的宗旨。

学校深入推进内部管理体制改革，全面推行校长负责制、教职工岗位竞

聘制、结构工资制制度。建立起学校用人动态管理新机制，实现了由固定用人向合同用人转变、由身份管理向岗位管理转变；深化分配制度改革，形成重能力、重实绩、重贡献的激励机制，使分配向关键岗位和优秀教师倾斜。同时，对不同的岗位进行年度目标考核，通过考核"奖优罚劣，奖勤罚懒，多劳多得，优劳优得"，并用末位淘汰、择优聘用的办法来实现"能者上，平者让，庸者下"。由此形成了一个教育集体应有的活力。边高人在群体的敬业精神和创新能力中践行自己的承诺。如果您对子女寄予厚望，就把他或她送到边高，因为那里是天堂，可以实现他的理想；如果你对子女有所失望，也把他或她送到边高，因为那里是炼炉，毛铁也能炼成精钢。

三、凝聚合力，和谐团结推进教科研工作

学校自创办以来，全校上下就一如既往地重视教学科研工作。通过面向全国，公开招聘了一批科研意识浓、专业知识扎实、基本功过硬的教师。在教科研方面，发挥团队合力，实行"备课组集体备课，课题组集体科研"的团结和谐的教科研模式，在全校范围内营造一种浓郁的学习、研究氛围。建立了教学、科研一体化的运行模式，促进了教师队伍和教育教学方式方法的不断优化，从而增强了学校发展的实力和底气，保障了学校的可持续发展。近一年多来，学校承担省级课题 12 个，州级课题 15 个，基本上做到了"人人有课题，个个搞科研"。通过大量的课题研究实践，教师教学方法得到了不断更新，积累了许多行之有效的课堂教学方式，积极推进了学生基本素质的全面发展，教师的专业水平和综合素质得到了提升，教学质量稳步提高，整体教育教学质量处于州内领先地位。

一大批教师不当教书匠，积极向研究型教师发展，认真开展课题研究。语文教研组长杨民世等 11 名教师主持申报的 11 个省级课题均已立项。在这些老师的带领下，全校有 85% 以上的教师参与了课题研究。

教育教学研究上硕果累累，一大批优秀教师脱颖而出。蒋喜翠等 21 位教师论文获省一、二、三等奖。68 位老师的论文参加了湘西州论文评审，无一人不获州级奖励。

四、素质教育，绽放出"和而不同"的个性异彩

边城高级中学是一所年轻的现代化的高级中学。2005 年招聘老师的时候，也有人对它的"三高（高起点、高规格、高速度）"发展目标表示怀疑。

时初任边城高级中学常务副校长的向祎同志说："尽管我们的压力很大，但是我们有强大的硬件优势、软件优势、师资优势，有天时、地利、人和。我们第一代边高人要尊重并创造性地运用教育规律，更多一点革新的闯劲。"果然，向祎同志从常务副校长到担任校长，边城高级中学始终以先进的"人本"理念办学，凸现了"素质为宗"的办学特色。建校两年多来，边城高级中学本着"关爱每个学生，发展个性特长；创办一流名校，提高整体素质"的办学宗旨，根据实际情况，以队伍建设、制度建设为重点，制定了学校发展的五年规划，逐步建立起良好的教育教学秩序，在学校管理、教育教学、教改科研等方面取得了显著成绩，赢得了良好的社会声誉。

边城高级中学在办学方向上扬弃传统应试教育的"唯智育"倾向，追求学生"德智体美劳"各方面素质的全面提升，实现个体特征千差万别的学生各臻其长。不在一个传统规格的教育模子里克隆受教育的对象，而是提供一切条件，力保学生实现自己个性化的学习需求。新课程背景下，学校高度重视学生学业成绩评价，借鉴新课改实验校的宝贵经验，结合学校实际，建立起较为科学的学生学业评价体系。评价关注学生的学习过程，做到定量和定性相结合，多个评价主体参与、多种评价方法并用，既考查学生分析问题和解决问题的能力及学生的情感、态度和价值观，又突出评价的激励与发展功能。

学校按因材施教的原则，实行分层教学，开设有 A、B、C 三个层次的教学班。学生层次有差异，特长有不同；但是没有"优生""差生"这些概念。根据学生个性发展，鼓励学生学有所长，帮助他们放飞梦想。学校有合唱、舞蹈、绘画、田径、电脑、书法、播音等 10 多个专业训练队，并配有专职指导教师，实施分层教学、常年进行训练，且为他们准备了丰富多彩的艺体活动。学校每年"元旦"前夕都要举行校园艺术节，评选"艺术新星"，组织学生参加各类考级、竞赛、表演等活动，在校园开辟学生艺术作品长廊，为学生提供展示才华的舞台。强化体育特长生的教育培训，2006 年起，学校与自治州体校实行联合办学，取得了显著成效，学校举重健儿在省十运会上勇夺九金。广大文化课教师关心特长生的文化和心灵的成长过程，细心辅导。学校艺术、体育专业生参加州县中学生艺术节、"三独比赛"、运动会等屡屡获奖，高考也取得了优异的成绩。

五、科学发展，满园桃李竞芬芳

正因为学校有一流的环境、一流的设施、一流的师资，更是有一流的管理，所以，办学以来边城高级中学教育教学质量逐年大幅递增，不断刷新花垣县高中教育纪录，成为了湘黔渝边区名副其实的教育明珠。

2006 年 5 月，在湖南省中学生物理、化学、生物奥林匹克竞赛中，学生罗宪鹏、龙安同学获州一等奖，另有数名同学获得二等奖。2006 年 6 月在湖南省中学生法律知识电视大奖赛中，晏迎亚等两位同学代表自治州参赛，获省一等奖。2006 年高考，实考分 600 分以上 10 人，档分 600 分以上 16 人，考上重点本科 35 人。2007 年高考，实考分 600 分以上 12 人，档分 600 分以上 12 人，考上重点本科 55 人。当北京大学录取通知书传到学校时，这个 20 多万人口的小县，沸腾起来了。特长生教育也是硕果累累。田宇、石献策、宋茂清获省第六届少数民族传统运动会男子甲组板鞋 100 米、60 米第三名；2007 年学校学生篮球代表队获得州中学生篮球赛男子第一名，女子第二名；两年以来，参加州三独比赛 10 余人次获一、二、三等奖，2007 年美术专业生考取中央美术学院、中国美术学院各 1 人。

2006 年 2 月，学校荣获花垣县"文明学校"荣誉称号；2006 年 5 月，学校团委荣获花垣县"五四红旗团委"荣誉称号；2006 年 6 月，湖南省综治办又授予学校"反邪教先进单位"荣誉称号；2006 年 7 月，学校晋级为"湘西自治州示范性高级中学"。2007 年 1 月，学校荣获"宣传思想工作先进单位"荣誉称号，学校党委获"花垣县优秀基层党组织"荣誉称号。2007 年 2 月荣获花垣县"文明学校"荣誉称号。2007 年 4 月，学校荣获湘西自治州"食品卫生 AAAA 级单位"。目前，学校正在申报"全国民族中学示范学校"和"湖南省示范性普通高级中学"。

边城高级中学乘全国上下积极建设和谐社会之良机，积极推进校内各项管理体制改革，谋求学校的跨越式发展，坚持"科学化管理、现代化设施、研究型师资、质量型成果"的总体发展思路，积极推行和谐校园建设，推进了湘西民族教育的发展，为新时代民族教育的发展做出了积极的贡献。

（本文系评选"全国和谐校园之星"上报材料，学校获"全国和谐校园之星"表彰）

规范教师教学行为，深入实施素质教育

今天在这里举办关于规范教师教学行为的讲座，我受学校委托，组织大家共同学习《湖南省教育厅关于进一步规范中小学办学行为的若干规定（十条禁令）》以及其他有关教育的政策及法规，与大家共勉。

一、统一思想，提高认识，明确规范办学行为的意义

（一）统一思想，提高认识的基点

统一思想，提高认识，就是要用科学发展观、现代素质教育理论理念来统一我们的教育思想及教育行为，提高规范办学的自觉性。素质教育代表着中国教育的方向，近几年来，教师的综合素质培训、校本培训、校长岗位培训的中心内容，都是在大力为推行素质教育服务。要求教育工作者及时转变教育观念，树立现代化素质教育理念，自觉地实施素质教育，这是我们从事教育工作必须有的思想理念。背离了就是违规，就会给教育造成损失。

（二）规范中小学办学行为是全面贯彻教育方针，培养合格人才的必然要求

胡锦涛总书记指出："实施素质教育，核心是要解决好培养什么人，怎样培养人的重大问题，这应该成为教育工作的主题。"培养什么人的问题已经明确，就是要培养德智体美全面发展的"四有新人"。但是怎样培养人，存在着各种模糊认识和做法。我们学校或多或少也存在一些缺失和不足，我们应予以充分认识。

中小学生是国家和民族的未来，中小学生素质的全面提高和身心健康发展，关系到整个国民素质的提高，关系到国家的前途和命运。我校某些违规现象，特别是不断增加学生课业负担的行为，违背了青少年儿童的身心发展规律和教育规律，是一种狭隘教育观念的反映。这种观念影响全体学生、全民族和全社会根本利益的行为，如不及时改变，势必影响一代人，甚至几代人的健康成长，影响我们的劳动者素质和整个中华民族素质的全面提高。《中共中央、国务院关于深化教育改革全面推行素质教育的决定》明确指出：

"减轻学生课业负担，已成为推行素质教育中刻不容缓的问题，要切实认真加以解决。"因此，我们必须高度重视，深刻地认识规范中小学办学行为、深入实施素质教育工作的必要性和紧迫性。

（三）规范中小学办学行为、深入实施素质教育是促进基础教育又好又快发展的紧迫任务

当前，我省基础教育已经处在更加注重内涵发展和质量提高的新的历史阶段，全面贯彻党的教育方针，全面实施素质教育，是实现基础教育又好又快发展的根本要求。但是我们也应看到，一些地方和学校存在的违背教育规律、办学行为不规范的现象，偏离了基础教育科学发展的正确轨道，严重阻碍了素质教育的深入实施，已经成为制约基础教育全面协调和谐持续发展的"瓶颈"。目前，迫切需要进一步深化基础教育改革，改革妨碍学生创新精神培养、实践能力发展的教育观念及教育模式，把学生从过重的课业负担中解放出来，让他们更多地接触自然、接触社会。我们要为开发学生探索精神和创新思维、禀赋和潜能，提供充分的时间和空间，努力办好人民满意的基础教育。

（四）规范中小学办学行为、深入实施素质教育，是检验学校办学水平的重要标准

规范中小学办学行为，是深入实施素质教育的基础，是素质教育的应有之义，事关中小学生的健康成长，事关中华民族整体素质的提高，事关中国特色社会主义事业建设者和接班人的培养。片面追求升学率造成学生压力过重，已成为教育事业"老大难"问题。破解这样的难题，既需要各级政府切实履行教育职责，真正将其纳入到政府重要议事日程，充分发挥其督察协调作用。更需要我们教育工作者自觉推行，以更加坚定的信念、更加创新的策略、更加得力的措施、更大的决心、花更大的气力、用更多的精力，在树立科学发展观理念上下工夫，在构建机制上下工夫，敢于破难点、打硬战，常抓不懈，综合治理，强力推进，真正解决好这个"老大难"问题。只有这样，群众才会更加信任学校，才会密切干群关系，密切学校和学生家长的关系，我们的工作才能得到群众和家长的支持，才能做得更好。

（五）规范中小学办学行为是促进基础教育健康发展的必然选择

加强学校管理，规范办学行为，严格讲就是保证中小学有良好的教育教学方式和秩序。反之，如果教学行为、招生行为、内部管理不规范，必然导致基础教育发展环境恶劣和混乱，就谈不上健康发展。

（六）规范中小学办学行为是推进依法治教、建设和谐教育的迫切需要

学校管理无序重要的原因是缺乏法制观念，受到利益的驱使和诱导，违反学生身心发展规律和教育教学规律，其结果必然影响社会的和谐稳定。因此，加强学校管理，规范办学行为，刻不容缓。我们要依照素质教育要求，自觉履行办学行为规范，我们应严格依照省教育厅《十条禁令》办学，按照教育规律治教治校，有效地做到依法治校，确保教育法规在学校内部管理中有效实施，为提高育人育才奠定坚实的基础。同时有效地保证上下"政令畅通"。

（七）规范办学行为是目前素质教育发展形势的需求

目前素质教育已发展到一个新的时期，教育正面临着四个重大转变。一是从重视速度、规模的发展正转向更重视内涵发展和质量提高；二是从重视义务教育的普及正转向义务教育的均衡发展；三是从重视学生的文化知识学习正转向更重视学生学习能力、实践动手和创新精神的培养；四是从重视升学教育正转向回归教育规律的教育。教育形势发展很快，我们要认清学校面临的严峻形势，与时俱进。要抛弃狭隘的教学价值观、片面的质量观、陈旧的人才观，依照教育规律办学，同时坚持正确的政绩观和成就观，实施有效的素质教育策略。

二、突破重点，明确要求，坚持不懈规范办学行为

当前，我们要坚持以科学发展观为指导，坚决贯彻党和国家的教育方针，严格执行国家和湖南省主管部门关于规范中小学办学行为的要求，以学校创建省示范性高中为动力，集中力量尽快解决好省厅《指导意见书》提出的四条意见中的问题，在半年之内，快速认真回归到素质教育的轨道上来，回归到依照教育规律办学的轨道上来。

（一）认真排查学校不规范的办学行为

我们学校办学时间虽然不长，但是在教育教学实践中，或多或少受陈腐的传统教育思想的影响，不规范的办学行为肯定是存在的。因此我们一定要以此次整改为契机，认真对学校办学行为进行排查清理，认真反思我们自己在办学过程中的违规行为，剖析其危害，查找其根源，扎实做好整改，进而受到一次深刻的思想教育。在排查当中，我们既要揭短、找不足，也要积极开拓新思维向学校建言献策。

（二）严于律己，严格规范自己的教育教学行为

我们要从严要求自己，着重在五个方面规范好自己的教学行为。一是坚持爱岗敬业；二是坚持关爱学生；三是坚持科学的教书育人方式方法；四是坚持终身学习不断充实提高自己；五是坚持为人师表做楷模。

1. 坚持爱岗敬业

这是教师职业的本职要求。没有责任就办不好教育，没有敬业就做不好教育工作。教师应始终牢记自己的神圣职责，志存高远，把个人的成长进步同社会主义伟大事业、祖国的繁荣富强紧密联系在一起，在教育实践中履行好自己的光荣职责，做一名合格的教师。学校培养的是祖国建设事业的接班人，培养出的人才不仅应该具有高深扎实的专业知识，还应具备良好的道德修养。学校给予广大学生的教育和影响并不因学生的毕业而中止，而是会在他们的工作和生活中继续产生着重大影响，甚至会伴随他们的一生，乃至影响到其子女和社会的其他人。因此，如何勇敢地面对压力，培养出满足社会需求的合格人才，教师的素质起着十分重要的作用。教师综合素质包括文化素质、科学素质、心理素质与道德素质。由于我们所从事的是教育人、塑造人的事业，因此教师的世界观、人生观和价值观，教师的言行都会通过这样或那样的方式，对学生的各个方面产生影响。但作为一名优秀的教师，仅有好的师德是远远不够的，还应该提高自身的魅力来吸引学生。一个教师的魅力涉及诸多因素，其中最重要的是文化素质和道德修养，两者不可或缺。一个道德修养良好，但是知识水平不够或者知识水平很高但师德很差的人都不是一名十分有魅力的教师。只有两者兼备、爱岗敬业的教师才能吸引学生，成为学生心中的楷模及良师益友。我们应注重自身道德情操的修养，通过言传身教，教给学生做人的道理。教师要对自身在事业发展中的作用有清醒的认识，要争做事业发展的推动力，不能把自己混同一个普通的群众，要克服工作一般化的倾向，要有争创一流的意识，从思想上、行动上、作风上严格要求自己。

2. 坚持关爱学生，实施"爱"的教育

苏霍姆林斯基说过："没有情感、没有爱，就没有教育。"做一名教师要热爱学生，教书育人。古人云："经师易遇，人师难求。"作为教师，做一个经师并不难，难的是做真正的人师。今天面对市场经济的大潮，教师更应该明白：既要做经师，又要当人师，教书与育人"两手都要抓，两手都要硬"。教师对学生的爱是一种只讲付出不记回报的、无私的、广泛的且没有血缘关系的爱，这种爱是神圣的。多年的教育教学经验告诉我们，一个好教师必须

要爱学生，尊重学生。

我们知道教育活动是双向的，教师尊重学生，才能赢得学生的尊敬；学生尊重教师，教师的教育活动才会卓有成效。教师尊重学生，首先要尊重学生人格。教师对学生有管理教育的权利，但在人格上与学生是平等的。现在的学生自尊心很强、很有个性。如果教师总是"高人一等"的话，教师与学生的隔膜就会产生，就谈不上对学生的爱。

教师应该是平易近人的，对学生的关爱是发自肺腑的。这种爱既是无微不至的，又是不由自主的、时时刻刻的。校园里，面对学生的时候，不是礼节性地点点头、招招手，而是充满真诚地说声"孩子，你好！"；气候突变，当我们感受寒冷或燥热时，是自然急切地提醒学生"多穿一件衣服""热了吗？快脱一件衣服"；节日来临，买上一些学生喜欢吃的糖果、点心，与学生共庆佳节、互赠贺卡；在课余，与学生一起评论，甚至争论一下国家时事、社会时尚等；在班级管理上，发扬民主作风，不把自己的话当金科玉律，要心平气和地对待学生的不同意见，并勇于承认自己存在的缺点和不足；批评学生的错误和缺点时，要努力克制自己的情绪，宽容地给学生一个辩解的机会，激发其奋发向上，努力改正；面对优等生时不偏护，面对后进生时不暴躁，要坚信风雨过后总会见彩虹……

从某种意义上讲，教师的真正尊严，并不是我们个人的主观感受，而是学生对我们的道德肯定、知识折服和感情依恋。在我们所带的班级里肯定有几个不讲道理，甚至可以说是无理取闹的学生，我们在开始接触时，一定很不习惯，心里总有股火气想训斥他们。但冷静下来的时候，仔细分析他们的现状，就会觉得他们这种品行不是一朝一夕养成的，而是长期积累的结果，与其家庭及所处的环境有很大的关系，想要一下子改变也是不可能的。如果我们故作尊严，甚至以牺牲学生的尊严来换取自己的尊严时，学生根本不会买我们的账，甚至会向我们投来冷漠的眼光；当我们随时注意维护学生的尊严，尊重学生的人格时，学生就会把他们的爱心和敬意奉献给我们，教师的尊严丰碑便能在学生的心中树立起来。

爱学生是教师职业道德的核心，也是教师忠诚于党和人民的教育事业的具体表现。不爱学生的教师绝不是好教师。教师爱学生就要了解他们。了解他们的爱好和才能，了解他们的个性特点，了解他们的精神世界。对一名好教师而言，只有了解了每个学生的特点，才能根据他们的不同特点进行因材施教。除此之外，要对所有学生一视同仁，不能厚此薄彼，不能凭个人好恶或成绩好坏而偏爱、偏袒某些学生或冷落、歧视某些学生。不侮辱学生人格，不讽刺挖苦学生。对那些有生理缺陷，自卑心理强的学生要特别关心，帮助他们增强信心和勇气。只有这样，才能赢得学生的尊重与信任，从而保障教学的顺利进行。

3. 坚持科学的教书育人方式方法

教师要努力转变教育观念，摒弃时间加汗水的教学方法，科学地依照教学规律，把自己的课堂改革作为全面推进素质教育的关键环节来抓，注重学生思维创新教学，努力培养学生的创新能力。转变"辅优教学"改为面向全体教学；转变"教和学"的方式；把课堂教师单向"灌输"，改为"双向和多向"交流与合作；要调动学生学习的积极性，使学生想学、乐学且能会学；不断认真探索、不断总结经验，提高课堂教学效率，向课堂45分钟要质量；课余积极组织引导学生自主创新发展的教学活动，让学生开阔视野，增长才干；积极热情地参加教育改革，提高新课程教学的实施水平。

4. 坚持终身学习

终身学习是时代发展的要求，也是由教师职业特点所决定的。教师必须树立终身学习的理念，拓宽知识视野，更新知识结构，潜心钻研业务，勇于探索创新，不断提高专业素养和教育教学水平，形成自己的教学风格。一名合格的教师要终身学习，不断充实自己，特别是理论的学习，要树立先进思想意识，自学马列主义、毛泽东思想、邓小平理论、科学发展观，并要结合职业特点，重点学习领会邓小平教育思想，并融会贯通于工作实际。教师要立足岗位，解放思想，勇于进取，在教学思想、教学管理、教学方法上大胆探索，做出无愧于时代的业绩。培养高水平的学生要求教师学识渊博，俗话说得好，教师要给学生一杯水，自己首先要有一桶水。特别是在现今教育改革的浪潮中，我们教师要站在改革的前沿，多学习符合改革的教育教学理论，把教育教学理论运用于实际中，并不断反思、改进。在知识经济时代，知识更新速度越来越快，每个人都会面临落伍的危险。在未来社会中，无论从事哪种职业，都将存在终身学习的需要。如果不经常学习，人们的知识结构很快就会落后于社会的需求。作为教师，我们应该紧跟当代知识和技术的发展步伐，熟练掌握现代教育技术的操作及应用，对所教专业，要常教常学，加强和同行间的信息交流，了解掌握本学科的最新信息和科研成果，以满足学生强烈的求知欲。终身学习是时代发展的需求，也是对教师最根本的要求。我们要不断学习，不断充实自己，以跟上时代发展的步伐。

5. 坚持为人师表做楷模

教师要坚守高尚的情操，知荣明辱，严于律己，以身作则，在各个方面率先垂范，做学生的榜样，以自己的人格魅力和学识魅力影响学生；关心集体，团结协作，尊重同事，尊重家长；作风正派，廉洁奉公；自觉拒绝有偿家教，不利用职务之便谋取私利。

一个人民教师应当师高为范，崇德重教。学校的办学理念是"以德立校"，这既是对学生而言，也是对学校而言，更是对教师的要求。楷模榜样的力量是无穷的，教师要以德育人育才，以师表的力量感染人。但是我们生活在一个现实的社会中，多元化观点影响着人，特别是商品价值观诱惑着人们，也诱惑着我们教师，因而我们应顶得住各种负面诱惑，因为我们能明耻知荣，坚持胡锦涛总书记倡导的社会主义荣辱观。"八荣八耻"是我们的行为准则，教师职业道德是我们的言行规范。当然这些规范要求相对一般百姓要求要高，但是我们教师自从选择这一职业的第一天，就已经以事业为主，对自己定位不同于一般百姓。在校内教育教学还得依照学校的各项规章制度，依照教师课堂教学行为规范施教。校内校外注意形象，因为教师形象既表现一个人的品德，更展示一个学校的风貌。

百年大计教育为本，教育大计教师为本。社会的发展离不开教育事业，离不开教师的辛勤劳动。我们今天要做一个好教师，不仅需要知识渊博，还需要规范的行为，更需要良好的师德。只有不断学习，自觉遵守教师职业道德规范，加强自身修养，陶冶师德，提高道德水准，做到以德修身，以德育人，方能赢得社会的尊重，也才无愧于"人类灵魂工程师"的光荣称号。

人文和谐，奋进创新，撑起民族教育的蓝天
——边城高级中学创省示范性普通高级中学工作汇报

一、学校概况

我校系湘西自治州内苗族聚居地的一所普通高级中学，因大文学家沈从文的小说《边城》而得名，当代著名画家黄永玉为其题写校名。

创建省示范性普通高级中学是花垣县委、县政府对全体边高人的重托，是花垣县 27 万各民族人民的共同心愿，也是我校发展史上的一件大事。建校四年多来，特别是 2008 年省示范性高中初评后，我们坚持科学发展观，大力推进素质教育，认真贯彻党和国家的教育方针、政策，不断规范办学行为，努力提升办学水平，使学校得到了快速发展。

办学四年多来，学校坚持"以人为本"的科学发展观，坚持教育为少数民族地区培养人才的目标，在建设州、省示范性普通高级中学的道路上迈出了坚实的步伐。

二、创建工作

花垣县委、县政府在边城高级中学建校之初，就给学校提出了五年内实现创建湖南省示范性普通高级中学的工作要求，并于 2008 年 6 月正式向湖南省教育厅提交了申请报告。省教育厅于 2008 年 11 月 3 日组织专家组对我校创建工作进行了初评，并下达了《关于花垣县边城高级中学创建省示范性普通高级中学的指导意见书》。我们及时向全体教职工传达意见，组织学习，并按照要求进行认真整改。我们创建工作的主要做法是：

（一）加强领导，健全机构

成立县、局、校三级创建机构，并明确各自的职能和责任。县成立以主管副县长廖昭俊同志为组长的创建领导小组，主要负责与州教育局、省教育厅的沟通和联络，对县直部门的领导、督查以及相关领导的联络和创建工作的指导；局成立以局长黄志敏同志为组长，主管副局长杨通富同志为副组长的创建领导小组，主要负责协助和具体指导学校做好创建工作；学校成立以校长向袆为组长、党委副书记田昌洪为副组长的创建领导小组，并专门成立创建办公室负责创建工作。

（二）强化宣传，凝聚共识

学校把创建省示范性普通高级中学作为头等大事，通过会议、宣传橱窗、校园网、校园广播等多种途径，多角度全方位地向全校师生宣传创建工作的目的、意义、任务和要求，组织全体教职工认真学习《湖南省示范性普通高级中学建设标准》《湖南省示范性普通高级中学管理办法》及省厅《指导意见书》，使全校师生深刻地认识到创建省示范性普通高级中学，是学校提高教育教学质量，提升办学育人水平，增强核心竞争力，实现科学发展，走可持续发展之路的迫切需要和必然选择。

（三）突出重点，措施落实

一是严格按照《湖南省示范性普通高级中学建设标准》，进一步完善教育教学硬件设施。投资 30 余万元改造高考监控系统，投资 80 余万元建设校园安全防范系统，投资近 200 万元建设多媒体教学系统，投资 2.1 万元建设机器人竞赛培训室，投资 11 万余元建设通用技术实验室，投资 40 万元新购图书 4.5 万册。二是严格按照《湖南省示范性普通高级中学建设标准》《湖南省示范性普通高级中学管理办法》及省厅《指导意见书》要求，对存在的问题和不足采取有效措施，认真进行全面自查和整改，使学校的办学行为进一步规范。三是本着"以评促建，以评促改，以评促管理，以评促发展"的思想，修订和完善了学校的规章制度，进一步加强教师队伍建设，全面加强教育教学过程管理，切实提高管理的质量和效益，不断增强学校的示范性。

三、办学实践及体会

（一）树立正确的办学思想和先进的办学理念，使学校实现科学发展，充满生机和活力

我校是在花垣县委、县政府秉承朱镕基总理嘱托，建设"教育强县"的背景下建立起来的。2001 年 4 月 7 日，朱镕基总理来到花垣，重温了自己在国立八中迁校花垣时的那段高中求学岁月，并激励花垣的领导和教育工作者要更好地办好高中教育，为民族地区培育人才，提高民族地区人民群众的整体素质，服务民族地区经济和社会发展。如何实践总理嘱托，办好全新的边高成为全体边高人必须解决和回答的首要问题。通过认真学习和探索实践，在广泛调查和深入研究的基础上，我们达成了共识，明确了我校的办学思想，即坚持"以人为本，素质为宗"的办学理念，依照科学发展观，全面贯彻党的教育方针，扎实推进素质教育，培养全面发展的"四有新人"；形成了"以人为本，以德立校，质量兴校，科研强校"的办学思路；提出了在五年内实现"建校—兴校—创省示范校"的发展目标；确立了"厚德、励志、求实、创新"的校训；逐步形成了"人文和谐，奋进创新"的校风，"爱生、敬业、博学、善研"的教风，"勤学、善问、精思、笃行"的学风及"诚实、认真、细心、守纪"的考风。

（二）构建民主和谐的管理模式和运行机制，实现管理的科学化、制度化和规范化，保障学校内部运转的优质和高效

学校实行校长负责制、教师聘任制、岗位责任制和结构工资制。形成了

校长全面负责，党委支持保证，校务会审定，教代会监督，各处室部门具体实施的分层管理机制；形成了全员一年一聘，竞争上岗机制；形成了按劳付酬、优质优酬，实行基础工资、课时津贴、教学质量奖组成结构工资的利益分配机制；形成了实行目标量化管理，各方面的工作都纳入目标考核范围的岗位责任制度。同时，学校追求有效发挥人的潜能，实施人文管理，人文激励策略。以发展目标凝聚引领人，用学校五年发展规划大目标凝聚引领教职工；以民主管理激励人，逐步完善党组织监督保障制度、干部民主测评制度和校务公开制度；以人格力量教育人，用榜样和典型高尚的人格和学识魅力去影响和教育人；以学校确定的校风、教风、学风、考风熏陶人；以情感投入关心人，当教职工个人及家庭出现困难时，学校积极主动为之排忧解难。

学校有较为完善的领导机构和管理网络，党政工团妇机构健全，设有三处（教务处、政教处、总务处）三室（办公室、教科室、督察室）两委（党委、团委）两中心（信息中心、服务中心）一会（工会），基层以年级组为单位。各种规章制度、岗位职责汇编成书，有中长期发展规划和年度工作计划，各处室、部门有学期工作计划和相应的工作总结。学校管理严谨，校风校纪良好。

（三）注重队伍的建设和管理，以优良教风为目标，不断提升队伍的职业道德水平和教书育人技能

1. 加强领导班子建设，提高班子的专业水平，增强工作活力

我校校级班子由 8 人组成，均系中学高级教师，本科以上学历。有经"群众推荐、民主测评、竞聘上岗"的中层干部 13 人。领导班子结构合理，年富力强，具有现代教育思想和办学理念，熟悉高中教育规律和教学业务，能熟练掌握现代教育技术手段，并应用于学校管理和教学之中，办学治校成效显著。班子建设以增强"决策力、影响力、执行力、凝聚力、创新力"为目标，一是抓好领导班子成员的"三个示范"，即思想示范、教学示范和行为示范；二是抓好领导班子成员现代教育理论和现代管理理论，党的教育路线、方针和政策，现代教育技术手段及理论的学习，努力把领导班子建设成为有决策力、影响力、执行力、凝聚力、创新力的团结、务实、勤奋、创新的好班子。

2. 抓好教师队伍建设，整体提升教师队伍素质，促进教师专业成长

我校十分注重教师的成长和发展，以创建省示范性普通高级中学、"湘西自治州学习型学校"为抓手，以建设优良师风为目标，认真实施"五项工程"。

师德工程。积极开展一系列的师德主题教育活动，大力表彰教职工中爱岗敬业的先进典型，弘扬正气，营造敬业奉献的师德氛围，形成学习先进、争当先进的良好风气；在党员中提倡"践行社会主义荣辱观，争当边高排头兵"，号召党员教师发挥模范带头作用。加强教师的法制教育，组织教师认真学习《教育法》《教师法》《未成年人保护法》等相关法律，增强教职工依法执教的意识。

名师工程。积极发挥校内特级教师、"州学科带头人""国家、省、州级骨干教师"的引领作用，聘请校外专家和名师到校讲学，对教师进行专业引领，不断提高教师的教学水平；定期开展优质课竞赛、创新课大赛等活动，给教师创造展示教学水平的平台，不断挖掘教师的潜力；积极选派教师参加省、州各种教育研讨活动和各级教学评比，扩大我校优秀教师的影响力，提高他们的知名度。学校现有特级教师2人，州级学科带头人4人。

青蓝工程。组织老教师与青年教师结对帮扶，每年组织"教坛新秀"教学比武和青年教师述职报告会，帮助青年教师尽快提高教育教学水平。

教研工程。以研促教、以研促改、以研促学、以研促发展。

保障工程。建立激励机制，从培训资金等方面为教师培训提供有力保障。

"五项工程"的实施，教师的现代教育观念有了明显的增强，教育研究水平和教育教学水平有了显著提高，师资队伍向精、强、高、优方向发展：四个课件送省参评分别获一、二等奖；教师优质课参赛获省一等奖2人、省二等奖4人、州一等奖6人；学生课堂教学满意率达95%以上。

（四）坚持德育首位，突出德育工作的层次性、针对性、时效性和网络化，积极探索德育工作新途径

四年多来，我校始终围绕培养"四有新人"（有理想、有道德、有文化、有纪律）的要求，以"王爱教育"为主线，以《中学生守则》《中学生日常行为规范》为准则，以班级目标管理量化考核和学生德育评价量化考核为基本内容，以学生"8周成功计划""我的成长记录""零垃圾方案"为切入点，以课堂教学为主阵地，以学生良好的行为习惯、学习习惯和生活习惯养成为目标，形成了课内与课外、学校与家庭、学校与社会三结合的德育工作网络，建立起融学生自我管理、学习小组协作、任课教师激励、班主任督促为一体的德育工作机制。

一是学科教学渗透德育，把育人与学科教学有机融合起来，充分发挥课堂教育的主渠道作用，实现教师在教书中履行育人的使命。

二是救助贫困生，实施感恩教育。

三是开展系列教育，以"8 周成功计划""我的成长记录""零垃圾方案"为载体，使文明养成教育经常化。

四是推进德育科研，有效提升全体教师的德育理论水平和实际工作技能。

五是坚持做到"四化三人"。德育工作阵地化，抓好班级、业余团校、业余党校、家长学校、校外德育基地等德育教育阵地建设；家校联系常规化，开展好"五个一"活动，即每期召开一次家长会，举办一次育人讲座，校报推出一期育人专版，校园网站推出一个家教专栏，每周发出一次"校园短信"；德育教育实践化，每期聘请老干部、老专家来校进行传统教育，定期组织学生走出校园，参加社会实践活动；德育活动载体化，每年举行"我爱边高"演讲比赛、"边城风"诗歌朗诵比赛、边高形象代言人评比、教师节感恩等系列活动，在活动中育人；参与公益事业感化人，组织师生积极参与社会公益活动，资助贫困学生金额达 70 余万元，汶川抗震救灾，师生捐款近11 万元；自主管理培养人，充分发挥学生干部作用，在自我管理中得到成长；浓厚校园文化熏陶人，建设良好的校园文化，使校园成为学生求知和陶冶情操的乐园。

由于德育工作领导得力，制度健全，措施落实，因此工作成效十分显著。全校学生思想品德评价合格率达 99% 以上，优秀率达 88% 以上，学生违法犯罪率为零，学校被评为"湖南省安全文明校园"。

（五）突出教学中心，认真落实"科研兴校"，全面提高教学质量

1. 狠抓教学常规的落实，做到五个"坚持"

坚持按教育部和省颁布的标准开齐课程，开足课时；坚持面向全体学生，因材施教，发挥教师的主导、学生的主体作用；坚持在教学活动中渗透德育内容；坚持抓好"备、讲、批、辅、考"各个教学环节，提高课堂教学效率；坚持从实际出发，实施有效教学，提高课堂教学质量。

2. 加强常规工作过程管理

重点做好常规检查和评估工作，建立年级组长、教研组长和备课组长周查，教务处月查的教学常规检查制度。同时，将定期检查和不定期检查、普查和抽查以及专项教学检查密切结合，将检查结果作为教师、年级组和教研组考评的重要依据，并与教师的月结构工资、效益工资、年度评优评先、进修及聘用紧密挂钩，激励先进，鞭策后进。

3. 积极稳妥地推进新课程改革

学校专门成立课程改革领导小组，全面负责新课程的实施。2007 年秋在高一年级全面启动新课程教学改革。在探索实践中提出了"为学而教""学后再教"的新思路，总结并实施"471"学习策略（即学习的四个过程、七个学习习惯、一个"成长记录"），自创"备、探、测、议、展、评、温、拓"的"八环节"和"四落实"（自测落实、日测落实、周测落实、月测落实）的教学模式，把课堂还给学生，实现生与生、师与生互动，教与学互补，自主学习、合作学习和探究学习相互渗透，师生激情高涨。我校的这一探索引起了省厅的重视，先后两次委托省教育学会领导、专家来校进行调研和指导。在 2009 年 9 月 27 日由省教育学会主办的湖南省第二届新课程中学校长论坛上，副校长唐冰军代表学校所作的"改革课堂教学，培养学生良好学习习惯"的典型发言，得到了与会领导、专家及同行的重视和好评。

4. 积极开展教育科研

教育科研是提高教育教学质量，提升教师素质的必由之路。我校坚持"贴近、贴紧、贴实"的原则，着力抓住"四个点"：抓立足点——解决课堂教学中的实际问题；抓着眼点——理论与实际的结合；抓切入点——教学行为和学习方式的有效转变；抓生长点——研究创新，提高实效，使教育科研成为学校发展的内驱力。四年多来，我校承担州级以上课题 24 项，参加教师达 177 人次，呈现出"人人有课题，个个搞科研"的发展势头。在课题的理论与实践研究中，广大教师的理论素养有了较大提高，教研、教改成绩斐然。据不完全统计，四年多来，教师在省级以上报刊发表论文 86 篇，交流评审获奖论文 132 篇，开发校本教材 10 种。

5. 运用现代教育技术，提高课堂教学效率。

为给师生建设良好的信息网络环境，学校除配置高规格的硬件设施外，加强了对师生的信息技术能力培训。学校开设信息技术课，确保学生信息技术操作能力达标。学校开展教师现代化教育技术培训，使 100% 的教师能运用多媒体及计算机进行辅助教学，能在校园网上搜集、阅读、整理教学资源，80% 以上的教师能制作电子课件。

6. 注重音体美及综合实践教学，促进学生全面发展

学校认真贯彻执行《学校体育工作条例》和《学校卫生工作条例》，在坚持开展好音体美教学工作、抓好"两操一课一活动"的同时，积极开辟第二课堂，组织成立了文学社、合唱团、舞蹈队、篮球队、田径队、书法美术

兴趣小组、科技兴趣小组等学生社团和学科兴趣小组，定期开展活动。此外，还坚持每学期组织卫生健康教育讲座，每年举办学生田径运动会、"元旦文艺汇演"、师生书画作品联展、科技节、社团节等活动，较好地促进了学生的全面发展。2006年6月，我校学生代表自治州参加湖南省中学生法律知识电视大奖赛荣获一等奖。校田径代表队在2008年"全州中学生田径运动会"上，荣获团体总分第五名及体育道德风尚奖。全州中学生篮球运动会，2007年校男女代表队分别夺得第一名、第二名，2009年校女队荣获第二名。在全国少数民族运动会上，我校四名学生喜获银牌。组建的500人学生体操表演队成功地完成了州庆50周年和全州十一届中小学田径运动会的大型团体操表演任务。四年多来，学生体育成绩合格率达100%，达标率在98%以上。音体美特长生高考上线153人，录取114人。参加学科及科技活动竞赛，15人次获国家级奖励，14人次获省级奖励，139人次获州级奖励。

四年办学，较好地实现了"打好基础，发展特长，减轻负担，提高质量"的目标。四届高中毕业生毕业率为100%，高考上线率逐年提高。特别值得一提的是，在湖南省2009年首次高中学业水平考试中，我校九科一次性合格率为89.96%，成为湘西自治州受到省教育厅通报表彰的唯一学校。

继往开来，再创辉煌
——在省示范性普通高中授牌仪式上的讲话

在这春暖花开的美好季节里，我们迎来了边城高级中学喜授"湖南省示范性普通高级中学"匾牌的大喜日子。在此，我代表学校4800余位师生向来自四面八方的领导和嘉宾表示最热烈的欢迎和最衷心的感谢！

我作为边高创校—建校—办校的创业者和见证人，谨向一向关心支持我校发展壮大的各级领导和嘉宾、向捐建边高的有识之士致以崇高的敬意，向创绩奉献在边高的教职工敬礼。

今天，我们大家欢欣鼓舞，汇聚一堂，庆贺边高挂上省示范性普通高中匾牌。这是一个喜庆的日子，是一个怀念的日子，也是一个感恩的日子，更是一个激奋的日子。此时我的心情格外激动，我要吟诵一首佳作："昨夜风疾雨骤，今日艳阳高照。长虹飞架北清，菁园分外妖娆。"这首诗的作者就是我们的州委常委、副州长吴彦承同志。这首诗道出了六年前的真情实景，道出了边高五六年来走过的风风雨雨，寄寓着对边高的厚望，更展望了边高的未来。今天，我们怀念、感恩花垣县 27 万人民以及花垣县委、县政府和关心支助边高的领导嘉宾。边高是花垣的边高，边高今天"菁园分外妖娆"是花垣人民的骄傲。

今天我们激奋，激奋是因为我们领受到党和政府的关怀，领受着社会各界的支持。激奋还因为我们还很稚嫩，但有一点不会让人失望，那就是我们永远不会放弃崇高，不会放弃追求。我们将坚定不移地依照科学发展观，遵照教育教学规律，在现代教育的轨道上快速前进。

这个特殊的日子让我们明白，记住历史是一种幸福，怀念恩情是一种幸福，创新未来也是一种幸福。我们将把往后每一天当作历史来写，让我们超越平庸，超越功利，把边高办成人民满意的学校，办成名副其实的高水平的省示范性普通高中。

务实德育，确保德育首位

育人是学校工作的核心。边城高级中学按照邓小平"三个面向"要求，结合现代湘西花垣实际，自觉地把德育工作摆在重要议事日程上。为确保德育首位，学校提出了"以人为本，素质为宗"的办学理念，确立了"培养世界的边城人"的育人目标和德育工作按照"先成人，后成才"的分步走思路，摸索教育规律，引导并规范学生言行，形成了"德育为首"的共识。

学校德育围绕培养"四有新人"的要求，以"五爱"教育为主线，以《中学生守则》《中学生行为规范》为准则，以班级目标管理量化考核和学生德育评价量化考核为基本内容，以活动为载体，注重实效，时时创新，与时俱进地进行德育工作，确保把德育放在首位。

一、建立德育领导机构

有效的德育管理是学校教育教学的基础和保证。为使德育工作真正落到实处，学校成立了由校领导、各处室负责人、年级组长、共青团负责人组成的德育工作领导小组。形成了"校领导—各处室负责人、年级组长—班主任—任课老师—学生、党委—团委—团支部、学生会—班委会—学生、学校—社会—学生、学校—家庭—学生"的德育工作网络，在学校德育领导小组的统一部署下各有侧重地开展多层次、多形式的德育工作，真正做到多方配合，齐抓共管。同时，健全了系列管理制度，如《学生一日常规》《学生干部工作职责》《学生财物管理规定》《学生参加社会实践的规定》《升降国旗制度》《学生思想品德评定细则》《三好学生、优秀学生干部、学习标兵评选奖励办法》《安全管理规定》《学生公寓管理暂行规定》《学生集会规定》《环境卫生管理制度》《食堂管理规定》《公物赔偿制度》《学生违纪处分条例》《文明班集体、优秀班主任评比条例》《班主任工作管理细则》等德育常规制度，从而促进了德育工作制度化、规范化，保障了学校德育工作有效开展。

二、畅通班主任"渠道"

学生的政治思想工作，主要依靠的是班主任。班主任是学生在校学习生活的主要组织者和思想品德教育的主要引导者。因此，学校非常重视对班主任的选拔和培养。学校选拔称职、思想观念积极健康而又有责任心的教师担任班主任；明确班主任的职责及学校对德育工作管理（包括对班级管理）的要求；要求政教处经常召开班主任工作会议，校长参加，主管德育工作的副校长主持会议，通报信息，交流经验；建立了班级管理月考核的工作制度，班主任每天必须做到"三查四到"，及时了解学生的思想行为动向，经常与学生谈心，召开主题班会，抓班纪班风，促学风，使班级工作更有实效，让学生在班集体中养成良好的行为规范与思想品德。

三、构建学校、家庭、社会三结合的德育体系，营造学生成长的良好社会环境

学校在发掘自身德育工作潜力的同时，积极发挥家庭和社会在培养和教育学生上的重要作用。2005 年 10 月学校牵头成立了家长委员会，建立了学校家庭联系制度，定期召开家长委员会会议，定期召开家长会，做好家校沟通，争取家长对学校工作，特别是德育工作的理解与支持。同时还紧紧依靠社会力量的帮助，请求州、县关工委来校指导，邀请领导干部、劳动模范、科技人员来校作主题报告，聘请法制工作者任法制副校长，作法制教育报告，

讲授法律常识和现代科学技术知识，让学生在教育中感悟民族精神，逐步将其内化为自身的精神品格。

四、建立人人参与德育机制，做到教书育人，管理育人，服务育人

建校初期，学校倡导教师"热爱边城高级中学、建设边城高级中学、奉献边城高级中学"；"一五"规划期间，学校倡导教师树立"大人才观"，做学生的"保姆""导师"以及"灵魂的工程师"。进入"二五"规划，学校倡导教师树立"三个意识"，即教学工作是学校中心工作、教育质量是学校生命线和提高教育质量匹夫有责的意识；强化两种素质，即师德素质和业务素质。具体做法：一是努力提高教职工队伍的政治思想素质，加强职业道德教育，狠抓师德师风建设，认真开展行风评议工作，塑造良好师德形象；二是以身作则，规范教职工行为，做学生的表率，杜绝体罚学生、驱赶学生等影响学生身心健康的不文明行为。

五、实行年级组德育负责制

学校把全校分为高三、高二、高一、初中四个年级组，分别由一位副校级领导主抓年级组的教育教学、学生日常管理等工作。为了充实年级组管理力量，学校还从各年级优秀教师中选出政治素质硬，业务能力强的教师担任班主任，并安排一位专职管理员，负责对本年级组全体教师的工作过程进行考核。通过多年实践，责任制实施效果良好。

六、开展常规德育课程系列活动

每周一早晨，学校都要组织全校师生举行升旗仪式，升旗场面庄严，秩序井然。为使这一活动充分体现教育性，校团委选拔品学兼优的学生组成升旗手。"在国旗下的讲话"除重大事项和节日由校长主讲以外，大多数交由品学兼优的学生主讲。学生们视之为最高荣誉，这种作法产生了巨大的激励教育作用。

每年的 3 至 4 月，为本校学雷锋活动月，学校评选奖励学雷锋先进集体和积极分子，并以此推动学雷锋活动的深入开展。

学校以节日为中心开展系列活动，形成了学校的活动课程，并在活动中

渗透德育教育，以活动育人。学校实施学校、家庭、社会"三结合"教育策略，发动社会各界的教育力量，使家、校、社会形成教育合力；开展社会实践活动，真正提高学生学习与实践相结合的能力；参加公益劳动，锻炼学生的劳动能力，培养热爱劳动、乐于助人的美德。

七、利用学科渗透进行德育教育

学校要求各学科教师根据本学科特点，寓德育教育于各科教学内容和教学过程之中，政治教师要在教学之中，向学生系统地进行思想品德教育；历史教师引领学生穿行在我国五千年灿烂的历史长河中，使爱国主义教育、历史唯物主义教育水到渠成；语文教师利用教材中丰富的思想品德教育素材，因势利导地对学生进行爱国主义、社会主义及中华民族优秀文化传统教育；数、理、化、生等自然学科的教师，在教会学生运用缜密的逻辑思维、合理的科学演绎解决问题的过程中，也把辩证唯物主义的世界观和方法论传达给学生；外语教师则引导学生学习外国先进科学技术，吸收世界各国的文明成果，培育走向世界的雄心壮志；音乐、美术课对学生进行美的熏陶，提高学生的审美能力；体育课培养学生健康体质和战胜困难、顽强拼搏的精神。

八、加强学生心理健康教育

2005 年起，学校组织广大教职员工认真学习《中小学生心理健康教育指导纲要》，要求班主任和管理教师与学生开展谈心、交心等心理咨询活动，尤其加强了对高三年级学生的心理健康教育，要求毕业班班主任每期与每位学生进行两次以上的谈话。学校开办了学生心理健康讲座，开设了心理咨询室并安排专人开展工作。

九、助学感恩教育

学校十分重视对学生扶危济困、助人为乐和美好思想品德的培养，通过开展捐助活动，将"一方有难，八方支援"的思想内化为学生自身的道德水准标尺和行为准则。每学年学校都要组织师生为特别困难的同学捐款，为灾区人民捐款。

自 2007 年实施"我的成长记录"管理以来，学校对学生德育评估实现了常态化。学校依凭"我的成长记录"这一载体，实施学生德育常态化管理：每周学生本人、学习小组、班主任、责任教师，对学生本人进行一次评估；一期结束前，学习小组、班主任、责任教师，对学生本人进行一次综合性德育评估，议定等级；班主任还对学生进行评语式评价，填写在学生成绩通知书上，让学生交于家长。通过这些举措使得学生在校思想品德表现良好，举止文明，学校学风好，历年学生思想品德评估合格率均为 100%，学生犯罪率为零。

（原载于《边城高级中学校志》）

让每一个中学生都健康地成长
——课题《民族地区中学生学业不良表现及教育对策的研究》阶段报告

边城高级中学《民族地区中学生学业不良表现及教育对策的研究》课题组自 2009 年 9 月接受该课题研究以来，历经了开题论证会、培训研究人员、确定研究对象、进行专项内容的研究调查等四个步骤，从中探索总结民族地区学生学业不良种种表现，寻求解决相关问题的有效对策，时已一年多，课题研究已取得了一定的成绩，现将我们研究的情况进行报告。

一、正确的选题

教育科研的专业人员说得好："问题即为课题。"我们作为工作在教育第一线的教师，从早到晚面对的是一个个天真活泼可爱的学生，他们的健康成长，是我们的职责，是我们工作的意义。若未能如此，则是我们的失误。然而现实中有一部分学生，他们学业表现不良，严重阻碍着他们的健康成长，尤其是民族地区的中学生学业不良表现更为突出，这个问题很值得探讨。

据湖南省 2009 年高中学业水平考试学生成绩统计分析得知，"湘西土家族苗族自治州学生各科一次性及格率为 63.19%，有 36.81% 的学生存在学科学业不良。而我省内发达地区，如株洲市各科一次性及格率为 80.08%，相比之下，湘西民族地区高中学生学业不良状况整体偏高"。

触目惊心的差距，教师的职责，驱动着我们寻求改观对策的决心，为改变民族地区学生学业不良现象，我们立下研究的课题。我们的认识与科学分析进一步证实了我们选题的正确性、针对性、意义性。

（一）从课题提出看

目前中国社会各界已经意识到学校心理健康教育的重要性和紧迫性，也对此开展了许多工作。但是现实状况仍然不容乐观，主要突出表现在心理健康教育的理论研究与实践行动有一定的脱节，理论研究对实践行动没有明确的指导作用。因此，为提高学校心理健康教育的水平，特别是具体落实教育部的中小学、中等职业学校《心理健康教育指导纲要》，进一步指导和规范学校心理健康教育工作，就要将理论研究和实践行动相结合，以实现学校心理健康教育的新突破。

（二）从现状分析看

近年来，湘西自治州民族教育虽然取得了显著成绩，但是因为地区差异性，文化底蕴相对薄弱，在发展中还存在一些困难和问题。例如，地区普通中学教育发展滞后，虽然经济状况较以前大有好转，但独生子女逐年增多，家庭教育处于迷惘状态，存在与时代不相适应的情况，因此学业不良学生所占比重大，学生心理健康水平亟待提高。

（三）从课题研究的意义看

湖南省湘西土家族苗族自治州位于湖南省西北部，地处湘、鄂、渝、黔四省市边区，土家族、苗族占全州人口的72％，是湖南省唯一实行民族区域自治的地区。学业不良学生所占比重大，学生心理健康水平亟待提高问题相当突出。本课题立足于民族地区学业不良的中学生，重点调查分析其学业不良的常见表现，并从根本成因上研究制定具有针对性的教育对策，以最大限度地提高学生的学业水平，促进学生健康发展，为促进湘西自治州中学教育教学质量的进一步提高服务。

（四）从课题的概念界定看

我国对学业不良学生的定义：学业不良学生是学业成绩在一门课或两门课以上显著落后于一般水平的正常学生，不包括弱智、身体残疾和情绪困扰的儿童。学业不良学生的主要特征有记忆缺陷、注意缺陷、思维缺陷、认知缺陷、创造力缺陷、非智力因素缺陷、社会情感问题、学科学习困难、智力结构不平衡等。学业不良学生的学习特点有：兴奋过程短暂且弱，新的条件联系接通困难；大脑"工作能力"差，在不太重的工作负荷下就进入保护抑制状态；第二信号系统（语言系统）不够发达，学习速度缓慢，成就低。

多角度、多方面审视我们的课题，更坚定了我们研究的信心。

二、明确的内容与目标

研究课题应有一个明确的内容和目标。内容明确、目标高层次就能有效地指导研究工作。我们的研究内容与目标是积极有意义的。

（一）课题研究的内容

学业不良学生常常具有相似的表现和成因。研究其常见表现和形成原因，并制定出具有针对性的教育对策，能提高学生的学业水平，促进学生健康发展，全面提高教育质量。

本课题以研究民族地区学业不良的中学生为主，以研究家庭教育方式、教师的教育教学方法为辅，多渠道、全方位地去了解其学业不良的各种表现，以探求更加有效的干预措施来帮助他们更好地学习，健康全面地发展。本课题将从以下几个方面进行研究。

（1）调查研究学业不良学生的常见表现。

（2）从学业不良学生的生理特点和心理特点以及学校、家庭、社会等各方面因素来分析学业不良的形成原因。

（3）对学业不良学生进行有效的学习辅导和心理治疗，力求在实践中研究制定出具有针对性的教育对策，形成学校、家庭、社会的有效合作教育机制。

（二）课题研究的目标

（1）对学业不良学生进行有效的学习辅导，提高其学习积极性和主动性，提高学习效率，以最大限度地提高学生的学业水平。

（2）对学业不良学生进行有效的心理治疗，以促进其心理健康发展。

（3）从家庭教育方面研究对学业不良学生的影响，以促进家长和子女之间的沟通和交流。

（4）从教育教学活动方面研究对学业不良学生的影响，以使教师的教育教学工作更加有效，并促进师生之间、生生之间关系的和谐发展。

（三）预计研究特色与创新之处

课题是在新课程改革背景下，立足于民族地区学业不良的中学生，重点调查分析其学业不良的常见表现，从根本成因上研究制定具有针对性的教育对策，旨在探究提高学业不良中学生学业水平和心理健康程度。

三、有效地开展研究工作

科学地设计本课题研究工作，是科研工作的有效保证。我们遵照课题组设计的研究方法与实施步骤，有条不紊地开展了以下各项工作。

（1）认真组织研究人员外出考察培训。

（2）召开课题论证会。

（3）确定研究调查对象。选定我校初中一、二年级学生共 80 人进行"中学生在校心理适应能力的诊断"问卷调查。调查结果统计显示：一年级中学生在校心理适应能力总体上趋向较差，令人担忧。走访学生家庭进行调查若干人次，了解不同境况家庭学生厌学状况及原因。我们发现富裕家庭学生厌学原因是家长过分溺爱、娇惯；离异家庭学生厌学原因，一是纵容，二是溺爱或者是缺乏关爱，三是缺乏交流沟通。

（4）研究人员撰写研究论文。课题组 12 人均积极参加研究活动，如数如质的完成分配任务，认真进行论文撰写工作，全组发表论文 17 篇，其中向祎 4 篇，唐冰军 3 篇，陈秀坪 4 篇，龙永霞、黄永红、向绪根、石庆春、易长军、田卫东各一篇。经科研单位交流评审获奖论文 7 篇，分别获一、二等奖。

四、我们的共识

（一）通过调查走访等研究活动，我们对学生不良的常规表现及成因达成了共识，并进行认真分析，造成民族地区中学生学业不良的原因是多方面的，主要有九点：

1. 民族地区因素

湘西自治州为土家族、苗族聚居地，地处偏远山区。交通不便、信息闭塞、经济落后导致民族地区的教育发展滞后，人均受教育水平较低，学业不良学生比例较大，且民族地区的学生在生活中普遍使用本民族语言，因此学习过程中语言的转换在一定的程度上制约了学生的思维，致使一部分学生懒于思考，主动放弃学习，加大了学业不良学生的比例。

2. 社会因素

中学生由于身体和心理原因，自制力、鉴别力、抵御不良诱惑的能力较差，易受社会不良因素的影响，如抽烟、喝酒、上网成瘾、早恋等，造成厌学，导致学业不良。

3. 家庭因素

学业不良学生普遍家庭教育不当，比如家庭缺乏平和愉悦的气氛，文化氛围差，父母的角色功能不到位等。调查发现学业不良学生中有46%的学生父母在外打工，学生长期和祖辈一起生活，有的甚至无人看护；有20%的学生父母离异，初中或小学在父母的争吵和打斗中度过；有28%的学生父母教育方法简单粗暴，孩子考试成绩差就训斥或打骂，学生得不到应有的指导和鼓励，久而久之，他们干脆破罐子破摔，甚至干脆不学。

4. 学校因素

长期以来，在传统教育观和片面追求升学率思想的导向下，社会关注的是培养精英的教育管理制度和评价机制，在学校培养一小部分精英升入高一级学校的同时，一批学生成为学业不良者遭受淘汰。正是在这种思想的驱使下，学校和教师一直服从于这种机制，并相应地从事着这种教育教学活动，从而形成了种种违背教育规律和教学原则的表现。

5. 不切实际的期望

升学压力使中学生在沉重的心理负担下学习，丧失了学习的自主性、积极性和创新性。许多教师为了使学生考出"好"的成绩，制定一些不符合学生实际的学业目标，反而使学生产生一些逆反心理和不良行为，如不完成作业或抄袭作业，甚至逃学等等。而对于学习有困难的学生，教师的期望值又往往过低，造成这些学生对自己缺乏信心，自尊心低下，由此在学习上自暴自弃，导致学业上的失败。

6. 不良的教师态度

学业不良学生在许多教师的心目中形成了定势。有的教师认为学业不良的学生都不聪明，在学习上没有希望，由此对这些学生采取不关心的态度或者放弃教育指导，甚至歧视，冷嘲热讽，体罚或变相体罚，这样便伤害了这些学生的感情，久而久之，这些学习积极性不高的学生开始厌学；有的教师认为学业不良学生影响了班级排名、评比，更影响教师自己的声誉，因此采取安置于教室角落，甚至驱赶出教室的做法。来自教师不良态度的影响，是学业不良学生消极对待学习的重要原因之一。

7. 不当的评价

长期以来，受应试教育的影响，学校片面重视总结性评价，忽视形成性评价和发展性评价，把考试成绩作为评价学生的唯一标准。评价方式的不当给部分基础较弱的学生带来沉重的心理负担，使他们对学习产生挫败感，引起考试焦虑，扩大了学业不良学生的队伍。有的教师还有意无意地把一些学业不良学生归为"另类"，强化了学生自我否定、自我放弃意识，加速了这些学生学习失败的进程。

8. 不合理的教学方法

调查表明，学业不良学生中，对学习不感兴趣的有54%不喜欢老师的教学方法。虽然因材施教是教学的主要原则，但在实际的教学中许多教师教学方法陈旧单一，一块黑板、一张嘴，课堂上仍旧采取"一言堂""满堂灌"等单向传输模式，不能照顾学生兴趣和个别差异，尤其是不能照顾到在学习上有困难的学生。这样使学业不良学生总是处于被动消极的学习状态，长此以往，学生的学习越来越差。

9. 缺少科学学习方法的指导

课题组的调查显示，学业不良学生认为老师对自己的学习方法没有帮助的占59%。学生不会学习，教师又缺乏指导，学生就难以形成良好的学习习惯。

综上所述，学校教育失误，特别是教师不当的教育观念及教学方式，造成了学生在学业方面不良的种种问题。

（二）初步形成教育学业不良学生的策略

转变学生学业不良的措施是多方面的，作为学校教师应承担起自己应有的职责，为学生终身发展打下坚实的基础。

1. 转变教学行为，改革不合理的评价机制

对学业不良学生教育的首要条件是教师的观念和行为态度的转变，树立正确的学生观。新课程改革倡导的学生观认为：学生是发展中的人，学生是具有独立意识的人，学生是学习的主体。有些教师习惯上将学业不良学生概括为一个"差"，予以"歧视"。其实，绝大部分学业不良学生不仅与其他同学无差异，而且他们的大量潜能正有待于积极地去挖掘。作为教师，要拥有乐观的心态，相信每位学生都具有成功的潜能。

构建互动的平等的师生关系、教学关系。新课程改革不仅要求教师改变教育观念，还要求教师改变长期以来形成的教学行为。首先，在师生关系上，教师应当建立尊重、赞赏的意识。"为了每一位学生的发展"是新课程的核心理念。因此，教师必须尊重学业不良的学生，不伤害他们的自尊心。对学业不良的学生的每一个微小的进步，应及时给予肯定和鼓励，帮助他们通过艰苦的努力去体验成功的喜悦，从而增强信心。其次，在教与学的关系上，

教师应当明确，教的职责在于帮助：帮助学生审视和反思自我，确立能够达成的目标；帮助学生寻找、搜集和利用学习资源；帮助学生设计恰当的学习活动和形成有效的学习方式；帮助学生发现他们所学知识的个人意义和社会价值；帮助学生营造和维持学习过程中积极的心理氛围；帮助学生对学习过程和结果进行评价；帮助学生发现自己的潜能，从而使每一位学生达到最佳学习状态。

建立促进学生全面发展的评价体系。评价不仅要关注学生的学业成绩，而且要发现和发展学生多方面的潜能，了解学生发展中的需求，帮助学生认识自我，建立自信，发挥评价的教育功能，促进学生在原有水平上进一步发展，建立学生的多元发展评价体系。实践证明，多一把尺子就多了一批好学生。只有实现评价方式的多元化，才能使每一位学生都有机会成为优秀者。

2. 培养学业不良学生的学习动机，激发学习兴趣

学业不良学生往往缺乏学习兴趣，因此，教师在教育教学中要注意激发他们的学习兴趣。

教学中教师要注意用优美、生动的讲解，幽默、风趣的语言，严谨、勤奋的态度，端庄得体的外表感染学生，使他们喜欢教师，从而激发他们的学习兴趣。教学方法要新颖，要鼓励学业不良学生参加课堂讨论，让他们大胆地"说"，充分发挥他们学习的主动性、积极性和创造性。

恰当地运用奖励。学业不良学生长期以来很少受到奖励。因此教育教学中，教师要以表扬鼓励为主。教师要努力发掘学业不良学生的"闪光点"，给予适时表扬。

教学中教师要更多地关注学业不良学生。教师要利用课堂提问、作业批改、课外活动等给他们更多的关注，哪怕是一个微笑、一个点头都能起到积极的作用。

3. 倡导多种学习方式，由细小的成绩激发学习积极性

改变学生的学习方式是当前基础教育课程改革的显著特征。单一、被动和陈旧的学习方式已经成为影响素质教育在课堂中推进的一大障碍。因此，教师应指导学生改变单一的接受性学习方式，通过研究性学习、参与性学习、体验性学习和实践性学习，实现学习方式的多样化，从而促进知识与技能、情感、态度与价值观的整体发展；要善于创设合作的课堂学习环境，提倡教师与学生之间、学生与学生之间的互助与协作，让学生在合作中学习，在合作中成长；要关注学生的学习过程和方法，关注学生是用什么样的方法获得

知识的。

在学业不良的学生中，有的学生缺乏毅力，控制能力较差，在学习中遇到困难时，往往不肯动脑筋，遇难而退或转向教师、同学寻求答案。因此教师要布置的作业不要太难，要督促学生独立完成作业。鼓励他们多动脑子，激励他们攻克难关，让他们体验成功的喜悦。学生向老师请教时，教师要多启发他们思考，而不是代替他们解决问题。要根据不同学科特点，给他们以学习方法上的指导，让他们体验学习能力提高带来的喜悦。学业不良学生面对学习压力，往往表现出焦虑、恐惧、抑郁，甚至回避、对抗等不良学习情绪。教师应带领他们多参加一些有意义的活动，进行必要的心理辅导，帮助他们克服不良学习情绪，鼓励他们积极地迎接困难，鼓起克服困难的勇气，懂得怎样去排除障碍，征服挫折，让他们体验意志成长的喜悦。通过有针对性的一系列精心设计的教育教学活动，培养他们良好的学习动机及学习品质。

执行“三重一大”事项集体决策的实施办法

为了切实贯彻民主集中制，进一步健全和完善党内监督制度，不断推进议事决策的科学化、民主化和规范化。根据有关规定，现就边城高级中学实施“三重一大”事项集体决策制度，拟定以下实施办法。

一、指导思想和基本原则

（1）以邓小平理论和“三个代表”重要思想为指导，深入贯彻科学发展观，提高科学决策、民主决策和规范决策的能力，健全完善“三重一大”事项集体决策制度，严格执行党风廉政责任制，促进学校工作健康、和谐发展。

（2）全面贯彻党和国家的教育方针，围绕和服务教育中心工作，落实学校发展规划，努力办人民满意的教育。

（3）坚持集体领导决策。凡重大问题都要遵循“集体领导、民主集中、个别酝酿、会议决定”的原则，由学校党政领导班子集体讨论做出决定。

（4）严格执行，落实监督。学校领导要带头执行民主集中制，自觉接受监督，确保权力正确使用。

二、事项范围

（一）重大决策

（1）制定和修改学校章程；

（2）学校发展规划、年度与学期工作计划和课程计划；

（3）重大改革措施及规章制度；

（4）学校精神文明建设实施方案；

（5）师资队伍建设实施方案；

（6）教职工收入分配和考核奖惩方案；

（7）重大基建项目；

（8）制定校园及师生安全制度；

（9）招生和毕业生推荐工作；

（10）其他重大问题。

（二）重要人事任免及奖惩

（1）校内机构及岗位的设置；

（2）按干部管理权限和规定程序，向上级组织推荐、提名干部，研究决定由学校管理的中层干部、年级组长、教研组长的任免、考核和奖惩等；

（3）教育系统内各级各类先进评选表彰和奖惩；

（4）教育系统内党代表候选人，人大代表、政协委员人选的推荐和提名，及报上级组织审批的其他人事事项。

（三）重大项目安排

（1）上级下拨的专项资金项目建设；

（2）因公出国（境）访问及涉外校际交流。

（四）大额资金使用

（1）未列入预算的 5 万元以上的上级专项拨款、本年度公用经费、历年结余资金及其他自有经费实施网站建设、图书出版、专业设备采购等购买社会服务类的非政府采购项目和 10 万元以上的基建、大修、装饰等建设类非政府采购项目；

（2）年度经费预决算情况。

三、决策人员及议题

（1）"三重一大"决策会议参加人员为学校正副校长、校党委正副书记、纪委书记和工会主席，必要时可召开扩大会议，实到会人员达到应到会人数的三分之二方能举行会议。根据会议议题的需要，部门负责人可列席会议。

（2）会议议题由学校校长确定，其他与会成员也可提出议题，但须经校长同意，要做好会议记录，并根据记录整理会议纪要，交与会者签字。

（3）会议研究讨论时，要充分发扬民主，各抒己见，集思广益。会议参加者要严守组织纪律，不得对外谈论和泄露会议讨论情况和尚未做出决定的议题。对做出决定的议题，在没有正式公布、实施之前也不得对外泄露。会议讨论议题凡涉及与会人员及其近亲、亲属的，有关与会人员应回避。

四、决策程序及实施

（一）提出议题

（1）凡属"三重一大"决策事项，应由校长提出议题，或由其他领导与校长商议后，由校长提出议题。所有议题确定后，提交"三重一大"决策会议讨论。

（2）分管领导应在讨论前，先就具体事项，充分调查研究，听取各方面意见，对照相关法律法规，提出可供选择的方案或建议。

（二）形成决策

（1）党政班子成员在决策前，应通过适当形式对有关议题进行酝酿、沟通。在决策事项时，应逐个明确表示同意、不同意或缓议的意见，并说明理由。主持人在其他成员充分发表意见的基础上汇总情况，综合概括，坚持少数服从多数的原则。如有重大分歧或有重要问题尚不清楚的，一般由会议主持人根据实际情况提出暂缓决定的意见，待进一步调查研究，交换意见，重新提交会议讨论决定。

（2）在讨论推荐、提名干部和决定干部任免、奖惩事项等重大问题时，会议成员可分别采取口头、举手、无记名投票和记名投票方式逐项进行表决。

（3）"三重一大"决策会议记录应完整详细，决策事项应形成《会议纪要》，且由与会者签字，并存档备查。

（4）凡涉及教职工切身利益的重大问题应提交教代会审议通过。

（5）根据管理权限，须报上级有关部门的重大事项，要按规定程序报批后方可实施。

（三）实施决策

（1）党政班子成员按职责分工组织实施。分工不明、职责交叉或工作有特殊需要的，指定一名分管领导牵头协调。决定事项如因特殊原因暂缓执行或需要进行重大调整、变更的，分管领导应向"三重一大"决策会议作出说明，并须经会议研究同意。

（2）党政班子成员应维护集体决策，协同贯彻执行。如个人有不同意见的允许保留，并可按组织程序向上级组织反映个人意见。但在没有作出新的决策前，应无条件执行。个人不得擅自改变集体决策。

（3）"三重一大"会议已决策的事项，不再重复决策。如遇确需变更的情况，应提请会议重新作出决定。

五、监督检查

（一）报告制度

党政班子成员根据分工和职责，及时向"三重一大"决策会议报告执行情况，并将执行情况列入民主生活会和述职述廉重要内容。

（二）公开制度

决策事项除依法应保密外，按照党务公开、政务公开、事务公开等要求，应及时予以公开；与公共利益、公共安全密切相关的决策事项，应当主动接受社会和舆论的监督。

（三）纠错制度

对上级纪检监察机关在监督检查中发现的不规范问题，应及时督促落实整改；对自查中发现的问题，应及时纠正。

六、责任追究

（1）对个人或少数人拒不执行或擅自改变集体决策的，集体决策执行不力或错误执行并造成严重后果的，依据有关规定，对相关责任人实施责任追究。

（2）党政领导班子决策失误或涉嫌违纪违法的，应在查明情况、分清责任的基础上，分别追究班子主要负责人、分管负责人和直接责任人的相应责任。

（3）责任追究的方式包括责令检查、诫勉谈话、通报批评、免职、责令辞职、党纪政纪处分、移送司法机关处理等。

（原载于《边城高级中学学校工作手册》）

务实校务公开，办人民满意学校

——边城高级中学校务公开工作汇报

边城高级中学，是湘西自治州苗族集居地的一所省示范性普通高中学校。自2005年建校，七年来，学校发展较快。2007年晋升为湘西自治州示范性普通高中，2009年评选为全国民族中学示范学校，2010年评审挂牌为湖南省示范性普通高级中学，2011年加入全国高中新课程改革联盟发起学校。特别是2009年以来，学校务实地推进校务公开民主管理工作，不断规范办学行为，取得了显著成绩，先后荣获"全国和谐校园之星""全国教育科学'十一五'规划教育部重点课题实验学校""全国改革30年基础教育发展成就30校""湖南省反邪教先进单位""湖南省园林式单位""湖南省安全文明校园""湖南省文明单位"等称号。

一、实施校务公开总体情况

边城高级中学建校七年来，学校一手抓内部管理和自身建设，一手狠抓校务公开制度的实践和探索。根据《湖南省学校校务公开工作规范（试行）》，初步建立起了一套较完善的校务公开工作体系。经党、政、工共同努力，学校的内部事务已全面公开，公开内容涉及学校改革和发展的重大事项，如发展规划、重大工作安排、教育教学改革方案、管理规章制度、年度目标任务、基建维修项目、经济合同签订、学校经费预决算等；涉及教职工切身利益的有关重大事项，如一年一度的教职工聘任、教师培训、职称评审、晋职晋级、工作调动、考核奖罚、评优评先、生活福利、困难补助、医疗费支出、学生服务中心及超市收支、工程招投标、大宗物品购买、收费标准、财务收支情况、教职工计生管理工作等；涉及与学生有关的热点问题，如学校收费、教辅资料的征订、招生编班、两免一补、特困生救助、优秀学生评选等；涉及领导干部廉洁自律，如民主评议干部等。公开的形式有教代会、教职工大会、行政例会、公开栏、校园网、家长会以及校讯通网络平台等，基本形成了对内和对外公开相结合，部分公开与全面公开相衔接，过程公开与结果公开相协调，校务公开与解释说明相统一的立体式的工作格局。校务公开工作的开展，强化了广大教职工和群众的民主意识，并使之积极主动地参与学校的各项工作。校务公开在促进民主政治建设，加强党风廉政建设，从源头上预防和治理腐败，提高办学效益和管理效率等方面起了积极作用，树立了学校和教师的良好形象，为学校教育教学良性发展奠定了坚实基础。

二、采取的主要措施

（一）加强领导，健全组织

建校以来，我校党政领导班子十分重视校务公开工作，坚持把校务公开工作作为学校民主办学和党风廉政建设的常规性工作来抓。

党政重视，成立机构。为了保证校务公开的顺利开展，学校成立了边城高级中学校务公开工作领导小组，由校党委书记向祎任组长，党委副书记田昌洪和纪委书记黄宏清任副组长，其他副校级领导、各职能处室负责人、工会主席和教职工代表为成员。校务公开工作领导小组办公室设在工会办公室。校务公开有领导、有机构、有场地，为我校全面推行校务公开工作提供了强有力的保证。

分工协作，整体推进。我校坚持党委统一领导，校长大力支持，行政职能处室各负其责，工会协调、监督，工作小组付诸实施，广大教职工积极参与的校务公开领导体制和工作机制。学校将推行校务公开与加强学校党风廉政建设紧密地结合起来，作为密切群干关系、增强师生员工凝聚力的重要举措。工会从加强校务公开的主要载体入手，着力建设好教代会，通过教代会保障教职工的知情权、参与权、管理权、监督权等民主权利。校务公开工作领导小组具体负责校务公开，及时收集公开内容和群众对校务公开结果的意见和要求，并提出解决办法。

（二）制度健全，规范有序

1. 加强制度建设

几年来，我们着力加强校务公开工作的制度化、规范化、程序化建设，先后制订并完善了有关制度。

完善校务公开程序，规范了校务公开的操作要求。在公开程序上，做到即将公开的内容先由公开工作小组讨论通过，报经监督小组认可后，再进行公开。在内容上，要求各处室依照《边城高级中学校务公开目录》规定，公开政策法规、规章制度、财务收支、学校政务时，做到决策过程、执行情况、办事结果同时公开。在方式上，将召开教代会、会议通报、督查通报与设立校务公开专栏、举报电话、学校网站和教职工直接参与等形式结合起来。在时间上，坚持定期公开与随即公开相结合，定期公开主要指每学期开学时将学校大事日程表、学期规划印发给每位教职工；月公开主要指学校的财务收支、每月重要工作安排，每月初在公开栏公示；随即公开主要指学校重大决策、重大问题、临时性工作以及其他需要随即公开的事务根据需要灵活公开。凡群众所关心的热点问题，都由教代会实行公开。

完善教职工代表大会制度。学校制定了《边城高级中学教职工代表大会实施细则》，规定每年至少召开一次教代会，做到学校重大决策、规章制度，诸如《边城高级中学教职工考评细则（草案）》《边城高级中学教学质量评价方案（草案）》《边城高级中学高中学业水平考试奖励方案》《边城高级中学高考奖励方案》等涉及教职工切身利益的事项一律经教代会公开，提交代表审议通过。凡未经教代会审议通过的事项，一律不得实施。

建立财务公开制度。学校建立了物品采购制度，大宗物品购买必须经校务会研究通过，经由县政府采购中心同意，统一招投标购买。近年来，随着办学走向现代化，学校新增了一些教育教学设施，并按照要求将采购过程与结果张贴公示，接受群众监督。

2. 拓宽公开载体

校务公开载体建设是推进校务公开工作的重要环节。近年来，我校在积极发挥教代会的校务公开主要载体作用的同时，不断丰富校务公开的载体形式，拓宽校务公开的渠道。

充分发挥教代会在推行校务公开方面的主要载体作用；扩充公开内容，由事务性公开扩充到重大决策上的公开；重大事项提请教代会代表讨论和审议。

最大限度发挥校务公开专栏的作用。及时在公开栏公开基建项目承包、年度考核评优、财务收支、职称评定、干部任职、教师调动、计生管理、招生编班、学校收费等情况，使广大教职工能随时了解学校行政活动的真实情况，增加行政活动的透明度，取得教职工的理解与支持。

建立丰富多样的"多媒体"校务公开渠道。通过召开座谈会、情况通报会等会议，辅以通知、简报、电子显示屏、意见箱、家长会、校讯通、学校网站等一系列形式，组成校务公开渠道网络，保证广大师生及时了解有关情况。

（三）创新民主管理，参与科学决策

加强民主管理，让工会参与学校决策。这既有效地发挥工会民主管理的积极作用，又能防止行政盲目决策或意气决策的失误，增强了决策民主性与透明度。

边高建校五年建成省示范校，第二个五年如何发展，如何决策，是学校的重大议项。学校广泛征求教职工意见，让工会一起参与决策，经党政工领导反复论证，及教职工多次酝酿，达成共识——"先行先试"的办学理念与决策。它体现在四个方面，办学模式上先行先试，走合作发展之路；办学特色上先行先试，走素质发展之路；教改教研上先行先试，走内涵发展之路；人事管理上先行先试，走优化用人之路。

（四）以教代会为阵地，民主管理做到"三坚持"

（1）坚持教代会，做到一学年召开一次教代会，会议坚持程序，坚持对学校提交的重大事项报告的审议，坚持提案答复。

（2）坚持民主评议领导干部。一是积极配合上级党政机构工作监督，对领导干部进行测评；二是教代会评议领导干部述职，对领导干部进行综合测评。

（3）坚持校务公开。依照"校务公开制度"要求，校行政向教代会提交《校务公开报告》《学校工作报告》《学校财务工作报告》，教代会给予审议。

（五）强化监督，狠抓落实

强化监督、加强制约是校务公开工作取得良好成效的保证。为确保公开工作的真实性和有效性，我校建立健全了监督机制。

1. 加强教代会民主监督力度

采取激励措施，积极引导广大教职工参政议政，鼓励教职工积极行使监督权。在教代会上，代表们向学校提出许多宝贵的意见和建议，学校领导认真进行总结、反思，并一一答复，虚心接受群众的批评，提出改进措施，恳请群众监督。

2. 发挥监督机制作用

在充分发挥党组织、教职工大会、教代会民主监督作用的基础上，我们充分发挥学校校务公开监督小组的作用，对校务公开工作进行全方位监督，保证公开的真实性和有效性。我们设立校务公开意见箱，收集对公开内容以及学校、教职工工作的意见。

3. 虚心听取教职工意见，及时回应教职工意见与建议

校长定期接待教职工、学生及其家长，与之谈心。或在教职工大会上报告

广大教职工关注的事项，进行释疑、解读，并予以公开答复。对涉及社会、学生家庭的问题如学校收费等对外公开，自觉接受学生家长及社会各界的监督。

（六）突出重点，注重实效

如何保证校务真公开、出实效，是广大教职工普遍关心的问题，也是校务公开的根本目的。学校除了一般性事务随时在行政会、教师会议通报外，努力做好"四个"公开。

1. 学校重大事项公开

学校领导班子坚持每周五下午召开行政会议，总结上周的教育教学情况，安排下周的教育教学任务，并于每周一的全体教职工例会上宣布，让教师职工共同监督执行。有关学校教育教学和发展的重大决策、发展规划，学校各种管理制度与方案、年度工作计划等人手一册予以公开。

2. 人事管理公开

教职工工资晋升、教师岗位聘任办法及职称评聘结果、教职工年度工作的考评办法和考评结果、奖励制度、奖金分配方法、各级各类先进评选的条件、名额、对象、程序、确定上报人选和评选结果均张榜予以公开。

3. 教学管理公开

每学期常规检查情况、教师任课安排、班主任工作安排以及学年度新生录取及分班情况、收费标准等张榜予以公开。

4. 财务管理公开

对学校的财务制度、收支情况、资金流向等方面进行及时、全面地张榜公开。

三、校务公开成效显著

（一）校务公开，密切了干群关系

实行校务公开，为我校的发展注入了新的活力，促进了学校的发展。校务公开后，学校的大小事情，群众心里明白，领导心里坦然，给群众一个明白，还干部一个清白，猜疑与误解减少了，理解与支持加强了，极大地改善了群干关系。领导干部廉洁自律，提高了依法办事、民主管校的自觉性，增进了班子团结，得到了广大教职工的信任，全校上下形成了巨大的凝聚力，有力地促进了学校可持续发展。

（二）校务公开，提高了办学水平

实行校务公开，有力地推动了学校民主管理的实施。全校形成了一种轻松、和谐、奋进的氛围，广大教职工心情愉快地投入到教育教学工作中去，学校教育教学质量稳步提高。六届高中毕业生毕业率均为100%，高考上线率以每年20%的速度逐年提高，特别是2011年，241人被二本以上院校录取，其中彭毅同学以总分687分的优异成绩考入北京大学，开创了花垣土生土长的苗家儿女从本县高中考取北大、清华的先河。教科研成绩显著，"十一五"期间，我校教师承担了20个省级以上课题，均顺利结题，其中14个课题成果获省奖；"十二五"期间又承担了7个省级课题；学校课改成果经验曾四次在省级会议上交流，两次在国家级会议上交流。近三年，各种媒体报道学校的新闻稿件达196篇，其中专题报道达10篇。学校无一次重大责任事故，学生思想评价合格率达99%以上，违法犯罪率为零。学校得到了家长和社会各界的一致肯定和好评。

（三）校务公开，激发了教职工干事业的积极性

通过校务公开、民主管理，合理化建议得到采纳，激发了教职工对工作的热情，他们以主人翁精神积极参与学校改革和发展。经多次民主测评，教职工对学校领导和开展民主管理、校务公开工作满意率均达98%以上。

四、努力方向

在我校校务公开工作中，仍然存在着一些不足和问题，日常监督力度有待进一步加大，公开的渠道、载体有待拓宽。根据存在的问题，学校将进一步健全和完善公开机制，积极探索实行校务公开好形式，努力践行民主管理的工作思路，促进我校民主建设，把学校建设成为依法治校、依法治教的示范基地，人民满意的学校。

力建学校数字化，打造特色教育品牌
——创建湖南省中小学现代教育技术实验学校工作汇报

边城高级中学是湘西苗族集居地的一所普通高中，2005年创建，五年内学校快速发展，实现了"建校——兴校——创建省示范校"的愿望，今年4月7日被省教育厅评审晋升为湖南省示范性普通高级中学。成功的因素是多项的，但其中有一条，就是运用现代教育技术，促进学校快速发展。

一、抓认识：确立现代教育技术建设为学校发展前提

认识是行动的先导。党中央、国务院高度重视信息化工作，把信息化提到了国家发展战略高度。十七大报告在提出社会发展的任务时，增加了信息化的内容，并将其排在第二位。《国家中长期教育改革和发展纲要》中提出"加快教育信息化过程""加快教育信息基础设施建设"和"加强优质教育资源开发与应用"的要求，可见现代教育技术建设的重要意义不同一般。学校领导充分认识信息化社会对学校教育的要求，确立了"科研兴校、信息强校"的指导思想，形成了以教育信息化带动教育现代化，走跨越式发展的工作思路。学校从制度上加强对教师的引导，促进教师现代教育技术手段的提高。如教师晋级、评先、评优等都将获得《计算机等级证》作为一个硬性指标；每年教师的引进，都要考查其是否能较好地使用现代教育技术手段进行教学。学校还通过多种学习活动，开阔教师的视野，提高其认识，使教师们深感不懂现代教育技术就会被新时代的浪潮淘汰。另外在家长会上不断宣传渗透，使家长和社会也提高了这方面的认识，进而有目的、有计划、有步骤地促进了思想统一。

二、重管理：科学规划，健全机制

没有信息化就没有教育的现代化。追随现代教育，就得努力发展现代教育技术。学校站在"高起点、高规格、高速度"的发展视角，高度重视现代教育技术建设的管理。

学校刚建立不久，即成立了以校长为组长，由教学副校长主抓的现代教育技术领导小组，小组下设环境建设、资源管理、教师培训、整合教学和科研探索五个职能机构。学校专设信息技术中心管理日常维护及教学等工作，制定实施《边城高级中学现代教育技术工作五年发展规划》和设备使用、保管、维修、报损、教学以及现代教育技术教研和成果推广制度。

在建设之中，领导小组与信息中心团结协作，率先垂范，形成工作合力。领导小组每一学期召开两次会议，研究专项工作。有了管理就引来了政府、教育主管部门的参与，据不完全统计，近五年政府、教育部门先后给予我校现代教育技术投资达 800 万元。

三、重投入：优化环境，丰富资源

创设良好的设施是开展现代教育技术工作的必要条件与基础。学校办学五年，做到了硬件与软件、建设与管理、常规媒体与现代媒体并重，夯实了现代教育技术的物质基础。

2007年5月建成主干1000兆、桌面100兆的校园网，构建长效机制，实现了资源共享；建好了校园网站；创办了校园电视台以及校园网络教育教学资源库，深受全校师生欢迎。学生计算机教室5间，与学生电子阅览室共用，每间面积90平方米，装机67台，达到了1人1机的要求，学生学习用电脑335台，人机比例超过1：10。建有教师教学电子备课课件制作室17间，配有相应制作工具，2009年给每位任课教师配备一台价值5000元的笔记本电脑。依照标准要求还装配有其他硬件设施，设有语音室1间，建成电子监控系统、智能广播系统、现场直播系统以及校长办公系统，共有办公电脑54台，实现了无纸化办公。2009年，所有教学班教室均安装了全数字多媒体教学网。

在校园网内，每位教师都有独立的空间存放自己的课件和网络资源。我们运用多媒体教学的模式过程为：深钻教材—结合学生实际选取优质资源—有机整合—制作课件—课堂运用多媒体教学—课后反思—整改课件—上传校园资源库贮存。五年来，教师开发课件达200余套（件），其中近10套（件）分获省一、二等奖。

四、勤培训：提升素养，为现代教育技术拓展内涵

教育现代化，必然要求人的思想理念现代化，信息技术操作熟练化。基于此认识，学校把教师现代教育技术和现代教育理论培训作为事关全局和学校发展的重点工作来抓。

（一）干部率先垂范

学校中层以上领导干部积极主动参加县（州）级以上各种培训，培训成绩良好，顺利通过各种技术检测，均获等级证书。

（二）培训形式多样化

学校坚持校本培训为主，外派培训为辅。一是内外结合，派员参加县级以上的各类培训。二是由校内计算机教师自主培训。三是组内培训与研讨相结合，结合校本研修，以教研组开展现代教育理论学习研讨活动。四是坚持选送教师参加县级以上研究机构组织的课题研究培训。五是组织比赛检测等

活动促使教师巩固培训成果。

（三）培训内容程序化

我校教师培训先后经历了湖南省计算机初级、中级和高级考核，经历了湘西自治州三轮教师综合素质教育培训。近两年，我们把培训的重点摆在多媒体课件制作上，受训率达100%。经过培训，教师教育观念得到更新，能力得到增强，水平得到提高，实现了五个转变，即从仅掌握少量计算机入门知识到能够熟练操作计算机、从照搬使用他人课件到自己开发制作课件、从单纯上网查找资料到自己动手制作网页、从使用粉笔上课到熟练运用多媒体教学、从靠学校强制运用电化教学手段到自觉使用电化教学手段的转变。

五、促应用：有效整合，创新教学

信息技术潜在的功能和作用，只有在具体的实践中才得以体现。为此，学校狠抓了信息技术在教育教学中的应用。

（一）开好信息技术课

学校坚持按标准为学生开设信息技术课，配备专职教师认真教学。让学生养成良好的信息技术道德，熟练掌握计算机基础知识、操作技能和实际运用技能，具有良好信息素养，成为掌握终身学习本领的现代人。

（二）加强信息技术与课堂教学的整合，有效进行教学改革

一引领，组织有经验教师上现代教育技术辅助学科教学的示范课；二督促，学校运用现代教育技术手段将教学纳入管理评价之中，规定教师50%的课时要运用多媒体手段教学；三比赛，每学年举办一次运用现代教育技术辅助学科教学的优质课竞赛，让教师观摩学习；组织教师制作课件竞赛。

（三）拓展信息技术教学活动

除了在基础课程中积极渗透应用信息技术外，我们还组织学生信息技术兴趣活动小组，开展科技创新活动。2009年、2010年学校培训的爱好者参加省电教馆组织的机器人大赛，均获得省一、二等奖。

（四）现代教育技术在课堂上广泛运用

目前，100%的学科运用现代技术教学，90%以上的教师运用多媒体进行课堂教学，40%的总课时能运用多媒体教学，应用现代教育技术教学"三率"达标。

（五）应用信息技术做好管理服务

学校各管理部门使用各自的管理系统，认真做好管理服务工作，有效地提高了管理、服务的水平，突出了信息技术运用的实效性。

六、抓课题：教研引领，形成特色

学校充分发挥教师的优势，组织他们申报"十一五"研究课题，先后共24 项课题获国家、省、州立项。在研究实验中，充分利用现代教育技术手段收集资源、整合资源、丰富资源，特别是有关现代教育技术研究的 5 项省级课题紧密联系现代教育技术进行科研。

目前，这些课题的研究大部分已提交结题报告，有的顺利结题，有的结题成果获奖。

持之以恒创建文明单位
——花垣县边城高级中学创建湖南省文明单位工作汇报

一、学校概况

边城高级中学系花垣县委、县人民政府秉承朱镕基总理嘱托，以建设"教育强县"为指导，于 2005 年 8 月正式建成的一所现代化普通高级中学。

办学五年来，学校始终坚持"以人为本"的科学发展观，以文明创建工作为抓手，以创建"湖南省中小学现代教育技术实验学校""湖南省示范性普通高级中学""全国民族中学示范学校"为契机，全面贯彻党和国家的教育方针政策，全面深入实施素质教育，大力推进新课程教学改革，在服务县域经济社会发展，为民族地区培养人才，建设省级文明单位的道路上迈出了坚实的脚步。

各级领导对学校的健康快速发展十分关心和重视，给予了极大的鼓励，提出了殷切的希望，纷纷前来学校考察和调研。

二、主要做法及成效

（一）强化组织领导，全力推进文明创建

一是建立组织机构，党政工青妇齐抓共管。成立了以党委书记、校长向祎同志为组长，党委副书记田昌洪同志为副组长，各副校级领导及相关处室

主要负责同志为成员的创建工作领导小组，负责全校创建活动的指导、规划制定、协调安排、督促检查等工作，并将创建工作逐项分解到支部、处室、年级组、教研组和班级。各处室和各部门负责人承担本部门文明创建第一责任人的责任。从处室、年级组、教研组、班级到师生员工均开展内容丰富、形式多样的创建活动，着力构建良性运行的文明创建机制，使文明创建工作经常化、制度化。

二是细化创建规划。严格对照省级文明单位创建要求，结合我校实际，制定了较为详细的省级文明单位创建工作总体规划、年度实施计划，并作为学校重点工作摆上重要议事日程，与学校中心工作教育教学一同部署、一同落实、一同检查、一同评比、一同奖惩，形成"党政工团齐抓共管、文明建设人人有责"的共识。

三是营造创建氛围。充分利用会议、校报、校园广播、校园电视台、校园网、电子显示屏、宣传橱窗、展板和黑板报等各种途径，广泛宣传创建省级文明单位的目的、意义，宣传学校改革发展取得的重大成就，宣传校园内涌现出的好人好事，着力营造浓厚的文明创建氛围。同时，积极开展"文明家庭""师德标兵""优秀教师""优秀教育工作者""优秀共产党员""学习标兵""三好学生""学习积极分子""优秀学生干部""优秀共青团员""优秀寝室长""优秀处室""优秀年级""文明班级""文明寝室"等评选活动，大力表彰先进，统一和提高全体教职员工对创建文明单位的思想认识，激发全校教职员工创建文明单位的工作热情，努力提高教职员工的思想觉悟和文明意识。

四是健全评价创建机制，完善考核制度。学校制定并实施了文明办公室、师德标兵、文明班级、文明学生、文明寝室等评选表彰办法，健全日常检查和跟踪考核机制，发现问题及时整改。强化舆论监督，通过会议、督查通报等及时总结反馈创建工作情况，推动创建工作向纵深发展。

（二）强化队伍建设，全力保障文明创建

1. 加强领导班子建设，提高班子的专业水平，增强工作活力

领导班子结构合理，年富力强，具有现代教育思想和办学理念，熟悉高中教育规律和教学业务，能熟练掌握现代教育技术手段，办学治校成效显著。

在领导班子建设中我们以增强"决策力、影响力、执行力、凝聚力、创新力"为目标，按照"自身形象好、政策法规熟、思想观念新、创新能力强、工作作风实、管理水平高"的标准，一是抓好领导班子成员的"三个示范"，即思想示范、教学示范和行为示范，叫响"三我"活动，即向我学习，

向我看齐，对我监督；二是抓好领导班子成员现代教育理论和现代管理理论、党的教育路线、方针和政策、现代教育技术手段及理论的学习；三是抓好领导班子成员教育法律法规和精神文明创建方面知识的学习；四是抓好依法行政、依法治教。严格执行纪律制度，进一步完善校务公开制度，增强政策和工作的透明度。规范收费行为，完善收费公示制度，实行阳光收费。扎实做好家庭经济困难学生结对帮扶的扶贫帮困长效机制，不让一名学生因家庭经济困难而辍学。强化学校财务管理，规范学校财务收支行为，进一步提高教育经费使用效益，建设"节约型学校"。加强行政执法力度，规范执法程序，严格依法办事；五是完善民主管理。定期召开教代会，共商学校的发展大计，自觉维护教职工的正当权利，充分保障教职工的合法利益。通过上述举措，努力提高领导班子成员的政治理论和政策水平及驾驭全局能力，把领导班子建设成为有决策力、影响力、执行力、凝聚力、创新力的团结、务实、勤奋、创新的好班子。

2. 抓好教师队伍建设，整体提升教师队伍素质，促进教师专业成长

我校十分注重教师的成长和发展，以创建省级文明单位、"湘西自治州学习型学校"为抓手，以建设优良师风为目标，认真实施师德工程、名师工程、青蓝工程、教研工程、保障工程等"五项工程"。"五项工程"的实施，使教师的师德水平得到了显著提升，现代教育理念得到显著增强，教育研究水平和教育教学水平得到显著提高。五届高中毕业生毕业率为100%；高考上线率逐年提高。

（三）强化德育首位，全力夯实文明创建

我校始终围绕培养"四有新人"（有理想、有道德、有文化、有纪律）的要求，以《公民道德建设实施纲要》为指导，以"五爱教育"为主线，以《中学生守则》《中学生日常行为规范》为准则，以班级目标管理量化考核和学生德育评价量化考核为基本内容，以学生"8周成功计划""我的成长记录""零垃圾方案"为切入点，以课堂教学为主阵地，以培养学生良好的行为习惯、学习习惯和生活习惯为目标，形成了课内与课外、学校与家庭、学校与社会三结合的德育工作网络，建立起融学生自我管理、学习小组协作、任课教师激励、班主任督促为一体的德育工作机制。

一是学科教育渗透德育，把育人与学科教学有机融合起来，充分发挥课堂教育的主渠道作用，实现教师在教书中履行育人的使命。

二是救助贫困生，实施感恩教育。

三是开展系列教育，以"8周成功计划""我的成长记录""零垃圾方案"为载体，使文明养成教育经常化。

四是推进德育科研，有效提升全体教师的德育理论水平和实际工作技能。

五是坚持做到"五化三育人"。德育工作阵地化，抓好班级、业余团校、业余党校、家长学校、校外德育基地等德育教育阵地建设。家校联系常规化，开展好"五个一"活动，即每期召开一次家长会，举办一次育人讲座，校报推出一期育人专版，校园网站推出一个家教专栏，每周发出一次"校园短信"。德育教育实践化，每期聘请老干部老专家来校进行传统教育，定期组织学生走出校园，参加社会实践活动。德育活动载体化，每年举行"我爱边高"演讲比赛、"边城风"诗歌朗诵比赛、边高形象代言人评比、教师节感恩等系列活动，在活动中育人。参与公益事业感化人，组织师生积极参与社会公益活动，资助贫困学生金额达70余万元；汶川抗震救灾，师生捐款近11万元；西南旱灾，师生捐献"爱心包裹"累计人民币5万余元。自主管理培养人，充分发挥学生干部作用，在自我管理中得到成长。浓厚校园文化熏陶人，建设良好的校园文化，使校园成为学生求知和陶冶情操的乐园。

由于德育工作领导得力，制度健全，措施落实，工作成效十分显著。全校学生思想品德评价合格率达99%以上，优秀率达88%以上，学生违法犯罪率为零，文明之花开遍整个校园，被评选为"湖南省安全文明校园""湘西自治州德育工作优秀学校"。

（四）强化校园文化，全力优化文明创建

发展健康的校园文化，建设良好的学校小环境，既是当前形势发展的需要，也是学校本身育人的需要，更是学校文明建设的需要。

1. 理清发展思路，精心打造学校"四风"

通过认真学习和探索实践，在广泛调查和深入研究的基础上，明确了我校的办学思想，即坚持"以人为本，素质为宗"的办学理念，依照科学发展观，全面贯彻党的教育方针，扎实推进素质教育，培养全面发展的"四有新人"；形成了"以人为本，以德立校，质量兴校，科研强校"的办学思路；提出了在五年内实现"建校—兴校—创省示范校"的发展目标；确立了"厚德、励志、求实、创新"的校训；逐步形成了"人文和谐，奋进创新"的校风；"爱生、敬业、博学、善研"的教风；"勤学、善问、精思、笃行"的学风及"诚实、认真、细心、守纪"的考风。

2. 组织开展丰富多彩的校园文化活动，寓教于乐，寓学于乐

认真贯彻执行《学校体育工作条例》和《学校卫生工作条例》，在坚持开展好音、体、美教学工作，抓好"两操一课一活动"的同时，积极开辟第二课堂，组织成立了10余个学生社团和学科兴趣小组。学校坚持每学期组织卫生健康教育讲座，每年举办学生田径运动会、"元旦文艺汇演"、师生书画作品联展、科技节、社团节等活动，较好地促进了学生的全面发展。

开展丰富多彩的文化活动，不仅学生是活动的主体，同时学校工会也认真组织全体教职工积极参与这些活动，丰富教职工的业余文化生活，抵制社会上不健康文化的影响。每年组织举行"师德演讲比赛"、教工卡拉 OK 大赛、篮球赛、评选"工会活动积极分子"等活动。我校工会连续多年被评为县、州"先进基层工会"和"模范职工之家"，2009 年被授予湘西自治州"工人先锋号"，目前正在创建湖南省"模范职工之家"。

此外，我校还大力开展了禁烟、禁毒、反邪教、普法和环保教育。学校被授予"湖南省教育系统反邪教警示教育活动先进单位""湘西自治州 2007 年度防范和处理邪教工作先进集体""花垣县依法治校示范学校""花垣县社会治安综合治理先进单位"等称号。

3. 进一步完善教育教学硬件设施，美化校园环境

投资 30 余万元改造高考监控系统，投资 80 余万元建设校园安全防范系统，投资近 200 万元建设多媒体教学系统，投资 2.1 万元建设机器人竞赛培训室，投资 11 万余元建设通用技术实验室，投资 40 万元新购图书 4.5 万册，投资 12 万元完善消防安全设施，投资 70 万元改造学生宿舍和进一步美化校园文化环境。

学校传承民族文化的探索与实践

边城高级中学坐落于边远少数民族地区，办学十年来始终把校园文化建设摆在首位，坚持传承少数民族地区文化，为弘扬少数民族地区文化不遗余力，培养了一大批具备少数民族文化素养的合格人才。边城高级中学校园文化建设包括三个方面，一是物质文化建设，即校园环境建设；二是精神文明

建设；三是民族文化进校园。

一、校园环境建设

在校舍建筑设计初期，边城高级中学建设指挥部即将校园环境建设纳入设计之中，着力突出环境育人的功能。2005 年 8 月，校园建筑落成。

校园内三条南北大道，三条东西大道和一条东西流向的溪流，将教学区、运动区、生活区严格划分开来。正大门上"边城高级中学"六个金黄大字，庄美挺秀，遒劲有力，是我国当代著名书画大师黄永玉老先生的手笔。东面教学区并排矗立着三栋四层楼的教学楼，各栋楼东西两端均由廊楼联结，形成一个规模宏大的建筑群。廊楼西面楼栏下墙面上镶嵌着校风、学风、教风的凝练警语。西面横立着高大的东锰体育馆，大理石的台阶从平地起始，向西延伸至体育馆墙体中央。正面升旗广场北端，是一座东西长百米，高近三十米的太丰综合大楼，南面墙体四楼、三楼窗台下瓷面上分别镶嵌着办学理念"以人为本、素质为宗"和校训"厚德、励志、求实、创新"。楼前广场边缘，树立着一排宣传橱窗。

小溪流水从校园内穿过，在校区形成一泓深潭，建校时依设计，开辟为"北清湖"，湖面约有四五亩，湖中有一小岛。湖面南北横卧一座石拱桥，长约 80 米，宽约 15 米，被命名为"北清桥"。"北清湖""北清桥"的命名寓意颇丰。在这里从教的教师将自己的腰躬起来，搭建起学生通往大学殿堂的桥梁，让北清湖畔的学子，成人成才，走进北大，走进清华……

园林建设构建凸现各种内涵。名人路边塑立十多位科学家文学家名人铜像，名人仿佛在述说历史，述说文化，闻鸡起舞和警钟长鸣的钢塑激人勤奋上进，晷时仪园在敦促学子再攀科技高峰；岩韵文化石、奇特怪异石上镌刻的名言警句，时时在告诫师生。

学校 2007 年被评为湖南省园林式单位。这里葱茏滴翠，繁花似锦；盛夏浓荫覆地，溪流凉风驱暑热，凉秋桂香浓郁，寒冬松竹梅傲苍穹。莘莘学子在此尽情享受"春之盎然、夏之绚烂、秋之风韵、冬之皓洁"。2009 年 5 月，全国民族中学教育协会会长，原国家民委党组成员塔瓦库勒来校视察，连连称美。

边城高级中学的崛起，沉淀了丰厚的底蕴，为有效总结建校办学经验，学校先后筹划创办了两个校园陈列室，一是学校发展陈列室，一是法制禁毒陈列室。初建的两陈列室分别设置在综合大楼二楼和五楼。

学校发展陈列室是 2006 年开始筹建的，当时重在展示建校历程，继后逐年增加学校教育教学业绩内容，它真实地记录着学校创建的艰辛历程，生动地展现师生员工的精神面貌，对内是进行爱校勤学教育的基地，对外是展示学校形象的窗口。2015 年学校改造老图书馆新建学校陈列室，内容更加充实，展示学校十年办学历程。

法制禁毒陈列室是由政教处配合县法制教育禁毒工作，于 2007 年开始创办，继后逐年增补内容。该陈列室的创办曾得到省州县政法委的肯定，被列为花垣县禁毒教育基地，对教育青少年远离毒品，遵纪守法起到积极有益的作用。

二、精神文明建设

一所学校的精神文明建设，是育人的重头戏。从建校第一天起，学校就着力投入建设，近十年来从未松懈，从未间断，归结起来做了以下多项工作：

（1）在党员干部中开展党风廉政建设教育，在教师中开展师德师风建设活动，凝聚教师合力，打造一支师德高尚、业务精良的学者型教师队伍。

（2）充分利用各种机会，对学生进行爱国主义教育，坚持国旗下讲话的制度，坚持每周班会制度，认真做好节庆活动。

（3）开展班团活动。对学生进行日常行为习惯的养成教育和校情教育。

（4）组织广播站，优化校园音响系统，上下课电铃设置音乐铃声，课前进行温馨提示，课余播放广播操、眼保健操、音乐等。

（5）实施特色大课间活动，如安全演练、消防演练、逃生演练、文明礼仪、体质锻炼等活动，构建"平安校园""和谐校园"。

（6）积极开展经典诵读活动，营造"书香校园"氛围。发挥图书馆的作用，让每个学生都能"好读书、读好书、书读好"。

（7）积极开展各项评选活动，激励师生积极进取、勇于奉献。

（8）以创示范活动为推力，先后成功实现了建设"湘西自治州示范性高中""湖南省示范性普通高级中学""湖南省中小学现代信息技术实验校""全国民族中学示范学校""湖南省防震减灾科普教育示范学校""湘西自治州语言文字规范化示范学校"的目标。

（9）以活动为载体，每年坚持"六节"（科技节、社团节、感恩节、体育节、艺术节、英语节）活动，在活动中陶冶师生情操。

（10）坚持文明创建活动。2010 年获湖南省文明单位。目前正以创建省文明标兵单位为动力，深入开展学校文明建设活动。

三、民族文化进校园

学校推进民族文化进校园工作经历了两个阶段：一是区域文化、民族文化的渗透时期；二是民族文化进校园时期。

第一阶段：民族文化渗透校园时期（2005—2010 年）。

学校百分之八十的学生是苗族。他们从出生起，便受父母家庭区域苗文化的影响，与父母及其苗寨乡亲交往，有较多学生采用苗语交际，他们熟悉苗族文化，崇尚民族优良传统，因此来校学习，不时与熟悉者运用苗语交际，唱唱苗歌，练练苗拳，脸上不时流露出一种民族自豪感。校内部分教师土生土长，他们比学生更熟悉苗族传统文化，时常向同仁口传苗语文化，不时在文体活动中，表演一些苗族文艺。师生们都十分欣赏这些民族传统文化。

学校大力组织擅长民族歌舞的师生在元旦晚会上表演民族文艺节目，组织师生排练民族文艺节目外出参加上级部门组织的文艺活动。2010 年元月，学校组织 20 个民族学生排练《桃花汛》和《苗族银饰》民族舞蹈，进京参加全国民族中学首届艺术节演出，分别获得金奖和银奖。适时组织擅长苗族迎客礼仪的教职工，身着苗族服饰，实施苗族拦门酒仪式接待来宾来访、来检领导与专家。杯杯美酒表盛情，大型的民族拦门酒迎客就有四次，第一次是 2009 年 5 月迎接全国民族中学教育协会领导与专家，第二次是 2010 年 4 月 30 日边城高级中学省示范性普通高中授牌，迎接省州县领导及来宾，第三次是 2011 年 12 月迎接全省高中校长论坛部分领导及校长，第四次是 2013 年 4 月迎接全国高中课改联盟学校"同课异构"华中地区研讨会与会领导和专家。杯杯美酒敬亲人，拳拳诚心吐真情，得到领导、专家及社会的好评；适时推荐选拔具有民族传统体育项目技能的选手参加全省全国少数民族传统体育运动会。学校体育教师彭军懋多次参加民运会蹴球赛，并多次获奖。

第二阶段：民族文化进校园时期（2011 年至今）。

在推进校园文化建设进程中，学校把民族文化进校园纳入校园文化建设之中，打造成学校特色。2012 年 9 月学校正式组建了边城高级中学校园民族文化建设领导小组，拟定了《民族文化进校园活动实施方案》。坚持以邓小平理论和"三个代表"重要思想为指导，坚持科学发展观，传承和弘扬苗族的优秀文化，坚持民族文化建设与新课程改革相结合、与德育工作相结合、与培养学生良好的行为习惯相结合、与校园文化建设相结合，创建符合素质教育要求的，既能体现民族传统精神和时代精神，又能承担起培育"四有"新人任务的校园文化体系。

逐步在全校各年级（班）开展以民族体育、民族音乐、民族舞蹈、民族表演项目等为内容的民族文化进校园工作，达到"三个普及"——普及民族知识、民族体育、民族歌舞，学会"五个一"——学会唱一首苗歌、跳一支苗族舞蹈、打一趟苗拳、讲一个苗族故事、制一件苗族艺术品。

民族体育分为竞赛和表演两类项目。竞赛项目为高脚马、押枷（大象拔河）、陀螺、蹴球、射弩、板鞋；表演项目为舞龙、舞狮、高跷、苗拳、打金钱杆、踢毽、打鸡公架、斗鸡、跳皮筋等。学校加强对舞龙、舞狮队伍人才的选拔与培训（增加人员、强化基础训练），从培养学生的爱好入手，提高学生舞龙、舞狮队训练水平，与社会接轨，走向社会，参与社会活动，检验提升竞技水平，并将观赏性与竞技水平上升到更高层次。

民族音乐主要为赶秋喜庆、苗族山歌（如"拦门酒歌"）、威风锣鼓、民俗鼓乐、民族器乐等为代表的民族传统音乐和"赶秋""边城欢迎您""苗家妹子长得乖"等标志性民族歌曲。

民族舞蹈主要为苗族鼓舞、苗族芦笙舞、土家族摆手舞，同时开发其他民族舞蹈。

民族服饰把传统元素与现代因子结合起来，设计既有时代气息又富有民族特色的校服。参加重大活动时，学校师生均着民族服装。

2011年，学校购置舞龙全套道具（含响器）6套，舞狮全套道具（含锣鼓）4套，苗鼓（含鼓架）50面。同年申报了"十二五"省级课题《民族地区学校传承民族文化的有效途径研究》，立项后，在校长的主持下深入研究，成效显著。学校在"二五"发展规划期间，编辑和印刷校本教材《苗族神韵》，内容包括苗族工艺、苗鼓、舞龙、舞狮、蚩尤拳套路等，学生人手一册。

2011年10月，与湖南师范大学体育学院联合培训培养龙狮技艺人员，建立了"湖南师范大学边城高级中学龙狮教学训练基地"。2013年4月聘请蚩尤拳传人石兴文到校训练师生，组织全校学生操练蚩尤拳，2013年9月—10月进行班级间操练竞赛，11月纳入课间操必练内容。2013年4月，组织开展了边城高级中学首届民族文化艺术节活动。2013年秋，蚩尤拳进入体育学科教学，并开展了一系列比赛。2014年春，学校组建民族体育竞赛项目培训队，项目有蹴球、押枷（大象拔河）等项目，着手申报国家级民族体育专项竞技项目培训基地。

落实教学常规，提升教学质量

加强学校教学常规管理，是全面提高教育教学质量、实施素质教育的最根本保障。我校自《湘西自治州中小学教学常规》颁行以来，坚持以《湘西自治州中小学教学常规》规范教学行为，从学校实际出发，坚持常规管理工作的基本原则，坚持以学生发展为本的教育理念，遵循教育教学规律，坚持教育创新，以教学常规管理为主线，把课堂教学作为中心，深化管理体系，努力培养良好的教学习惯、学习习惯和创新精神，全面提升教育教学质量，在实践科学发展观，办人民满意的学校的道路上迈出了坚实的脚步。

一、认定目标

我们以科学发展观为指导，坚持"以人为本，素质为宗"的办学理念；以发展为主题，全面实施以德育为首位、以课堂教学为中心、以培养学生创新精神和实践能力为重点、以炼就健康体魄为基点的素质教育；遵循"高起点、高规格、高质量"的发展原则，优化教育思想、师资队伍、育人环境，改革教学内容和教学方法，建立健全教学质量评估体系，凝聚合力，努力建设拥有一流的师资、一流的质量、一流的管理、一流的设备、一流的环境的学校，培育大批优秀的现代化"四有人才"。

由此引发对教学常规管理的明确目标定位：向规范化要质量，向精细化要质量，向创造性要质量，向"471"学习策略要质量。

二、采取的主要措施

（1）建立以校长为组长的教学常规管理领导班子。确立政教处、教务处、教科室、信息中心、团委为主抓机构，确立教务处为领头机构，确立一名副校长为主抓主管人，主抓机构配足配齐管理人员，并对各机构、人员有明确的分工，分清职责。围绕学校总体目标，在教学常规实施中各司其职，按计划开展工作，做到政令畅通，充分发挥其教学调控的职能作用。

（2）建立班主任激励机制。把落实《教学常规》纳入激励机制之中，两者捆绑起来，将教学常规落到基点上。

（3）认真坚持《教学常规》落实的督查工作。每期定期检查两次，平时不定期不定时地督查到位，注重过程管理，及时发现教学中的问题，研究和解决这些问题，保证教育教学的计划性，并按时总结、评比、表彰。

（4）加强教师培训。培训内容有班主任培训、师德培训、业务培训、课题培训、信息技术培训、青年教师培训、青年教师与老教师结对子。

（5）加强新课程背景下课堂教学改革新路子的探索。学校成功研制及推广"471"学习策略，实施效果良好。

（6）坚持集体备课制度。各年级各学科设立备课小组，每周集体备课至少两课时的内容。

（7）加强学科教学与信息技术的整合，有效运用现代教育技术手段。

（8）严肃考风考纪，培养学生诚信、守诺品格。

（9）加强校园文化建设，为学生学习营造积极上进的德育环境。

（10）组织学生开展自主发展的课外科技兴趣活动。每学年认真组织举办"两会"（田径运动会、元旦文艺晚会）、"三节"（科技节、感恩节、艺术节）。

（11）坚持以课堂研究为龙头，以撰写论文为支撑，开展学校的教研活动。

（12）坚持教师的教学研讨课。每学年组织优质课竞赛和青年教师选优课竞赛；选派教师参加州省级教学竞赛，每年均有10余名教师获奖。

（13）坚持整改、提高、创新，进一步规范学校的办学行为。

三、细化教学常规，提高课堂教学质量

（一）优化教学管理制度

根据学校实际情况，我们不断修订和完善教学管理制度，制定修订了《教学常规管理制度》《教育、教学、教研成果奖励办法》《教职工考勤制度》等多项制度。对教学管理提出了具体要求，明确了教师的岗位职责，使我们的教学管理工作做到有章可循，有规可依，积极推动了学校教学管理规范化、制度化。

（二）细化领导分工，把教学工作落到实处

实行领导岗位责任制，采取分线管理，分年级包干，条块结合的管理模式，保证了年级组内部事事有人管，人人有事干，落实了责任。每位行政领导负责一个年级或负责一个学科或参加一个教研组管理，开展听课、评课等教学教研活动。

（三）强化教研组建设

逐步加强制度式的规范管理，改进备课组活动的管理和形式，推进集体备课，做到以老带新，共同探讨教材，形成一个良好的教学研究氛围，以利于教师整体素质的提高。

（四）强化集体备课，践行课堂教学新模式

学校发挥教研组群体作用，集思广益，做到优势互补，提高全体教师驾驭教材的能力。研究教材，备学生、备方法、备过程、备资源。另外集体备课定时间、定地点、定内容、定中心发言人。这样，通过集体讨论与个体操作相结合，使理论与实践紧密结合，集中群体智慧，优化了教学过程，切实地增强了教师理论水平，较好地提高了课堂的实际效益。

（五）加强教学常规环节检查与督促

一是各教研组每学期检查本组教师教案、听课记录、作业批改、教学案例与反思各2次；为督促各教研组检查本组教师教案、听课记录、作业批改的质量，负责联系教研组的行政领导定期与不定期对教师进行抽查。抽查结果显示各教研组把检查教师教案落到了实处。

二是教务处加大教学"备、教、辅、批、考、研"等六个环节工作的抽查力度，每学期抽查2次。抽查结果显示：各组教师作业适量，措施具体；每次检查、抽查结果都认真作好小结，进行评比，评优、良、中、差四个等级，并在教职工大会上公布。

三是督促班主任每学期给学生写鼓励性评语，并根据评语的质量进行评比。

四是学校行政领导每学期均听课达20节以上。

五是每学期抓好教案、作业、课件、评语的展评。建立学生作业反思、错题难题管理本，评出优秀教案、管理本并进行奖励。

六是抓好学生学段学分认定、学期的综合素质评定工作。

（六）校风和学风管理

为抓好校风、学风管理，一是学校领导轮流值班，并由教师和学生会配

合执行，处理日常事务和检查校风校纪。二是各班严格考勤制度，学生认真点名。全学年，学校召开两到三次学生代表座谈会，年级组举行两至四次学生代表座谈会，进行评教评学活动。三是召开家长座谈会，要求家长代表积极参加学校管理。四是切实发挥政教处的作用，对违规违纪学生强化思想教育工作。五是抓好好人好事宣传报道，在国旗下讲话中表彰好人好事。由于各方密切配合，学校校风、学风不断改观，学校教学秩序井然。在师生中，逐渐形成"勤学、善问、精思、笃行"的学风。

（七）校本培训

一是切实抓好在教学方面的"备、教、辅、批、考、研"等六个环节的"传、帮、带"工作，把教学实践经验欠缺的教师以及新增教师明确为学校骨干教师的"帮、带"对象。二是抓好教师教育理论的学习，以转变全体教职工的教学思想理念，提高教育教学水平及科研能力，并注意抓好这些方面的经验总结。三是提倡自学、边干边学。四是提升教学基本功，做好教师多媒体教学技术培训。

四、注重教科研活动，深化教育教学改革

（一）建立健全教研活动

我校根据课程标准、课程计划以及教学内容要求，结合学校规模及特点，共设 10 个教研组。各教研组长均由学校本学科学识水平高、科研意识强、具有学科带头作用的老师担任。

（二）建立校本研训机制

开展"六个一"活动，要求教师学期内做到"六个一"。通读一本教育教学理论专著；摘抄一篇有助于教育教学的文章；写好一篇教育教学经验、案例或教学反思；上好一节研究、实践或示范课；说一课时课堂教学的方法、手段和教学思路；听、评一节课。以此来推动教师的专业发展。

（三）举办"三课"活动

学校定期举办"骨干教师引领课""青年教师汇报课""优质课"。这"三课"的开展已初步形成学校教育科研的一大特色，为广大教师，特别是中青年教师提供了一个展示教学技能技巧的平台，切实强化了教师教学基本功训练，提高了教师的专业素养与能力。

（四）组织教师外出学习

定期选派骨干教师参加国家级、省级、州级培训。这些派出培训的骨干教师，参加培训后结合教学实际进行讲座、上示范课来培训其他教师，在学科教育教学中发挥示范作用。

（五）信息技术有效整合

去年，我校对专任教师组织了 4 次多媒体技术校本培训。目前青年教师人人能熟练操作，且能制作课件。课堂教学中明确要求使用多媒体技术，同时开展课堂教学与信息技术的有效整合活动，加以实践研究，从而促进教师教法的变革，提升教师专业化水平。

（六）积极稳妥地推行课程改革

学校专门成立课程改革领导小组，全面负责新课程的实施。2007 年秋，在高一年级全面启动新课程教学改革，在探索实践中提出了"为学而教"、"学后再教"的新思路，该年级任课教师全员投入研讨工作，一周一总结一交流，研教融合务实。2008 年年底，总结形成了"471"学习策略和"八环节"课堂教学特色。把课堂还给学生，实现生与生、师与生互动，教与学互补，自主学习、合作学习和探究学习互相渗透，师生教与学激情高涨。

2009 年以来，该年级组探索劲头更足，信心更坚，他们不畏外界的一些闲言闲语，仍注重学生 7 个良好习惯的养成，务实抓好"八环节"课堂教学工作。年级组以此成果为抓手，一边再探索再研究再总结，一边实践运用，直至运用到学业水平备考之中。实践证明这一新课程改革实践具有实效性，彰显示范性：一是新课程教研出成果。二是教改促教学，学业水平测试受表彰。在"471"学习策略指导下，务实地教育教学，学生的养成教育有了根本好转，师生协作配合，教育教学质量有了大幅度的提高。

五、改革评价办法，凸显激励功能

我校把建立新课程所提倡的"发展性评价"作为评价改革的目标，积极探讨中学评价与考试制度的改革的基本框架，树立"以人的发展为本"的新评价理念，建立自评、互评、师评、家长评等共同参与、交互作用的评价制度。各学科根据其学科特点增加具有操作性的测评内容，测试卷、作业用等级加短语的方法进行评价，学生《我的成长记录》更多关注学生的平时表现，关注过程评价，注重对学生学习中的"情感、态度和价值观"及"学习的过程与方法"等非学业内容的评价，注重学生的综合素质，并用激励性、描述性的语言对各个学生的独特性进行描述，让学生明确努力方向，促进不断发展，取得了较好的效果。

震撼心灵的读书教育

——《感悟崇高》心得集前言

现代教育已全面步入新课程教学的征途。这种发展趋势猛烈地冲击着传统教育思想和观念，它极力呼唤着高素质教师的应运而生！面临这种格局，我们的教师该做什么，该做什么样的教师，如何转化观念，如何变革教法？每一位教师都要作出应有的答复。

今年八月，学校购置了《感动教师的119个教育故事》，发给每一位教职工，号召大家认真阅读，从中得到有益的启示。书发下去不到十天，老师们就反映说，这是一本好书，扣住了他们的心弦，震撼了他们的心灵。

学校抓住这一有利时机，决定利用这本好书，对广大教职工进行一次洗涤心灵的师德师风的大教育，倡导大家做一个合格的现代教育教师。大家通过读书学习，写出了很多感人肺腑的心得笔记。我们将这些感悟收集起来汇编成《感悟崇高》，记载我们教师的思想教育，记载我们边高人的精神，使其发扬光大。

感悟来自于教师，汇集了教师们的心声与精神，烽火土地闪烁着忠诚教育的烛光，北清湖畔燃烧着教书育人的激情。

首先，读书学习震撼了教师们的心灵。众多教师在心得中表露此次读书对自己是一次极大的震撼，从内心里得到感动。一位教师这样说："我被该书中描述的师生之间真情实景的故事所触动，更为书中一位位与我们同行的教师的教育事迹所震撼。一幕幕师生之间心灵碰撞的场景给我迷茫的心灵点起了亮堂堂的明灯，曾经的困惑再次释然，找到了明确的答案。"有的还被故事中人物的事迹感动得流下了眼泪。人们常说，有了感动就有了动力，有了动力，就有了上进心，有了上进心，边高何愁不辉煌。

其次，读书学习提高了为人师的认识。老师们说得好，教师队伍是我国教育事业改革发展的主导力量和决定因素，必须坚定不移地建设和造就一支师德优、作风正，能够让人民满意的高素质教师队伍。有教师认为：师德建设决定教师队伍建设，教书者必学为人师，育人者必先行为世范。"高尚而富有魅力的师德就是一部教科书，就是一股强大的精神力量。"这说得多好啊！

再次，读书学习寻觅到施教的秘诀，让爱、责任心引领自己育人。古代思想家教育家孔子创立儒学，创立"仁爱"教育观，成为后世施教的法宝。而今现代化教育，教法众多，多元观念盛行。但教育是有规律可循，施爱教育是行之有效之法，被历史证明，也为现代当代证实。大家读书学习体味的119个故事，每一个故事都透出一个字，那就是"爱"，那就是责任心。"热爱孩子是教师生活中最主要的东西"，有爱就有教育，就有成功。一位教师联系自己的从教实际写道："我从教二十余年，一直牢记着'热爱学生是教师的天职'的训话，也一直坚持在教育教学中身体力行。"用爱去育学生，是"爱"让学生成人成才，从而让我感受爱有这么神奇的力量。一位不落姓名的教师也写得好："我们可以淡泊名利，但不可以淡泊教书的责任，我们可以有不平，但不可以放松育人之重任。"

最后，读书学习让大家感受到幸福。这是大多数教师说的，大家感受到学习的幸福，感受到为人师的幸福，感受自己获取成功的幸福，这都是喜悦，该为之祝贺。读书笔记中提出了一些对学校治学治教的好的建议，这是件大好事，我们表示热烈欢迎并感谢，将根据学校的实际情况逐步付诸实施。

当然，也显露出一些不足。我们的教师的写作水平有待进一步提升，感悟之文联系实际的比例不大。从这点看来，我们还得将读书学习活动坚持下去。师资水平提升就是边高潜动力的提升。

边高人凝聚爱心、责任心、敬业心，在北清湖畔播撒雨露阳光，一定会育出更多能担当重任的国家栋梁。

课题引领，教研兴校

——边城高级中学教科研工作汇报

（2013 年 9 月 11 日）

边城高级中学是湘西自治州苗族聚居地的一所兴办仅八年的高级中学。由于历史的沉积、地域的闭塞及民俗的因素，当地教育与现代教育差距甚远。新课程的实施，猛烈冲击着传统教育思想及观念。边城高级中学追随变革，在"质量兴校，科研强校"办学思想指引下，形成了"为学而教"、"为学而研"的理念。课题研究引领了边城高级中学的教研，教研落实在新课程教学上，呈现出良好的发展势头。

一、教科研主旨：落实教育教学

边城高级中学 2005 年初建，我们深感生源不太理想，优生流失过多，学业基础薄弱；更感学生学风欠佳，课堂上认真听课的学生不多，睡觉的、看小说、杂志的不少。我们深思这种多数人陪少数人读书的定势，必须改变。

经过调研发现，许多中老年教师，在教育教学中或多或少均取得了较好的成绩，职称已评上高级，在教育教学中渐渐放松要求、不再努力，形成"高原现象"。许多中青年教师为教研而教研的现象严重，普遍认为教研就是写论文，只要能写出论文，论文能见报见刊就是高水平教研。

新课程的实施，呼唤新的学习方法，同时也呼唤新的老师，呼唤新的教学方法，新的教学模式。很多新问题也凸现在我们面前。如何评价学生，如何实现过程教学，如何开发应用校本课程，如何整合多元资源，这一系列的新问题都需要我们解决，需要进行专项研究。

传统教学已无法改变滞后面貌，无法应对新课程教学。唯有创新，走教研兴校之路，变革传统教法，变革学生的学习习惯，变革教师的培养办法与途径，才有出路。我们抓住"十一五"课题申报的最佳时机，明确提出课题研究引领教研，通过全员教研，全面提高教育教学质量，努力提高教师专业素养。

对已有成就的中老年教师，激励他们承担并主持课题研究，使其成为"学者型教师"；对中青年教师，激励他们参与课题研究，成为"研究型教师"。我们不需要个人单打独斗作秀式的教研，需要的是全员参与能解决教学实际问题的教研，需要的是能引领教育教学有实效的教研，努力实现由单打独斗向群力共识转变、由撰写论文向探索规律转变、由心得体会向研究报告转变。课题研究必须落实在教育教学上。

学校乘新课程实施的强劲之势，围绕教育教学的核心问题深入探索、深入研究。坚持五年，探索形成了"为学而教"的教学理念，生成"八环节""三落实"的教学策略以及"471"学习策略等成果，将其运用于教学之中，改变了学生学业状况，提升了教学效益。

二、统领大课题：领导一线带头

万丈高楼平地起，校本课题研究，仰仗学校领导的引领。学校能有大多数教师从事课题研究，其根本原因是校领导在向"学者型"领导迈进，他们亲自主持课题或者参与课题研究。8 位校级领导，个个参与课题研究，半数以上的领导亲自主持"十一五"省级、国家级课题。

新课程刚实施的时候，大家都茫然，在研究新方法教学与继承旧传统教学问题上，争论不休。是学校领导一锤定音，"探索新方法，改革课堂教学，教学质量上不去，学校负责；谁不实施改革，墨守成规，教学质量上不去，学校将严格追究其责任"。领导吹响了冲锋号，教师敢于冲锋奋力，抢占制高点，夺取新胜利。

校领导不仅要亲自参与课题研究，更要主持统领学校教育教学的大课题。我们在围绕教育教学课题研究中发现，单从教师的个体、单从某一学科教学的角度提出的课题，有它的局限性，难以形成整体效应，必须要有一个或者几个从学校整体角度提出的课题，才能较好地引领学校的教研。

学校开展的《知与行合一对中学生成功的影响》《八环节教学策略的研究》两个课题，关联着师生教与学的方式方法，关联着师生教与学的素质习惯养成，关系着学生终身学习。对于这样事关校本全局的课题，我们把它作为教研的统领课题，由领导主持，众多教师参与。其他每一课题虽各自侧重点不同，但最终都聚焦在综合素质的养成上，校领导立即召集研究人员，统一思想，最后达成了共识，形成了合力。因而学校的校本研究受到省州教科院的关注与指导，成果也能较快地获取，效益也能较快地在教育教学中显现出来。学校研究成果在省教育学会主办的湖南省实施新课程第二届高中校长论坛上，作典型交流。以上两课题成果均被湖南省教育学会评审为"十一五"课题成果一等奖。

校领导既要主持、统领学校教育教学的大课题，更要及时推广研究成果。课题研究成果的形成在于研究者及时发现、及时总结。研究成果能否及时推广，关键看领导能否及时发现成果的价值。对于这点，我们的校领导具有科学的前瞻性，教师探究的"471"学习策略，一经形成成果，校领导就及时推广，并将其策略列入学校办学"第二个五年规划"的措施之中，及时推广运用。

三、课题相整合：形成研究合力

各个教育课题研究内容、主题虽不相同，但它们之间或多或少有相互联系之点。十一五期间我校几个研究课题，在深入研究中，在单学科单课题的研究中遇到同样的问题。如在新课改背景下学生的学习习惯，日常行为习惯，都会影响学生的学科学习；班主任对班级管理、对学科学习的影响等很多问题是单学科、单项课题研究无法单独完成的，需有协作，共享整合，才能尽快达成共识，形成成果。

我们对承担的"十一五"期间有相关联系的课题在研究中，进行整合，实现共享，探求共识。

我校"471"学习策略，是在课题《八环节教学策略研究》的研究过程中形成的。在研究教学环节中提出学生在校的有效学习必须要有预习、上课、复习、作业等四个环节，为保证每个环节有效，学生要养成7个良好的学习习惯，但4环节、7习惯提出后很难在教学中落实。而另一课题《知与行合一对中学生成功的影响研究》，学生的知与行合一才能形成学生良好的习惯，但绝大多数学生个体都很难合一，这源于人类的弱点——惰性。为了克服惰性就必须进行训练，而训练中发现，各方面形成合力的训练最有效。学生学习的好坏决定于该生的习惯，而学生习惯的核心是学习习惯。我们把这两个课题整合在一起，形成了我校的"471"学习策略。我们以"我的成长记录"为抓手，落实"471"学习策略，并融学生的人生规划指导、理想目标的确立、小组协作合作、学科教师对学生的指导、家长的督促等于一体，既形成了我校的学习特色，又形成了我校的德育特色。

又如研究课堂教学，我们将《湘西民族地区现代教育技术辅助理科实验教学的研究》《利用网络资源激活民族地区高中作文教学研究》两课题融入起来，选取成果进行整合，形成了目前广泛运用现代教育技术辅助教学的新格局。

特别值得一提的是副校长唐冰军在主持"为学而教"课题研究的过程中，收集整理了相关研究资料和成果，出版了《为学而教》专著，成为每位教师指导教学的参考书。我校特级教师、副校长陈秀坪在主持《民族地区中学生学业不良常见表现及教育对策的研究》课题时，笔耕不辍，将其近30年的教育经验写成了《漫谈中学生家庭教育》的专著，在县内外引起了极大的反响。

四、教研出成效：应对新课程改革

学校教研的主要内容一是研究教书，二是研究育人，三是研究管理。研究的成果要为教育、教学、管理服务。

在我们民族区域办学，目前的教育现状与现代教育理念存在较大的差距，教研的目的就是要消除或缩短这种差距。为此我们只能是在教中研、研中教、教中创新，边研边推广边完善。有句话说得很中肯，教学即研究，问题即课题。教研中实现弯道超车，充分体现教研的作用与意义。

从另一意义上说，研究总有一个由浅入深、由点到面、由研究到推广的过程。每深入一个层面，就要将其成果认真地加以实验与应用。学校探索新课程教学，选择了课堂教学为突破口。探索过程及实施决策：第一步，激活兴趣，让学生分组学习；第二步，搬掉讲台，让学生轻松学习；第三步，加强管理，让学生自主学习；第四步，提供平台，让学生快乐学习；第五步，加强监控，让学生扎实学习；第六步，建立策略，让学生形成习惯。这个过程就是一个教中研、研中教，边研边推广边完善的过程。

2007级学生实行新课改，教学中出现的问题多，该年级组每周星期四晚上定期召开年级教研会，会上每一备课组派一名代表作书面发言。发言内容必须来自于本周教学，备课组每周至少上一堂全组研究课，重点研究一个问题，并将研究的问题由一位教师总结写成小论文，再代表备课组发言。每周教研会，校长与主管副校长都参加。新课程改革迅速推进，教师们研究的预习课、展示课、探讨课，如何指导学生预习，如何开展小组学习实践等，为我们申报湖南省教育学会课题《八环节教学策略的研究》提供了实践基础。课题立项后，我们从理论层面对教学过程进行整体研究，从而形成了"八环节"教学策略与"效果第一、过程第一"的"双一实效课堂"的教学特色。

2009 年湖南省首次实施学业水平考试，许多学校认为它是会考的名称变化，内容不变。我们不这样认为，于是在第一时间对它进行研究，发现它与会考有本质的区别：一是教育观念的转化，要求学校真正关注每一个学生；二是对学校评价导向有重大变化；三是组考形式的改变，更加严格、规范；四是评卷，集中全省各校试卷于省城进行网络阅卷。我们将研究的成果及时转化为教育教学的具体对策。一是确定目标：在全州学业水平考试会议上，第一个提出明确目标，科科及格率达 90%，州内其他各高中学校大吃一惊，认为不可能实现。二是在必修课教学中狠抓双基，教学坚决不准增加难度，实施全面新课改，以各种手段激发学生的学习热情与兴趣。三是抓学困生的辅导，促平衡发展。四是抓规范考试训练。措施方法对头，取得良好成绩。杨志雄同学更是以过硬的身体素质和优异的高考成绩被录取为空军飞行员，创造了花垣县教育史上的新纪录。

"为学而教"的教学理念、"八环节""三落实"教学策略、"471"学习策略、"我的成长记录"等都是课题研究的成果，这些成果来源于教学第一线，又在教学一线中应用、总结、提升，使之变成学校的教学常规。每学年我们修订一次《我的成长记录》，及时完善，丰富内容。两个统领课题，其成果均被湖南省教育学会评审为"湖南省十一五课题成果"一等奖。

五、教研出名师：陈秀坪名师工作室

在学校教研兴校的指导思想下，我校的化学特级教师陈秀坪一直潜心钻研，引领教研。

在边城高级中学任教期间，他主持"十一五"国家级课题《民族地区中学生学业不良常见表现及教育对策的研究》和省级课题《湘西民族地区现代教育技术辅助理科实验教学的研究》，参与《八环节教学策略的研究》等课题研究。经过几年努力，他主持的课题参研人员撰写了 50 余篇成果论文，在省级刊物上发表 17 篇，获省级奖 30 余项，其研究成果在教学实践中应用推广，效果良好。他主持的"十一五"省级课题《湘西民族地区现代教育技术辅助理科实验教学的研究》，成果被评审为省一等奖。在课题引领教研中，他一面教研，一面指导老师搞科研，使学校教研氛围浓郁。学校 2011 年被授予国家教育部重点课题研究先进单位，学校被全国高中课改联盟接纳为常务理事学校，他登上全国讲坛，交流自己的教改经验。2013 年 1 月，通过激烈的角逐，陈秀坪被省电化教育馆、省基础教育资源中心特聘为湖南省资源网络建设与应用——高中化学名师工作室的首席名师，成立"湖南省陈秀坪高中化学名师工作室"。该工作室是湖南省唯一的高中化学名师工作室，目前已有成员 88 人，除了本校、本县的化学教师外，还吸引了不少州内、省内其他学校的骨干教师和青年教师加入，在省内具有较大的影响力，引领着学校建立一支师德高尚、业务精湛、充满活力的专家型教师队伍。

回味科研的成就，催人上进。科研兴校是一个诱人的科学命题，边城高级中学在这蕴涵着无限生机的天地里不断求证，必将写出更新更美的文字，绘出更新更美的图画，育出更多更优的人才。

发展传统项目，增强学生体质

——边城高级中学争创省级体育传统学校工作汇报

（2013 年 4 月 10 日）

边城高级中学是湘西自治州苗族集居地一所普通高级中学。在办学过程中，学校坚持"以人为本，以德立校，以体育增体质"的理念，认真贯彻中共中央、国务院《关于加强青少年体育，增强青少年体质的意见》《学校体育工作条例》以及中共中央、国务院 7 号文件，全面实施《国家学生体质健康标准》，在开足开齐体育课的同时，坚持以创建省级体育传统项目学校为抓手，积极开展学生阳光体育运动，推进学校群体工作快速发展，取得了显著的工作成效。

一、坚持校长亲自抓，重"管理"

我们认为学生身体素质是全面和谐发展的前提，加强学校体育工作，增强学生体质，促进学生健康成长是关系国家和民族的大事，是学校全面实施素质教育，促进青少年学生全面、健康、和谐发展的重要内容，也是我校养成教育中培养学生养成良好体育锻炼习惯的主要组成部分。建校开始，我校就确立了"立足规范，注重实效，突出健康"的教育理念，坚持开展课外训练活动，全面推进学校体育工作的整体思路，因此在实际工作中，学校始终把体育工作摆在突出位置，努力培育"目标明确、情操高尚、基础扎实、学有所长、身体强壮、素质过硬"的社会主义建设者和接班人。学校成立了体育工作领导小组，由校长任组长、主管体育教学的副校长任副组长，各处室主任、年级组长和体育教研组组长为成员，负责统筹、领导学校的体育工作，研究制定学校体育工作发展规划和有关制度，及时解决体育工作中出现的问题，建立由体育教师主抓体育教学，由带训教师重抓项目培训，由班主任教师参与共抓学生"两操一跑"群体锻炼的实施机制，具体负责体育教学、课外体育活动和传统项目的训练工作。具体来说，我们组织机制得以落实，认真组织开展了"三到位、三落实"工作。

（一）组织领导到位，制度建设落实

校长亲自抓体育工作，突出了体育工作的重要性、务实性。校长亲自带队参加体育运动会，亲自带队去外地先进体育项目学校考察学习，亲自参加体育教师的选拔与招聘，亲自深入体育训练场地督训督战，让体育工作落到实处。为有效推动体育工作，学校抓住体育传统项目建设龙头，全力推动体育教学与传统项目训练及群体体育活动。

同时，认真组建了创建传统项目领导小组，明确了领导小组的工作职责、目标和任务，制定了学校体育工作一系列的规章制度，把学校体育工作纳入学校发展规划、年度计划、年终考核和班级考核之中。结合学校发展规划，拟定了体育传统项目发展的中长期规划，把体育教学、代表队训练、运动会和各种体育运动项目竞赛纳入学校常规管理，建立了以绩效为基础的体育和传统项目学校建设考核项目。从思想上树立了健康第一的指导思想，为学校体育工作的全面开展提供了组织和机制保障。

（二）队伍建设到位，教师配备落实

我校学生班级较多、班额较大。为有效开展体育教学与训练，我校积极配备业务水平高的专业体育教师，经过几年努力，52 个班配齐了 11 个专业教师。他们全部为大学本科学历，2 人为中学高级教师，4 人为中学一级教师，5 人为中学二级教师。他们都是训练有素、学有专长的优秀教师。在体育教学中，他们爱岗敬业，不辞辛劳，潜心于体育教学与田径项目的培训工作，业绩突出，先后均获嘉奖以上的奖励。

专职教师与兼职教师及班主任密切配合，联手开展班级体育活动是学校推进体育工作的一项有力措施。体育教师引领活动，班主任督查激励，班主任积极参加两操一跑（课间操、眼保健操、晨跑），让学生100%参加群体活动，为创建省级传统项目学校奠定了坚实的群体基础。

（三）经费保障到位，场地器材落实

开展体育运动，建设省级体育传统项目学校，确保场地器材达标，经费必须有充分的保障。学校在建设过程中，把体育运动场地一并纳入学校建设，有计划地建设和增加足够的运动场地与设备器材。目前我校投入重金建设了5248m²的室内运动场，12000m²的田径场，4900m²的可容纳8个篮球场、4个排球场、4个羽毛球场的室外运动场地，标准的400米塑胶跑道，7000m²的课间操场地，各种所需器材全部达标。

这些场地满足了学生日常体育教学和各种训练竞赛活动的需求。我们每年也为花垣县中小学生田径运动会提供场地和器材。2008年全州中小学生田径运动会在我校顺利召开。同时向社会提供服务，国家级篮球赛多次在我校体育馆开赛，服务于社会，得到好评。

经费使用上，学校给予保障。实施实报实销制度，体育经费支出占教育公用经费支出的10%左右，田径训练教师的津贴，高于学校其他学科培训津贴。

二、坚持新课程常规教学，重"务实"

体育教学是实施素质教育与培养德智体美全面发展人才的必要途径，为学生奠定终身体育基础，必须落到实处。

学校严格按照国家颁发的课程方案，开齐开足体育课，依照中央7号文件和《学校体育工作条例》要求，制定了《边城高级中学体育教学及体育活动常规》，严格依照体育教学活动常规，开展体育教学及活动。全体体育教师严格按《体育与健康课程标准》和教材要求教学，坚持集体备课制度，做到了认真备课，认真上课，课后认真总结。教务处每学期对体育教学进行两次督查，绝不允许有违规"放羊式"教学现象发生。主管校长不时深入体育场地督查听课。教师十分敬业负责，依照课标要求，认真组织教学，认真测试与评价，充分发挥学分制作用，准确评定学生的体育技能与身体素质。近四年学业水平考核，我校学生体育合格率为100%，体育达标率为95%以上，高考体检100%合格。

学校开展体育活动，做到"四坚持"。一是坚持举办多层次多形式的学生运动会，坚持每学年举办一次全校性的田径运动会，设田径竞赛项目十五项，竞赛为期三天，学生参赛率达70%以上，运动会成绩、记录逐年在提高；二是坚持每学年各年级开展一至两次班级间专项运动项目竞赛；三是坚持每天一小时的阳光晨跑，风雨无阻，每天晨跑学生达80%以上；四是坚持做好"两操"，课间操，学生上操场做，由体育教师与班主任督查，眼保健操由临下课的任课教师组织督查。

学校体育工作常规管理实现了"务实"，确保了学生群体体育活动有效开展，也确保了学生能具备良好的身体素质。

三、坚持活动训练，重"实效"

青少年体育素质的提高，先决条件在于活动训练，有活动训练就有了保障。我校虽是新建校，却把活动训练目标定位于一年一个新提升，注重开创新"业绩"。因此形成了以抓体育活动训练为载体，逐年提升体育工作实效的良好格局。

（一）抓广大学生的群体活动

学校充分利用场地器材，广泛开展课外活动。学生会、团委会、年级组，经常组织年级与年级、班级与班级间的体育项目竞赛。根据学生爱好、生理、心理特点，学校还组建了群体活动项目的专业队，如龙狮队、苗鼓队、篮球队、羽毛球队、乒乓球队、武术队。活动时间一到，校园操场上人头攒动，一片活跃，形成一道亮丽的景象。学生在运动活动中体验运动，感受运动的激情和欢乐。

这些非传统项目代表队参加竞赛，成绩斐然。女子篮球代表队于2005年、2007年、2009年均获全州中学生篮球运动会女子组第二名，2007年男子篮球代表队获2007年全州中学生篮球运动会男子组第一名。

（二）抓传统项目（田径）运动员的培训

学校认定田径项目运动是体育运动的基石，是奠定学生终身体育活动的基础。建校之初，学校就组建了田径训练队，有带训老师2人，队员26人。

2010 年秋，学校在组建全校性培训队的基础上，又组建了各年级田径运动代表队。目前代表队拥有队员 116 人，带训教师 6 人。学校对代表队提出明确的目标，一是以传统项目训练培训为引领，全面促进学校体育工作，提高教师专业水平；二是培训特长生单项竞赛，志在州级以上运动会争金夺银；三是为高水平的运动队输送人才；四是为高校输送体育专业人才；五是争夺全州中学生田径运动会好名次，为学校争光。

为达以上目标，学校田径队，坚持按计划训练，运动员无论刮风下雨，都严格遵守培训时间，教练做到了有计划安排、有检查考核。

为确保生源，学校开辟生源基地，在县内初中四校建立起特长生生源基地，学校在招生政策中单列招生计划与条件。通过测试，签订就读招生协约，建立特长生档案，对运动员的身体机能与运动水平及在校训练学习情况，进行较为完整的记载，较好地保障生源及特长生管理。

传统项目建设起到了引领作用，推动了学校体育教学，增强了学生体质，提高了体育竞技能力。运动会上，我校运动员崭露头角，在 2008 年、2010 年及 2012 年的全州中学生田径运动会上，分别获金牌 4、2、7 块，银牌 2、2、10 块。近两年为高校体育专业输送了 18 名新生。

四、坚持教改教研，重"创新"

边城高级中学把体育工作教研教改作为学校生存发展的重头戏来抓。学校一年一度教研会，一年一度创优课，体育学科必须有教师参赛，近两年体育教师就有 3 人获州级奖。同时认真组织体育教学课题研究，十一五期间，易长军老师主持的两个省级课题《少数民族地区中学体育学习评价对学生身体素质影响的研究》《少数民族地区农村寄宿制学校中学生体质研究》均顺利结题，其成果分别评为国家级二等奖、省级优胜奖。学校体育教师近年来在省级以上期刊发表论文 13 篇，评审交流获奖论文 6 篇。他们积极探讨学校体育创新工作，大力推进民族体育文化进校园，把少数民族传统体育项目引进课堂教学，传承民族体育文化。主动与湖南师范大学体育学院合作，在校建立龙狮舞培训基地。引进苗拳训练，成为课间操与健身项目；进行民运会蹴球等项目的培训。通过多渠道、多项目的训练，形成良好的群体工作发展势头。

第三部分

总结评价篇

普法依法治校，支撑学校快速发展

——边城高级中学申报依法治校示范学校材料

（2010 年 5 月 20 日）

边城高级中学是湘西民族地区一所省示范性高中。在 2006 年至 2010 年我国第五个法制宣传教育五年规划实施时期，学校认真进行普法教育，做到学法、用法、护法、守法。几年来，学校按照"常抓不懈，务求实效"的要求，坚持普法与依法治校相结合，学法与用法相结合，注重普法工作的质量和社会效益，促进了学校快速发展，取得了成效。

一、抓住"五五"普法主要任务

（1）深入学习和贯彻邓小平民主法制理论和党的依法治国方针、建设社会主义法治国家的基本方略。学习宪法和国家基本法律，着重宣传与公民切身利益密切相关的法律法规，注重培养学生的现代法制观念，提高学校、教师保护学生合法权利的意识和能力，增强广大师生员工遵纪守法、维护自身合法权益和民主参与、民主监督的意识，注重提高全校行政干部特别是主要领导干部的社会主义法制理论水平与依法决策、依法行政、依法管理的自觉性和能力。

（2）紧紧围绕学校的中心工作，紧密结合学校改革和发展实际，开展法制宣传教育。以《教育法》《义务教育法》《教师法》及其他相关的教育法规为主要内容，加大依法治教、依法治校的基本理论和基本法律知识的学习宣传力度。同时，学习宣传我国加入世界贸易组织相关法律知识，学习宣传维护青少年学生合法权益和预防青少年学生犯罪的法律知识，学习宣传依法行政的基本理论和基本的行政法律知识，学习宣传社会主义市场经济基本知识，为全面推进素质教育、保障学校教育改革顺利进行创造更加良好的法制环境。

（3）坚持法制教育与法制实践相结合，全面推进依法治教、依法治校的进程。依法治教、依法治校是教育领域普法工作的基本要求，各处室妥善处理学法和用法的关系，以普法工作为基础，以依法治教、依法治校为重点，进一步加强法制宣传教育，进一步规范学校办学行为及教师依法治教行为，积极推进依法治教、依法治校的进程。

（4）坚持法制教育和思想道德教育紧密结合，把依法治校和以德治校结合起来，高度重视学生的德育工作和教师的师德建设，充分发挥法律法规和道德规范在教书育人中的作用，促进学校民主法制建设和精神文明建设，积极争创文明建设先进标兵单位。

二、依法治校工作实践

（1）加大宣传力度，营造和谐氛围。为此，我校把宣传动员作为启动依法治校工作的中心环节来抓。学校专门召开全校教职员工"五五"普法动员大会，宣传上级的有关文件精神、决议及"五五"普法的目标、任务、要求等。在校园内办宣传栏、悬挂横幅，利用校园广播站、校园网站宣传，看法制教育电影。通过多种形式的宣传活动，统一了全校广大师生的思想，提高了大家对"五五"普法重要性、紧迫性的认识，使"五五"普法有了非常扎实的群众基础。

（2）组建普法领导机构，确保组织落实。学校将"五五"普法工作提上重要议事日程，作为一项长期性工作来抓。为了加强"五五"普法工作领导，建立了边城高级中学法制宣传教育领导小组，校长、书记为组长，主管该项工作的副校长为副组长，并设立办公室，由主管领导任办公室主任，负责日常工作。普法领导小组不定期地召开会议，分析、研究、交流普法工作，查找普法过程中存在的问题，及时采取各种措施解决问题。

（3）培训法制宣传员，做到队伍落实。造就一支合格的普法宣传员队伍，是搞好"五五普法"教育的关键。由此，我们认真组建了普法宣传员队伍，这支队伍由两部分组成，一是从学生志愿者中选录的学生宣传员，二是全体教师。组建起来后坚持对他们进行法律常识培训。教师每学期花费一天时间集中学习《义务教育法》《教育法》《预防未成年人犯罪法》《未成年人保护法》《五五普法读本》以及教育主管部门制订的教育法规、政策。平时要求教师坚持自学，做到集中学与自觉学相结合。每年度组织他们参加普法考试，已实现两个百分之百，即教职工百分之百参加，考试百分之百合格。

对学生宣传员每学期进行两次培训，由学校选派法制辅导员举办培训讲座，并组织他们参加宣传活动。

（4）领导高度重视，确保资金落实。校园法制宣传教育是德育工作的重要方面，也是学校工作的重要内容。学校把宣传教育工作放在重要的位置上，校长与校级几位领导主动担任法制宣传教育辅导员，站在普法工作的前列，认真听取汇报，认真部署和指导。在国旗下的讲话中他们多次畅谈法制观点，积极学法用法，严格遵守法规，规范办学行为，运用法律维护学校尊严、利益和正常的教学秩序。学校办学资金虽然拮据，但学校用于普法、综治、建平安校园方面的开支是实报实销，资金有保障，开展工作也有保证。

（5）坚持活动为载体，开展形式多样的宣传教育。依据学校实际，确立了"用眼去看，用耳去听，用口去说，用手去写，用心灵去感受，让青少年学生全方位受到震撼，得到教育"的理念，以活动为载体，开展校园法制宣传教育。每学期班主任积极组织开展一次法制宣传教育的主题班会活动，组织法制宣传员在班级编办两期法制宣传黑板报，然后各班进行评比。学生会每学期在校园内编办两期法制宣传栏，定期或不定期在校园广播站、校园网、校园电视台播放法制宣传资料。学校全年坚持开展"七个一"活动：读一本好书、看一部专题教育片、办一期内容丰富的普法教育黑板报、举办一次普法教育演讲会、举办一次禁毒反邪教宣传展出、开展一次大型法制教育讲座、组织一次"6·26"禁毒日的宣誓签名活动。寒暑假组织学生深入社会，进行普法宣传的实践活动，并要求全体学生参加。

（6）创建独具一格的普法教育基地。学校创新教育方式，2008年春在学校综合大楼四楼200平方米的会议厅建起普法教育基地——禁毒反邪教教育基地，组织学校美术教师和美术特长生绘制展板。这些展板系统地宣传了普法、禁毒、反邪教的常识，以实际案例作为主要内容，以大幅彩色图片提升馆展质量。从学生中挑选有演讲经验的法制宣传员作为小讲解员，请来二甲普通话测试员进行教师培训，从仪容到措辞都不含糊，讲解力求打动每一位观展者。从建基地到现在，先后有6000人次进基地参观接受教育，湖南省主管普法教育的一位领导看后，很有感慨地说："这一基地让人信服，在湖南的中小学中，是仅有的一个。"

三、创建安全文明校园，构建和谐文明环境

学校是社会主义文明的传播阵地，安全是人生最大的幸福。学校着力打

造安全文明校园，2007 年获湖南省安全文明校园称号。其措施是：创建安全文明校园的机制，为安全文明校园的创建提供有力保障；搭建育人平台，丰富安全文明校园创建的内涵；以开展活动为载体，让青少年学生及教职工在活动中增强法律常识；安全文明校园创建工作与学生德育工作、教职工师德建设相结合，运用法律知识维护学校正常教育教学秩序，维护师生的合法权益。

一系列的宣传教育、依法治校的工作有力地支撑了平安校园的创建工作，构建了和谐平安校园。

四、结合学校工作，优化深化普法教育

德育工作是学校工作的核心，而德育工作尤其要重视法制教育，并始终贯穿于学生在校教育之中。因此，我们在普法教育中非常注重学用结合，为学校的发展创造了一个良好的法制环境。

一是校园环境治理。普法的目的之一是推进社会治安的综合治理和维护社会大局的稳定。为此，我们以普法教育作为校园环境治理的基础。首先，充分调动全校师生的普法意识，建立以年级、班级为单位的普法网络，把法制教育与学生日常行为规范教育、社会实践等主题教育活动相结合，将法制教育与政治课教育相结合，多层次、全方位、立体式渗透进校园环境治理中。在政治课教学中开设法律基础知识课，进行有关宪法等法律法规的教学。其次，充分利用学校诸多的宣传工具，对全校师生进行法律法规教育，以"校园拒绝邪教""少年远离网吧"等宣传为主题，在橱窗画廊中进行宣传教育，班级以此为主题出一期黑板报，开展评比活动。同时，召开主题班会，广泛开展讨论学习活动。平时利用周一国旗下的讲话、每周的校（班）会时间，结合学校教风、学风、校风的检查情况，加强对学生思想教育和法律法规教育。

二是进一步规范办学行为。在普法教育中我们推行素质教育，为达此目的，教师们努力学习素质教育理论及其教育法规，摒弃陈旧的教育理念，逐步规范自己的办学行为与教学行为。加强教师的职业道德建设，每年评选师德优秀教师、文明守法户，对其进行表彰，以激励广大教师树立高尚的师德形象，做到了教师学法与加强职业道德建设有效结合。学校创建湖南省示范性普通高级中学的过程，就是我们依法治校、不断规范办学行为、努力整改的过程，普法教育促进了边城高级中学的快速发展。

三是构建了学校、社会、家庭普法教育的立体网络化模式。学校普法教育还有效地利用社会优质资源开展教育活动。学校常年聘请法律顾问，常年聘请法制副校长，不定期聘请州县关工委领导、专家来校作法制教育报告。2010 年 5 月聘请全国著名演讲专家邹越教授来校作"关爱生命"的大型演讲，演讲震撼了学生的心、震撼了每一个参与人。为配合社会法制教育，学校在召开学生家长会时，不断提醒家长，教育好孩子，家长要做好榜样，做到"模范守法，远离黄赌毒"。多种形式的普法教育构成了学校、社会、家庭齐抓共管的法制教育格局。

五、维护学校尊严，确保师生合法权益

学校进行正常教育教学需要和谐安全的环境保驾护航。在"五五"普法中，学校依照法律法规维护学校尊严，维护正常的教育教学秩序。学校运用《教育法》等法规，排除各种非法干扰，适时整治校园周边环境。

维护师生合法权益，首先是积极建设平安文明校园。学校与花垣县公安、工商、税务、国土、教育局等职能部门联手整治周边环境，取得良好效果。其次是用法律准则调解教师与家长、学生与学生之间的矛盾。我们先后调解教师与社会纠纷达 8 起，做到 100% 的纠纷得到调解，100% 的纠纷调解成功，维护了教师权益；调解学生间纠纷 20 多起，100% 的纠纷调解成功，无一反弹。再次是以学生监护人的身份为学生投保（安全保险）。积极为受伤害的学生申诉索赔，相关的申诉索赔代理，每年达二三十次，减少了家长的负担，更有效地维护了学生合法权益。

六、普法依法治校，促进学校快速发展

开展"五五"普法宣传教育，提升了师生学法用法意识，提高了用法律维护师生合法权益的能力与水平，促进了学校的快速发展。边城高级中学普法的五年，也是学校办学发展的五年，学校建设驶入了科学发展的快车道，五年来取得的成绩是显著的。五年创建了湖南省示范性高中，创建了全国民族中学示范学校。学校先后被授予"湖南省园林式单位""湖南省安全文明校园""全省教育系统反邪教警示教育活动先进单位"等三十余项荣誉称号。

学校工作因"五五"普法而精彩，学校的精彩更需要依法治校来打造。

边城高级中学从发展中感受到学法用法的积极意义，今后将一如既往地做好这方面的工作，努力办好人民满意的学校，充分发挥省示范性高中的积极作用。

创语言文字示范校，一举得多赢
——边城高级中学语言文字规范化工作汇报

（2012 年 11 月 17 日）

语言文字规范化，能促进学校的发展。几年来，学校始终把说好普通话、用好规范字、提高语言文字应用能力，作为教师素质提升的一项重要基准来抓；把提高对学校语言文字规范化的认识，作为教师继承和弘扬中华民族优秀的传统文化、培养爱国主义情操、增强民族凝聚力的一项政治教育内容来抓；把中文信息处理，作为我校加强信息技术教育的发展重点来抓。我校始终如一地贯彻和执行语言文字规范化的规定，优化了校园语言文字环境，加强了校园文化建设，提高了师资队伍水平。现将我校语言文字方面的具体工作汇报如下。

一、高度重视，加强领导，健全制度，完善管理

学校自 2005 年建校以来，认真贯彻国家语言文字工作方针政策，遵守语言文字法规和标准，认真学习并组织落实《中华人民共和国国家通用语言文字法》。我校认真分析自身语言文字工作的优势和不足之处，制定切实可行的语言文字规范实施方案。学校狠抓落实，完善制度，进一步宣传、推广、普及普通话和用字规范化。为此，我校提出"创语言文字规范的校园环境，树言行和谐美好的师德形象"的语言文字工作目标，我们的实践是：

（一）成立语言文字工作领导小组，建构管理网络

加强领导、健全组织、落实人员、形成网络，这是推进我校语言文字工作的重要保证。学校领导高度重视语言文字规范化工作，将其作为学校精神

文明和校园文化建设的重要内容，在制定学校长远工作计划时一并纳入，并积极实践。学校成立了语言文字规范化工作领导小组，校长是创建语言文字规范化示范学校的第一责任人，党政工齐抓共管，将创建语言文字规范性示范学校的目标列入学校工作计划之中，全校各部门各岗位，上下结合，以学校发展总体目标为中心，制定科室和年级创建计划，并与年终考评和个人评优联系起来。我们认真学习国家语言文字工作的有关精神，不断推进学校的语言文字管理工作制度化，妥善处理并及时纠正学校语言文字工作中出现的各种问题，调整管理行为，完善管理工作，开展"推普周"活动，由各班语文教师和语文课代表为推普员，做到规范语言文字工作层层有人抓、事事有人管。

（二）健全语言文字工作制度，发动全员参与

依据《中华人民共和国国家通用语言文字法》，按照国家语言文字工作的目标，我们坚持依法推进语言文字工作，将其纳入学校管理之中、纳入规章制度之中。结合学期工作，学校把语言文字工作纳入学校工作计划之中，定期召开语言文字工作专题研究会议。每学年不但有专项语言文字工作计划，还有专项工作总结。在语言文字规范化工作领导小组主持下，对校园内用语用字的薄弱环节进行监督，并做好相关记录与反馈。

（三）将语言文字规范化要求纳入学校的常规管理

首先，将语言文字工作纳入全校精神文明和校园文化建设中，加大宣传力度，增强规范意识。在校园的显著位置张贴长久性语言文字规范化的宣传牌和各类语言工作的宣传海报，在班级文化中彰显语言文字的规范化。在校内全面推广普通话，开会使用普通话、交流发言使用普通话，这些已成为学校的习惯。

其次，将教学用语用字规范化纳入到教学常规管理中。在日常的教学活动中，教师必须使用普通话；主题活动中，出现的文字必须规范；在学校、班级宣传栏、学生档案材料、班主任手册中，用字必须正确规范，学校语言文字工作小组办公室定期检查。

最后，将语言文字应用能力纳入师资建设的管理要求。全校的教师必须通过相应等级的普通话测试才能上岗，将普通话和规范使用汉字作为教师聘任、考核、评优的基本条件。

二、创建语言文字规范的校园环境

（一）用语规范

身为现代教师，教学语言和行为的规范将直接影响到学生。一名语言优美、声音动听的老师，往往能引起学生倾听的兴趣，通过老师的语言和行为让知识得到迁移和转化。在日常工作中，我们提倡教师与教师、教师与家长之间交流坚持使用普通话，也提倡所有教职员工与学生进行交流时使用普通话。我们组织了青年教师读书演讲比赛、教师硬笔书法比赛等活动，提高了教师说普通话、写规范字的意识。我校教师和东辉在首届全州教师全能素养大赛中获书法一等奖、说课二等奖、师德演讲二等奖；钟静老师几次在县级师德演讲中获一等奖。在学校环境中，我们注重宣传告示、演出用语和电话用语的规范；在各类教研活动、会议上，提倡使用普通话，做到用语规范。特别是"校园之声"广播站的工作，更是深受学生喜爱，已形成了品牌效应。

我校团委每年在学校积极组织学生参加一系列的演讲比赛、诗文诵读比赛，提高了学生运用普通话表达的水平。我校学生晏迎亚等三位同学代表湘西自治州参加省"两法两办法"知识竞赛，获省一等奖。

（二）用字规范

在边城高级中学课堂教学中，教师关注学生的自主学习和交流研讨行为，关注学生回答问题时的语言表述，关注学生的课堂记录和作业书写，使学生养成了天天说普通话、写规范字的良好习惯。学生的活动更是丰富多彩，学校每年组织的钢笔字比赛、书法比赛、写作比赛和寻找身边的不规范字等活动，大大推进了学校的规范用字工作。

（三）文字的信息处理

科技的发展把学校的教学带入了网络时代，在信息文字处理过程中，提出了"三查"方案。一是在打印前，查找错别字；二是教研组长查找老师备课中的文字和语句问题；三是资料员做到有错别字的资料立即加以修正，在文字档案中大大减少文字应用的不规范现象。

三、加强培训测试工作，推进普通话和文字应用的标准化

我国是多民族、多方言的人口大国。因此，推广普及普通话是沟通交流

和提高教育教学质量、提高全民族科学文化素质、促进改革开放和现代化建设、增强民族凝聚力、维护祖国统一的基础工程。

按照国家有关教师和行政人员普通话水平需达到规定等级的要求，虽然我校教师来自七八个省份，但经过学校培训和自我学习，目前我校教师普通话考核水平全部达到国家规定的等级；学校行政人员普通话考核水平也达到国家规定的的相应等级，持普通话证书上岗达100％。我们还不定期地在校内对教师和行政人员进行普通话水平测试。

四、教育工作中推广普通话，推进师生人格塑造的经常化

一个人的道德修养、文化水平、社会身份往往可以从他的说话用词、语调语气中看出来。生活是语言的源泉，给学生创造良好的语言环境，必须丰富学生的生活。因此，学校在日常工作中，要给学生创设丰富多彩的生活情境，开阔学生视野，拓宽、加深学生对周围事物的认识和理解，促进学生思维发展，培养学生规范口语使用习惯，提高学生语言表达能力。

（一）教学生礼貌用语，培养良好的语言习惯

在学习和生活中，创设环境，潜移默化地陶冶学生。我们教育学生尊敬师长，要求学生能用礼貌的语言，主动、热情、大方地打招呼，会问早、问好、道别。教育学生要有良好的语言习惯，讲话时声音要清晰，让大家能听清；速度要适中，不快不慢；语言要准确，吐字要清楚。说话时，要看着对方，不要东张西望，要以理服人不乱发脾气，养成良好的语言习惯。

（二）在各种语言活动中，发展学生思维能力和表达能力

我校在各类语言活动中，开展了丰富多彩的社团活动。2006年成立了"边城风文学社"。2007年，我校团委结合学校新课程改革，又先后建起了书法协会、读书协会、小记者站等十多个社团。各类学生社团在保证正常学习秩序的基础上，积极开展了健康向上、富有特色、注重实效的活动。学校每年开展一次社团活动节，发挥其补充与延伸课堂教学的积极作用，既提高了社团内部成员的思维能力、交流交际能力，又提高了学生的普通话水平、表达能力和艺术素养。

（三）在学校家庭互动活动中，架构共同教育的桥梁

学校将推普工作落实到家校互动中，落实到家校教育桥梁的共建之中。在每期一次家长会上，老师、学生必须说普通话，也鼓励家长与学生交流使用普通话，形成讲普通话的氛围，这在社会上产生了较好的反响。

五、开展播音主持培训，开发语音教学校本教材

2007 年学校选派专业教师任教，开发语音教学校本教材，组织播音主持爱好者培训。几年来，培训规模大则 50 余人，小则有 30 余人，为高校播音主持专业输送了 10 余名合格新生。

学校积极参与推广普通话周活动，每年 9 月 13 日至 19 日，组织学生走上社会，进行推普服务，社会反映良好。

语言文字规范化工作，是一项常抓工程。在以后的工作中，我们决心把创建语言文字规范化示范学校作为学校语言文字工作建设的载体，继续坚持语言文字工作的长效管理机制，把语言文字工作落到实处，推动学校各项工作开展。

我们坚信，在上级领导的大力支持下，在全校师生的共同努力下，我校语言文字工作定会走上一个新的台阶，州级语言文字规范化示范学校创建工作定会为我校打造"三湘名校"奠定一个坚实的基础。

迈向教育信息化新层面，打造教研"融合"特色

——边城高级中学现代教育技术工作先进事迹报告

（2012 年 12 月 13 日）

边城高级中学站在现代教育发展的前瞻视角上，注重现代信息技术工作。从初建时刻起，就大力建设学校数字化网络，并以教育信息化为支撑，带动学校快速健康发展。五年建成湖南省中小学现代技术教育实验学校、湖南省示范性普通高级中学、全国民族中学示范学校。七年来，先后荣获县级以上荣誉达一百多项。

一、领导重视，统一认识

学校站在"高起点、高规格、高速度"的发展视角，高度重视现代教育技术建设与管理。成立了以校长为组长，由教学副校长主管的现代教育技术领导小组。小组下设五个职能机构，分管环境建设、资源管理、教师培训、整合教学和科研探索等工作。学校专设信息技术中心行政机构，配置了 6 位

专职信息技术人员来管理日常维护及教学等工作，制定并实施《边城高级中学现代教育技术工作五年发展规划》，其总体目标是：完成高标准的现代教育技术装备建设，提高教育信息化的应用水平。通过推进教育信息化，建设一支教育理念先进、现代教育技术素养强的教师队伍，同时提高学生信息化素养。通过运用现代教育技术，提高课堂教学效率和学校的管理水平，以现代教育技术推动学校教育的现代化。

学校领导充分认识信息化社会对学校教育的意义，确立了"教育信息化支撑学校发展"的指导思想，形成了以教育信息化带动教育现代化，走跨越式发展之路的工作思路。推动现代教育信息技术工作，组织教师转变观念，提高认识。2012 年国家教育部发布《教育信息化十年发展规划（2011—2020年)》，学校组织教职工学习，统一意见后，及时修正了《边城高级中学信息技术五年发展规划（2011—2015 年)》，将信息技术列入支撑学校发展的重要位置，决心打造信息技术与教研深层次融合的特色教研。

二、高规格高标准建设环境资源

现代教育技术要在学校得以具体运用，硬件设施是基础。学校根据实际情况，以"科学规划，因地制宜，注重实效"为原则不断完善校园信息化建设，硬件、软件、潜件三方面同步发展。为了搭建一个理想的教育教学环境，实现网络教学、电子备课、信息搜索和教育资源共享，2010 年前投入 1000多万元建成了以千兆光纤为主干、百兆到桌面的校园网、校园电视台、自动化办公系统、监控系统。多媒体网络教学系统覆盖所有教室，222 名专任教师，人手配备一台笔记本电脑。近两年，每年拨付 20 余万元资金来添置设备或维护网络，夯实了现代教育技术的设备基础。目前学校积极主动启动了"高中数学教学资源开发"项目的招标，迈开了从提升现代教育信息化向高层面前进的步伐。

优化资源配置，构建信息资源共享的长效机制。学校共享湖南省电教馆基础资源，并与中学学科网、高考资源网签订使用协议，同时努力开发校本资源，拥有容量 5T 的教学资源库，形成了"五源一库"的教研资源特色，确保了教育教学的信息量需求。

三、注重管理，完善各项制度

制度管理是一种有效的管理手段。学校首先从制度上加强对教师的引导，促进教师现代教育技术技能的提高。教师晋级、评先、评优，都得具有《计算机等级证》；每年教师的引进，都得考查其是否能较好地使用现代教育技术手段进行教学。其次，管理凝聚活力。在建设中，现代教育技术领导小组与信息中心密切配合，团结协作，率先垂范，形成工作合力。领导小组每一学期召开两次专项会议，研究专项工作。再次，健全了现代教育技术管理的各项管理制度，如《边城高级中学计算机网络安全管理制度》《多媒体设备使用、维护管理条例》等二十余项，对网络安全、硬件设备、软件资源、场室的管理使用作了详细的规定，将责任落实到人，并积极探索有效的评价和激励制度。

四、以现代教育技术促进教师综合素质的发展

学校现代教育技术设备主要为教师使用。如何让教师使用？学校从两方面积极入手，一是更新教师的教育理念，二是致力于提高教师应用现代教育技术的综合素质。

（一）多引导

引导教师转变旧的教育观念，树立现代教育观念，为学生终生发展服务。

（二）勤培训

学校狠抓培训，坚持以校本培训为主、外派培训为辅的培训方式。经过培训，教师教育观念得到更新，能力得到增强，管理水平得到提高，实现了五个转变，即从仅掌握少量计算机入门知识到能够熟练操作计算机，从使用他人课件到自己开发制作课件，从单纯上网查找资料到自己动手制作网页，从使用粉笔上课到熟练运用多媒体教学，从靠学校强制运用电化教学手段到自觉使用电化教学手段。

2012年，学校组织全校教师在校开展"湖南基础资源教育网络"应用培训，两期培训共216人次，还聘请信息技术专家来校培训摄、录、编等方面的技能。通过培训，学校全体教师都能熟练地上网查找资料、登录FTP上传下载已有的资源；能将网上下载的资源进行优化改进，化为己用；会熟练进行文字和数据的处理、制作多媒体课件；能熟练运用多媒体教学平台和进行录像课的拍摄与转录、制作VCD或DVD影碟等。并且，越来越多的老师能独立开展网络管理、教学软件使用、音视频多媒体制作、资料素材收集、教学设备维修保养等工作。

教师们熟练运用现代教育技术进行教育教学，取得显著成绩。近三年，

教师运用现代教育技术参加教学竞赛以及辅导学生运用现代教育技术参加科技活动竞赛，获奖共五十多项。教师黄永红、方慧平2011年参加上海全国信息技术"民教杯"竞赛，均获二等奖。

五、发挥现代教育技术的支撑作用，促进学校的可持续发展

（一）实现了教师教育教学三个覆盖率的提升

一是教师覆盖率。教师100%运用信息技术教学，人人懂得计算机操作，掌握上校园网和互联网的技术和方法，会进行电子备课、改编课件、设计课件脚本、制作多媒体课件（方便、普及型的PPT课件）；善于通过互联网、本地区教育科研局域网获得信息资源。

二是课时覆盖率。教师绝大部分的课时都使用多媒体软件，运用多媒体教学工具进行教学，并共同探讨在德育和学科教学中应用现代教育技术的灵活性。目前使用现代教育技术进行课堂教学的课时覆盖率已达到83%。

三是学科覆盖率。100%的学科参与开展现代教育技术实验，使得各科教学都能将现代教育技术与学科课程进行整合，并参与课题研究。

（二）畅通了信息技术教学

学校依照教育主管部门要求，配齐了专业教师，开足了信息技术课课时，杜绝了学生学信息技术的随意性和盲目性。该科目进行了学业水平考察，100%学生操作合格，且具有健康的网络观。

（三）运用现代教育技术，推动学校管理的现代化

学校积极推动网络办公，重点建设校园网。全体师生都参与了网站的内容更新、建设与使用。学校应用校园网发布学年和学期工作计划、每周工作安排、校务公开资料、教师论文、各项活动方案等消息；应用FTP平台实现无纸化办公，提高了工作效率；利用校园网站的论坛让全体师生对学校管理和教育教学进行讨论，提出意见和进行寻访；运用多媒体课件在教师会议上传递各种信息；充分运用"校讯通"架起学校与教师、教师与家长之间融洽沟通的桥梁，有效地组织和引导建设良好的校园信息化环境。

（四）以现代教育技术促进学校素质教育

学校充分发挥校园网及多媒体设备的支撑作用，来促进素质教育的发展：以信息化的现代教育技术手段，将存贮记忆、高速运算、逻辑判断的功能和符号、语言文字、声音、图形、动画和视频图像等多媒体信息技术集于一体，来提高教育教学质量；把现代教育技术手段应用到德育、学科教学、艺术教

育、科技教育、心理健康教育、环保教育、体育卫生教育和校园文化建设以及学校管理等改革上，促进学校的素质教育健康发展；运用现代教育技术手段，改变学生在学习中认识事物的过程，把感知、理解、巩固、运用融合为一体，以改革教学过程和教学方法，革新教育教学过程中教师、学生、教材三者之间的关系；在各科教学中，教师通过互联网广泛收集信息资源，把新科技、新信息、新发明应用到教学内容中，革新教材形式，增大信息量，使教学内容现代化。

（五）以研促教，课题研究中运用现代教育技术

教育技术现代化的目的是实现创新人才的培养，实现教育现代化。教育信息化的过程，不仅仅是信息技术引入教育的过程，更是一种教育思想、教育观念变革的过程，也是一种基于与时俱进的教育思想、有效使用现代教育技术、实现创新人才培养的过程。因此，学校在现代教育技术建设中，在现代教育技术环境下，始终将推进教育教学研讨和改革作为重点，依托现代教育技术，为教育教学的全面发展服务，以研促教，以研促学。

"十二五"来，学校利用现代教育技术手段，承担起七个省级以上研究课题，其中有两个省级教育技术课题（《现代教育技术对苗族高中生英语水平提高》和《中学信息技术与学科整合的校本资源库建设与运用研究》）。前一课题已实施了课题论证、撰写了实施方案，评审的 6 篇论文获省级奖，并撰写了本年度的研究总结。后一课题是 2011 年 12 月 2 日申报，2012 年 7 月得以立项，即时撰写好课题实施方案，分工落实到人，之后抓住学科教学与信息技术手段的整合，组织教研人员广泛制作优秀课件，丰富样本资源库。在探索策略之中，实施校本资源库建设途径。一是组织教师开展运用现代教育技术与学科教学竞赛活动，开发课件，积存资源，目前已积有效资源 70 多种，并组织人员评选出优秀课件。二是研究人员撰写课题研究的论文体会，撰写论文 6 篇，经省电教馆评审，2 篇获省一等奖，4 篇获省二等奖，目前课题研究态势良好。

（六）积极投入优质教育教学资源开发活动

2012 年 10 月，学校先后派信息技术专业教师及教学教研人员，参与省州电教馆拍摄编制"初中数学教学优质资源的开发"活动，撰写的 10 课节脚本均被省电教馆编审认可，开始进行摄录。5 位教学人员依自己撰写的脚本教学，录制了 9 节课，高标准高质量的资源制作得到了省电教馆的高度评价。

（七）认真构建"湖南省名师工作室"

鼓励名师组建团队，创建名师工作室。2012 年 11 月，名师陈秀坪、彭祖友分别积极申办化学名师工作室、历史名师工作室，全校共有 30 多人参与名师工作室建设活动。

（八）成功承办了花垣县中学现代教育技术观摩课活动

活动全程在边城高级中学开展。学校提供了 32 堂观摩课，友好地接待来观摩的教师、专家、领导共 200 余人，展示了学校信息技术教育教学风采，也体验了运用信息技术教学的快乐。

务实学业水平考查学科教学

示范性普通高中的发展根基在于规范，新课程实验的过程正是新的教学规范建设的过程。边城高级中学作为全省最年轻的示范性高中，自 2007 年湖南省普通高中实施新课程以来，学校力求抓住课程实验的重点，寻求在学业水平考试考查科目的实施上有所突破，力争在新课程的新规范建立过程中有所建树。

学校重视学业水平考查科目的教学规范管理，加大设施设备投入及实践基地建设，于 2010 年 10 月通过了湖南省中小学现代教育技术实验学校的验收评估，在 2010 年 12 月的全省学业水平考查科目实施情况抽查中得到省教育厅的好评，并在湖南省示范性普通高中校长年会上作典型代表发言。在此谨将近年来学校学业水平考试考查科目教学工作总结如下。

一、研究课程方案，转变教育观念

课程是实现教育目的的重要途径，是组织教育教学活动的最主要的依据，是集中体现和反映教育思想和教育观念的载体。因此，课程居于教育的核心地位。新的普通高中课程方案调整，改革了高中教育的课程体系、结构、内容，构建了符合素质教育要求的新的普通高中教育课程体系。

2007 年 2 月，《湖南省普通高中课程方案（实验）》颁布之日，正是我校寻求兴校策略之时，学校提出了大力研究新课程、大力实施新课程的学校提升策略，组织教师认真学习省颁课程方案、各科课程标准、选修课教学指导意见、学生综合素质评价实施意见、学生学分认定办法及学业水平考试实施方案。派出教师参加新课程通识培训，请专家来校指导，逐渐改变了教师们重知识、轻实践，重考试、轻考查，重结果、轻过程的传统教育观念，扫清了考查课程的全面实施的认识上的障碍。

二、依据省州文件，制订实施方案

省州下发的一系列关于新课程的指导性文件，为学校实施新课程确立了基本的规范标准。

在深入研究上级文件，并在借鉴湖南师大附中、长沙市雅礼中学、株洲市二中、衡阳市八中的课程实施方案的基础上，学校于 2008 年 8 月组织人员编写了《边城高级中学课程实施方案》和《边城高级中学学生学分认定实施办法》，并在 2008 级高一开始实施。

2009 年 2 月《湖南省普通高中学业水平考试实施方案》（2008 年 11 月试行）颁布后，学校对上述两个校本方案进行了必要的修订，并依据省学考方案制定出《边城高级中学考查类课程实施方案》，且于 2009 年 12 月《湘西自治州普通高中学业水平考查实施方案》颁布后，再次将校本方案进行了修订。

学校严格按考查学科各科课程标准规范教学工作，并根据湘西自治州教育局的统一部署和要求，在县教育局的指导下，认真组织了历届学业水平考查工作。

三、瞄准实施重点，突破实施难点

学校认为新课程实施的重点在于选修模块、技术学科、综合社会实践活动课程的开设及学分制评价方式的实施。传统科目考试模块内容教学容易得到人们的认同，而学校实施新课程的难点是体现学生操作能力、研究能力、实践能力的考查科目。

学校实施新课程几年来，在理化生实验操作、信息技术、通用技术、体育与健康、美术、音乐、研究性学习、社区服务、社会实践这些学科上具体做了以下工作。

（一）严格按标准开齐开足课程

学校严格按省课程实施方案标准开齐课程，开足课时，从教学安排上保证学业水平考试考查科目的教学工作能得到落实，具体开设情况见下表：

边城高级中学考查类课程设置及考查方式表

所属学科	模块		开课时间	每周课时	既定学分	考查方式
	名称	性质				
科学	物理实践操作	必修	（随物理课程）			实验操作
	化学实践操作	必修	（随化学课程）			实验操作
	生物实践操作	必修	（随生物课程）			实验操作
技术（共8分）	信息技术基础	必修	一年一期	1	1	上机操作
			一年二期	1	1	
	多媒体技术应用（或网络技术应用）	必选	二年一期	1	1	上机操作
			二年二期	1	1	
	技术与设计（1）	必修	一年一期	1	1	考场笔试上交作品
			一年二期	1	1	
	技术与设计（2）	必修	二年一期		1	
			二年二期	1	1	
艺术（共6分）	音乐鉴赏	必修	一年一期	1	1	考场笔试演唱作品
			一年二期	1	1	
	美术鉴赏	必选	一年一期	1	1	考场笔试上交作品
			一年二期	1	1	
	书法	必选	二年一期	1	1	上交作品过关检测
			二年二期	1	1	

（续表）

所属学科	模块		开课时间	每周课时	既定学分	考查方式
	名称	性质				
体育与健康（共11分）	体育与健康（1）	必修	一年一期	2	2	项目测试
	体育与健康（2）	必修	一年二期	2	2	
	体育与健康（3）	必选	二年一期	2	2	
	体育与健康（4）	必选	二年二期	2	2	
	体育与健康（5）	必选	三年一期	2	2	
	体育与健康（6）	必选	三年二期	1	1	
社区服务（共2分）	社区服务（1）	必修	一年级（节假日）	5个工作日以上	1	校园服务和社会实践证明材料
	社区服务（2）	必修	二年级（节假日）	5个工作日以上	1	
社会实践（共4分）	社会实践（1）	必修	一年级（节假日）	7个工作日以上	2	
	社会实践（2）	必修	二年级（节假日）	7个工作日以上	2	
	社会实践（3）	必修	三年级（节假日）	7个工作日以上	2	
研究性学习（共15分）	通识培训	必修	一年级（课余）	高一上期1课时	5	过程管理
	课题1~2个	必修	二年级（课余）	（课余时间）	10	课题报告

（二）严格执行教师教学常规

为克服所考查科目的学生课堂自主操作活动过多、考试考查主观性过强、教师教学易随意的问题，学校坚持抓好教师"备、讲、批、辅、考"各个教学环节的工作，比照考试科目严格执行教学常规，提高课堂教学效率。

开学初，由教务处下发教师安排表、课表，明确考查科目的教学地位。考查科目教师按要求编写教学计划（实验操作计划）、活动方案，精心设计教学过程，认真批改作业，耐心指导学生活动，细致收集审查学生各学科的作品及成果，认真组织期终考查及各学期结束模块学分认定，进行教学质量分析并上交工作总结。面对考查科目教学实施经验欠缺的情况，要求任课教师做好集体备课的准备，鼓励教师多互相听课、评课，要求与考查科目相关的实验员做好教学实验准备和记录，为师生提供完善的教学服务。

教务处每期组织三次教学常规检查，并对所有学科教师情况进行通报。学校在每学期结束时对所有教师教学资料进行整理，有效地保证教学常规的落实。

在课堂教学之外，考查科目的各学科教师积极组织学科兴趣小组活动，政教处、团委会定期组织学生军训、到社区服务、到民情民俗基地考察、进工矿企业参观、参加新农村体验等综合实践活动。学校定期举办科技节、运动会、艺术节。学生在活动中增强了体验，激发了思维，增长了见识，锻炼了意志，提高了能力。

（三）注重学生学习过程管理

学校制定了《边城高级中学学生学分认定实施办法》，并根据学分认定工作的复杂性，分别成立了考查类课程（信息技术、通用技术、音乐、体育、美术）模块学分认定小组、研究性学习学分认定小组、社会实践与社区服务学分认定小组、学分认定工作仲裁小组，依据各学科的具体操作程序组织学生进行学分认定工作。

考查科目教学以学生活动为主。在学生学分认定工作中，我们充分考虑了学生在学习活动过程中的参与程度，"学习过程表现"项占评价总分的30%；在考查类课程中，把"积极配合老师的教学活动，主动学习，动手参与能力强"作为评价的基本标准；在研究性学习活动中，把"出满勤，积极参加活动，很好地完成了分担的任务"作为评价的基本标准。

学校成立信息技术中心，专门负责理化生实验、通用技术、信息技术教学及设施设备管理。成立艺体中心，专门负责音乐、体育、美术学科教学、活动组织和设施设备管理。

（四）构建相应的课程资源体系

学校针对新课程考查科目实施中存在的教师资源、设备设施、校本研究、校外基地等不足的情况，积极想办法，在几年内投入大量人力物力，基本建成了相应的课程资源体系。

第一，合理配置教师资源。新课程改变了传统的教育体系，通用技术、研究性学习、社区服务、社会实践这些新增科目的教师缺乏适当明确的来源，而信息技术、音乐、体育、美术课程开设课时增加，原有的人员无法满足开足课时的要求。面对这些普遍的问题，学校加大了信息技术、音体美教师引进力度，几年来基本配足了各科专业教师，建成了相应的专职教师队伍，同时抽调事业心强、业务水平高、知识面广的教师，临时担任通用技术、综合实践活动教学和指导工作，选派教师参加省内外有关培训，力求在六年内完成专任教师的业务提升，建成一支专职教师队伍。

第二，积极加强设施建设。学校以创建省现代教育技术实验学校为推手，站在"高起点、高规格、高速度"发展视角，高度重视现代教育技术建设。据不完全统计，近五年学校从政府、教育部门先后申请到现代教育技术投资800万元，用于学校信息化考查科目教学建设。

第三，认真开展校本研究。学校集中了周边地区一大批优秀教师，他们有着良好的教研习惯。在新课程实施以来，学校充分发挥他们的优势，动员他们加强考查学科教学实施研究，撰写高质量的现实针对性强的论文，开展相关课题研究，编写相关校本教材并进行完善。近几年来，教师们在省级以上刊物发表考查科目相关论文有 36 篇，省级立项课题有 8 个，国家级课题《少数民族地区中学体育学习评价对学生身体素质影响的研究》已结题并获国家级二等奖。学校还编写了《湘西苗族银饰》《民间剪纸艺术》《苗绣》《神奇的肌理艺术》《湘西动植物》等突出民族民间特色的校本教材 9 本。

第四，全面建立实践基地。为正常开展综合实践活动，学校聘请了 9 名实践活动指导人员，先后建立了 6 个中心社区服务基地和 19 个县内外社会实践活动基地。这些举措基本保证了研究性学习、社区服务、社会实践活动的集中开展，也为学生进行的自主实践活动项目提供了参照。

（五）认真组织学业水平考试考查

学校按照《湘西自治州普通高中学业水平考查实施方案》要求，于 2010 年 3 月 5—7 日、2010 年 9 月 28—30 日、2011 年 9 月 28—30 日、2012 年 9 月 25—27 日，分别组织了 2007 级、2008 级、2009 级、2010 级学生学业水平考试考查科目的学业考查。

为切实做好考查工作，学校制定了考查学生学业水平工作实施方案，考点办组织师生认真学习普通高中学业水平考试相关文件，统一思想，提高认识，做好师生考前动员工作，以积极的心态迎接省、州、县教育行政部门的检查。考前对监考老师进行了工作培训，特别强调实验操作考查的监考老师要掌握实验考查的形式与评分标准，要按照评分标准进行成绩评定，保证考查公正、公平。对学生进行安全教育，做好有关安全防范的预案，确保考查过程中没有任何意外事故的发生。

考查工作纪律严明，完全按照州教育局制定的统一考查程序及形式，使用州教育局统一考查试卷及评分标准，严密组织考查工作，并及时上报考查成绩，考查中师生没有舞弊行为。

四、反思实施历程，提升学校品位

课程是教育的核心，普通高中新课程方案实施的质量，是当前决定示范性高中办学质量的核心依据。只有认真实施新课程，我们的示范性学校才能展示自身优势；只有认真实施新课程，我们的学校才有良好的质量；只有认真实施新课程，我们的学校才能切实提高教学品质。

通过本次阶段性总结，认真梳理实施思路，清理过去的做法，我们更明白了全面认真实施新课程考查学科教学的重要意义，发现了在实施过程中因诸多主观、客观原因造成的不足，也对做好学校新课程全面实施工作难点突破有了新的认识。

（1）进一步改变传统教育观念，扎实推进新课程实施。实施新课程，是国家的大政方针，没有任何个人或小集团可能阻止，个别人坚守传统教育经验的想法是极其幼稚的，只有站在新课程实验的前沿，学校才能得到大提升。

（2）进一步细化考查科目操作流程，逐步建立操作规范。学校要加强操作过程的细化与规范操作管理工作，在实验过程中总结好的做法，探索提高质量的途径，明确各科一般可操作的教学实施及评价程序，为考查科目的教学工作建立操作规范。

（3）进一步明确准确评价考查科目专任教师工作时量、质量的标准，采取切实可行的措施，保障他们的利益，保护他们担任专任教师工作的积极性；进一步加强师资培训的力度，尽快建立一支力量强大的考查科目专职教师队伍。

（4）进一步加强同校外指导工作者的联系，加强社会实践活动基地建设。可以说，新课程的实施是一项巨大的社会工程，它引导学生更多地关注现实社会生活的方方面面。学生观察、体验、思考的区域已超出了普通高中传统的教育工作者过去的知识积累，学校还将继续为学生提供更多、更优秀的校外活动指导者，继续为学生搭建校外社会实践活动的优质平台。

（5）进一步为新课程教学管理提供技术平台的支持。学生学分管理是一项极复杂的技术工程，几千个学生上百个学习模块的学习过程评价、考试考查成绩、小组课题资料、综合成绩、认定学分，这一些资料的上报及记录工作，没有专门的管理软件的支持不可能高质量地完成。因此，学校将尽快获取技术支持的平台。

（6）进一步在考查学科教学过程中着力打造特色，加强校本教材的编写与教学实施。我校处于湘西苗族集居的花垣县，少数民族学生占在校学生总数87%以上，近43%学生能听懂苗语，近30%学生在一定场合用苗语交际。花垣苗族同胞崇尚自由（在80年代末青少年男女还保留着"赶边边场"自由恋爱的习俗）、个性耿直，不愿受更多约束。面对如此特殊的社会环境，学校借助新课程实施的机缘，着力将教育管理的难点转化为自己突出的特色。学校必须坚决完成在第二个五年计划期实现100%的学生钢笔字过关、80%的学生会击苗鼓、会舞龙狮、会一项民族体育艺术活动的目标。

让生命之树长绿

——边城高级中学创建省防震减灾科普教育示范学校工作报告

（2013年10月）

我校防震减灾科普教育示范学校创建工作起始于2011年3月，目前已取得较好成效。提高了师生防震减灾的思想意识，增强了师生应对突发地震灾害及其他灾害的能力，达到"教育一个孩子，影响一个家庭，带动整个社会，确保一方平安"的目的，确保了学校师生安全，确保了学校正常教学秩序，促进了学校快速发展。

一、加强领导：确保创建工作的有序开展

防震减灾是一项重要工作，是学校安全工作的重要组成部分。为认真落实省地震局、省教育厅湘震发〔2011〕9号文件精神，把科普教育落到实处，学校于2011年实施党政工团共建防震减灾科普教育机制，3月初组建了边城高级中学创建防震减灾科普教育示范学校工作领导小组：由学校党委书记、校长向祎同志任组长，党委副书记田昌洪同志任副组长，其他校级领导与各处室主任为成员，配备四名中层领导和地理教师为专职教师，各班班主任任

该班科普教育的主抓辅导员，政教处与团委会主抓学生科普教育，总务处确保创建活动经费开支，工会承担教职工的宣传教育，组织好教职工的实践演练，信息中心负责校园网络上的宣传教育，其他各处室确保全员参与教育活动，从而形成了主要领导亲自抓，分管领导具体抓，各班主任率领学生进行活动的实施格局。

领导小组结合学校实际，认真部署，确定创建目标与思路：把防震减灾科普教育纳入学校管理之中，坚持以创建省防震减灾科普教育示范学校为动力，以加强校园安全建设为基础，以普及防震减灾科学知识，倡导科学防震避灾方法，提高应急避险能力为宗旨，以活动为载体，以科普宣传教育和避险演练为重点，以教育一个孩子，影响一个家庭，带动整个社会，确保一方平安为目标，制定创建实施方案，拟定有效措施。

二、大力宣传：营建创建工作浓烈的氛围

我校 2011 年 3 月正式启动创建防震减灾科普教育示范学校工作，首先进行的是开展好宣传教育工作，营造创建氛围。这项工作主要从四个方面进行。一是开好"四个会"，即行政办公会，全体教师会，全体班主任会，全体学生会。通过"四会"进行各个层面的宣传动员；二是营造氛围，强化全体师生"防灾减灾日"宣传活动的意识。通过周一清晨升国旗仪式上的国旗下讲话，在综合楼大门悬挂横幅，校门口电子屏显示"关注建筑安全，远离地震灾害""减灾知识进校园，家庭社会更安全"等主题标语以及校内张贴防震减灾宣传画等，大力营造宣传氛围，强化全体师生防灾减灾意识；三是组织广大师生观看防震减灾科普宣传片、展板、图片等，大力普及防震减灾知识，内容包括"地震常识""地震与建筑安全""地震与逃生""唐山地震"等，既有常识介绍，又有历史回眸，还增加了刚刚发生不久的青海玉树地震等现实性、时代性较强的内容，图文并茂，给观看的师生以很强的视觉冲击与教育效果；四是采取有效措施，做到"六个纳入"，即把创建防震减灾科普教育示范学校纳入学校日常工作之中，把创建防震减灾科普教育示范学校纳入学校常规管理之中，纳入学校工作计划之中，纳入教职工年终考核评优之中，把防震减灾演练纳入新生军训之中，纳入学生社会实践与社区服务活动之中。定期开展防震减灾科普教育活动，做到了"三个百分之百"：让 100% 的师生参与活动，让 100% 的师生树立防震减灾安全意识，让 100% 的师生提高自救互助的能力。

三、打造阵地：活动凸显教育特色

为保证"防震减灾科普教育"落到实处，我们利用学校现有资源开展教育活动，打造班级学生教育主阵地，搭建好教育平台。我们从三条渠道努力：

一是打造班级学生教育主阵地。班级建立了"防震减灾科普教育活动小组"，每班4小组，全校共208个小组，让学生在班主任的组织下进行班级防震减灾知识讲演或宣讲活动。

二是在校园内搭建"防震减灾科普教育"平台。确立且标志好三个"减灾应急场地""减灾应急疏散线路"，常年设置防震减灾科普教育宣传栏板，并定期更新；筹建了宣传内容比较全面的"防震减灾科普教育"展室，专门用于"防震减灾科普教育"，对学生开放，对社会开放，仅资金投入，2012年便达4万余元。学校每期组织一次防震减灾科普讲座，全年2次。认真组织学生参加学校及社会防震减灾科普教育与演练活动。

三是充分发挥课堂教学主渠道作用。学校每学期在教学常规中明确要求各学科教师必须将防震减灾科普知识与学科知识有机结合起来，将科普教育与物理、化学、地理等学科课堂教学有机整合，依托课堂教学这个主阵地、主渠道，对学生开展有针对性和实效性的渗透教育。学校向各班提供地震科普教育资料，拓宽学生防震减灾科普知识，提升学生对防震减灾基本技能的掌握程度。

四、开展活动：提升防震减灾意识和能力

在创建防震减灾科普示范学校的过程中，我们注重活动的开展，让学生从实践和体验中增强防震减灾意识，提高防震减灾能力。为此，我们组织每项活动前都精心策划，注意针对性和实效性，使得每项活动都取得了较好的效果。我们在创建过程中主要开展七项综合活动：

（1）每年3月初进行《防震减灾法》实施日宣传活动。安排了四项内容，即防震减灾科普宣传国旗下讲话、《防震减灾法》专题宣传栏、《防震减灾法》主题班会、班级编办防震减灾专题黑板报。

（2）开展"5·12"防震减灾科普宣传实践周活动。安排十项具体活动，即防震减灾社区宣传活动、防震减灾国旗下讲话、防震减灾校园宣传展、防震减灾主题班会、防震减灾宣传进家庭、防灾疏散演练、防震减灾专家报告会、防震减灾校园宣传栏、防震减灾心得体会评比活动、防震减灾科普知识

竞赛。

（3）举办新生军训活动。每年 8 月 10 日—20 日，我校进行新生军训，将"防震减灾科普教育与演练"纳入训练项目。

（4）组织应急避险疏散演练。今年 5 月 12 日、9 月 9 日，学校两次开展大规模的演练，每次演练，都认真做好充分准备，演练后进行及时点评。

（5）举办科技创新大赛活动。学校每年春季举办科技节活动，把防震减灾科普教育竞赛纳入科技节之中，组织学生进行防震减灾知识技能竞赛。活动展示了学生科技才能，强化了防震减灾科普教育，锻炼了学生，使学生得到深刻的体验。

（6）定期进行"防震减灾"宣传讲座。每年度举办两次"防震减灾"专题讲座，每次时间两小时以上。

（7）在防震减灾科普教育过程中，深层次地进行生命安全课题研究。"十二五"来，我们承担了北京师范大学生命教育研究课题，结合防震减灾科普教育探求生命教育的有效办法与途径。

我们在创建防震减灾科普示范学校方面做了大量工作，取得了一些成绩，发挥了示范、带动、影响的作用，但也存在很多不足；而且"防震减灾"教育是一项长期的工作，必须树立长期设防、长期教育的理念与意识，进一步优化、深化相应措施。因此我校今后还将本着"为每一个孩子负责、为父老乡亲负责"的敬业精神，进一步提升学校防震减灾安全管理精细化水平，按照科学发展观的要求，不断将防震减灾科普教育引向深入，努力办好人民满意的学校！

校长向祎讲座听后感

陈显仁

校长向祎于昨晚为我校青年教师和吉首大学实习生作了关于初为人师及怎样当一名优秀的班主任的讲座。向校长的讲座进行了三个多小时，非常精彩，让我受益匪浅。对于我这样刚走上讲台的年轻教师，讲座中有很多值得我学习的地方，并为我以后的教师职业生涯指明了方向。

做一个反思型教师。感谢学校领导在这个学期给我提供了许多的机会和平台。在每次备课的过程中，同组老师们给了我很多宝贵建议，我学到很多，正处在慢慢探索激情课堂的过程中。上完课也会及时听其他老师评课并及时反思这节课的教学模式。因此，虽然开学只有两个月，但我已感觉自己在慢慢地成长。

做一个魅力型教师，打造自己的教学风格。很庆幸，刚走上工作岗位就接触到激情课堂的教学模式。这对我是一次很好的考验，我会不断努力地探索这条路，尽快形成我的教学风格。在教育方面，要不断向其他老师学习，比如那种处处为学生着想，将一切爱心和热情都扑在班级和学生身上，具有敬业精神的老师。

做一个聪明的教师，设计自己的职业生涯。像我这样刚走上讲台的年轻教师，一定要给自己制定长期和短期目标，并不断为之努力，尽自己最大的努力去实现梦想。要不断给自己充电。当前，全社会都在提倡终身学习，专家型教师在这方面堪当楷模。他们从来没有停止过学习，一直是在对自己的否定与批判中发展自我，更新自己。而我缺少的就是这种不断"刷新"自我的意识和勇气。

做一个幸福教师，健康、快乐、诗意、执着。既然选择了教师这个职业，就要全身心地投入到这个职业中，要在这个职业中寻找一种幸福感。不能整天觉得自己怎么苦怎么累，这样只会更苦更累。当我走出校门，有学生很亲切地对我说一声"老师好"时，我觉得很幸福；当我上课打了一个喷嚏，学生主动递上一张纸巾时，我觉得很幸福；当学生跟我说"老师，小学时我不喜欢运动，现在我特别喜欢您的课"时，我觉得很幸福……

"始终全神专一的人可免于一切的困窘"，向校长给我们道明了这句话的含义。我想，在以后的教学工作中，我会结合自己的教学实际，多多学习，即便不能成为最好的教师，也要一天天地去努力做一个好老师。

授人以鱼，不如授人以渔

——评校长向祎的一堂数学课

杨民世

十一月十日晚，本人有幸听了向校长的一堂数学课。听完后，我从语文学科的角度谈谈自己的一点听课感受。

课堂教学应该怎样展开，什么是有效课堂，这是每一位有志于教学事业的老师必须思考和解决的问题。有一部分老师把眼光和脚步只停留在完成教学任务上，拿起书本照本宣科，也不管学生听不听，是否听得懂，能否运用，能否实践操作，能否举一反三，总之，讲完了事。这种"满堂灌"式的教学方法，完全不考虑学生的因素，不懂得因材施教，教学效果必定是不好的，学生的兴趣、想象力和创造力得不到培养和提升。

使用这种教学方法和持有这种教学态度的教师还大有人在。

向校长这堂数学课从某种意义上讲，是有别于传统"满堂灌"式的教学方法的。从开头形象化、激发兴趣式的导入，到整个教学过程的展开，向校长力求抛开书本，避免照本宣科。如果按照传统模式来授这堂课，无外乎，由教师先把公式、定理讲给学生听，然后举例演算，再让学生做几道题，一节课的教学任务也就完成了。至于学生听懂否，会运用否，就无从知晓了。校长向祎的这堂课让学生自己动手、动脑，自己按照公式、定理去推断、演算，自己去总结方法、规律，从个别到一般，从特殊到普遍。经乎吾手，知乎吾心，知识才会真正被理解、明白，学生才能加以运用，举一反三。古诗云："书到用时方恨少，事非经过不知难。"只有"经过"，方能切身体会。文科这方面的经验也许不太明了，理科，如物、化、生，更须让学生动手，通过实践操作，方能真正弄懂。

叶圣陶先生说过"教是为了不教"，教学是通过把学习的方法传授给学生，让学生学会学习，从而达到"不教"的目的。所以有人认为，未来的文盲不是不识字，而是不会学习，不懂得学习方法。正所谓"授人以鱼，何如授人以渔"。"渔"者，捕鱼的方法也，课堂教学只有把学科方法、技巧传授给学生，学生才能真正掌握知识，并能举一反三，学会运用，学生的创造力才能真正得到培养。

校长向祎的这堂课，从某种意义上讲，就是这样的一课堂，有总结、推广的意义。所谓课堂改革，这就是努力的方向吧。

回过头来，反思我们当下的课堂。我们平常都这样认真思考自己的课堂吗？我们都在为如何把知识有效地传授给学生而努力吗？我们是否还只是为完成教学任务，拿起书本而照本宣科呢？你的课堂，学生有兴趣听吗？听懂了吗？会运用、能举一反三吗？如果不去思考这些问题，不去为这些问题想办法，并改革自己的课堂，必定成不了一名优秀的教师，只会在得过且过中打发平淡的时光。

学生的想象力是无穷的，潜力是巨大的，就等待你去启迪、开发。古代先贤孔子就说过："不愤不启，不悱不发。举一隅不以三隅反，则不复也。"意思是说：不到他努力想弄明白而不得的程度不要去开导他；不到他心里明白却不能完善表达出来的程度不要去启发他。如果他不能举一反三，就不要再反复地给他举例子。几千年前的古人就知道，传授知识不可照本宣科，应重视学生动口、动脑，重视学生学会应用，举一反三，我们就更应该朝这个方向努力，做一名合格的教师。

其实，课堂改革就在我们身边，路就在自己脚下。倘若能因校长向祎这堂课，带动边城高级中学课堂改革之步伐，则这堂课的意义又不止于此了。

（原载于2016年《边城风》第14期）

听校长向祎"弧度制"一课的心得体会
龙永霞

校长向祎所教"弧度制"一课，其教学设计非常完整。从"创设情境、引入课题"到"归纳探究、形成概念""合作探究、理解概念""范例选讲、深化概念""拓展深化、提升认识"再到"内化拓展、实践探究"，层层推进，完全符合学生的认知规律，有利于学生对概念的深度认识和理解应用；特别是最后一个环节，介绍了密度制在军事上的应用、黄金扇之谜、国际单位制的基本单位，提出了让学生勤于学习、潜心钻研，争取成为中国的又一个屠呦呦的殷切期望，非常值得我学习。

我一直认为我们信息闭塞地区的学生跟外面大城市的学生相比缺乏的不是知识，而是见识。所以在教学中，教师不仅要传道授业解惑，还要帮助学生开阔视野，增长见识。虽然，我个人在设计教学时，也比较注重知识结构的完整性、逻辑性，但限于教学时间，注重强调重点难点等主干知识，较少留时间引导学生将知识与生活生产实际进行无缝连接。受向校长这堂课的启发，在今后的教学中我一定要注意改进。

探究活动非常成功。"如何给一个没有刻度的量角器标上刻度"和"测算90度角的弧长和半径比"等活动，都给了学生充足的思考和探究时间，引导得法、收放有度，有助于学生深刻理解弧度的概念，并顺利推出弧长公式及扇形面积公式。对于理科教学，探究活动和探究实验是必不可少的学习手段，而我们在平时的课堂教学中，经常舍不得花太多的时间让学生去探究，或者是不放心让学生去动手。这堂课为我们作了一个"给学生十分时间，他必还你十分精彩"的正面示范，非常值得我们学习借鉴。

教学效果非常好。从激情课堂的要义来讲，一切教学手段均是为教学实效服务的，而要在课堂上达到教学实效性，一是让学生学会，二是让学生会学。前者是落实知识目标，后者是落实能力目标，这堂课两者都做到了。不仅教会学生有关弧度的知识，也注重教授解决问题的数学思维和数学方法，培养了学生的数学素养。

我提一点建议。怎样解决教学设计的完整性和有限教学时间的冲突，我认为应做到语言的精炼和提问的精准，这堂课做到了后者，前者还要加强。

基于向校长的公开课，本人从教研角度提两点想法。

校长敢于上公开课，敢于让大家评课，并虚心接受大家的意见和建议，让大家受到很多有关教育教学的启发，是一个非常好的示范。我个人认为这是校长业务能力强、个人素养高、自信心充足的表现，他的这一举措必将带动我校有经验的教师积极参加公开课、参加高级教师讲堂等相关教研活动。

一堂优秀的课，需要反复地打磨。从个人备课时的资料收集，到集体研讨时的集思广益，再到听课评课的反思改进，都是值得借鉴的集体备课方式。现高一年级的集体教研，跟这一做法是比较吻合的，我认为管理和落实都很到位，值得借鉴。之前学校在教研上，一直存在的问题便是集体备课常流于形式，实效性不强。其主要原因还是管理不周造成的。教务处、学科组的统一检查管理，常常只能检查到形式，落实方面的检查考评，我觉得还是得归到年级组。

托起民族教育的辉煌
——记中华十佳新闻人物湖南省花垣县边城高级中学校长向祎

覃遵奎　罗永龙　瞿寿华　石邦京

2008 年 11 月 9 日，北京人民大会堂里春意盎然，第十四届中华大地之歌征文颁奖大会在这里隆重举行，湖南省花垣县边城高级中学校长向祎走上人民大会堂的领奖台，从全国政协副主席阿不来提·阿不都热西提的手中接过"中华十佳新闻人物""中华优秀科教工作者"的荣誉奖杯，成为本届教育界获此殊荣的唯一代表，并在高层论坛上介绍了教学和办学的经验。

湖南省花垣县边城高级中学校长向祎在民族教育这块土地上，忘我耕耘，大胆创新，创造出许多教学、竞赛、教研和办校的神话。18 年来，他先后荣获州县"民族团结进步先进个人""优秀校长""十佳校长""优秀教育工作者""学科十佳领头人""优秀班主任""十佳教师""省奥林匹克优秀教练员""省园丁奖"和州县政府二等功、嘉奖等 30 多项奖励，撰写的《探索校本培训的着力点，力塑教师魅力》一文获全国民族中学教育协会论文一等奖。18 年来，他辛勤播种，顽强拼搏，收获民族教育的累累硕果，托起了民族教育的辉煌。

一、在简陋普通的教坛上，他忘我耕耘，用执着和辛劳创造出一个个教学成果的奇迹

向祎 1990 年 6 月于湖南师范大学数学系本科毕业，获理学学士学位。当年省属好几个单位聘用他，他拒绝了，回到生他养他育他的湘西永顺任教。因在农村中学教学业绩显著，1991 年 8 月调永顺一中，几经拼搏，他已成为该校教学、教研和培训奥赛选手的佼佼者。

数学奥赛场上的竞争，是实力的拼搏，更有应变能力的较量。向祎很注重学生们的应变能力的培养，培养方法是在夯实数学系列理论的基础上，授之以渔——难易多解法。有了平素的创新训练，学生在赛场上就逢难不惧，镇定自若，争创优秀名次也就有六七成的把握了。他创造出数学奥赛的奇迹。1993 年 10 月底数学奥赛结果揭晓，他培训的选手，四人获省奖，其他选手有 23 人获州内各名次奖，占州内获奖人数（全州获奖总人数 32 人）的87%，其中前 10 名，皆系他的学生。1997 年 10 月，他的学生有 4 人获省奖，12 人获州奖，团体总分第一名。

向祎在教学中积极探索，在自己的实践中摸索创立了"设问—释疑—引申—拓广"的教学模式。设问，就是教师在备课中设置教学迷疑。这是一项细致费神的设计工作，它不仅要求教师具有丰富的专业基础知识，还要有对学生实际的了解，更要有组织材料的能力。释疑，从字面上理解，就是解析疑点、难点和迷点。它要求教师引导学生理解疑虑，让学生了解疑在何处、疑从何来，掌握解疑方法，更要求教师调动学生的学习兴趣，发挥学生的主动性。引申，就是将学生的思维由此推及彼，其目的就是将已释的疑，改变条件结论，或变特殊为一般，或变单项为多项，让学生的思维加深或思维转移，从而使学生能从多方面多角度思考，提高思维解题的能力。拓广，就是拓宽知识领域和知识信息，增强学生的迁移能力及知识板块的比较能力，其目的就是提高学生分析、综合、总结能力。课堂上，他把自己置于"主导"地位，把学生置于"主体"格局。他首先用严密的逻辑、通俗易懂激情高昂的语言，抓住学生听课情绪，让学生积极捕捉自己的思路。其次引导学生把数学的疑难化解为简易，从简易中理解疑难的渊源。他采取难题浅析、简题深讲的办法释疑，以此来打通学生难易变化的解题思路，增强应变能力。再次指导学生巩固掌握知识和演化知识的复习方法。课后让学生将教师精选的习题加以练习，做到熟能生巧。学生的思维解题障碍，被这些良方优策和学生的刻苦精神排除了。

选拔能手，是在数学课外活动中进行的。选拔时，向祎老师把思维创造力和敏捷解题两因素作为条件。讲授辅导，实施超前传授数学基础理论，让学生尽早感受数学王国的吸引力。他在讲授中，依层次按专题内容，由浅入深，由简到难，各专题理论逐层务实基础，如构建大厦那样，每块砖放实放平。提高关，就是拓宽学生的视野，引导学生进入数学领域，明了数学各知识点构成的网络，尤其注重引导选手明了数学学科与现代科技的渗透联系。启示关，就是启发学生的联想思维和创新思维。启示中首先是由教师选择疑难，交付选手们去"尝疑"，让他们亲口尝试梨子的滋味，发现疑难所在。随后选手们能迎难破疑，教师乐在其中。一轮结束后，他再一次交付疑难题，难住了选手后，向老师就加以启发。启发由此及彼，由局部到整体，旁敲侧击，让学生自己破疑，以达到提高联想思维和创新思维能力的目的。磨砺关，就是用难题训练选手，让选手在训练中加快思维速度，做到熟能生巧，进而游刃有余。

他教学成功是在潜心钻研教法、探索教学思路中获取的。他多次承担外地教师来校观摩课的教学任务，受到听课人的好评。教研组开研讨会，他大胆地发表自己的见解。大家借鉴他的治教治赛经验，他的经验成为共同经验。他多次参加省、州、县数学教学研讨会，每次都有自己的教研论文。仅发表的就有好几篇。《异面直线间距离求法》一文，发表在 1995 年《中学生数学》第一期上；《数学能力培养三环节》一文，发表在 1999 年《中国教育研究》第一期上。

在永顺一中的 12 年里，向祎任教七届高三实验班的数学课，并任了四届实验班的班主任。所任教的学科高考成绩，次次超出省平均分几十分之多，所辅导的奥赛选手参赛均能获得州内最好成绩。培训的学生，先后有 100 余人次获省一、二等奖，其中两人曾进国家队集训。

二、在平凡向上的校园里，他无私奉献，用爱心和真情谱写出一曲曲教育管理的新篇

在永顺县教育局的一份考核材料中，对向祎有这样一段评价："该同志担任班主任期间，摸索出一套行之有效的班级管理方法，他所管理的班级，班风、学风深得家长、任课教师及领导的好评。"短短的两句话，道出了向祎在担任班主任工作期间倾注的心血。向祎担任班主任期间，最喜欢与学生交流谈心，深得学生喜欢，因而也容易掌握学生心态，发现问题。同时这种看似平常的谈话，不经意间缩短了学生与老师之间的距离，增强了学生对老师的信任，往往能取得许多意想不到的效果。

向祐全身心投入育人工作，可用"勤""广""巧"三个字概括他育人的特点。勤：勤与学生打交道，勤交往；广：广与学生交友，既爱优生又爱后进生，对后进生赋予更多的爱，他的"广"，更是在实践"一切为学生、为一切学生、为学生一切"的箴言；巧：巧用方法点教学生，促进学生树立正确的人生观和世界观。在永顺一中，他做了 8 年的班主任工作。他对学生的爱具有丰富的内涵。远不仅是疼爱，而是注重保护学生的萌芽创新、珍惜学生发展潜力的深爱；不是保姆式的溺爱，而是伯乐式的选才、惜才、育才的挚爱。

1993 年冬天的一个清晨，寝室里发出痛苦的呻吟声，向祐走进寝室，见一位家居边远乡村的学生阑尾炎急性发作。他立即将病人送进医院，并为他付了医药费。向祐疼爱学生的身，更善于诊治学生受伤害的心。一位 94 届学生，学业品德素质差，曾为了一封信与他人发生争吵、争执不下，顶撞向祐。向祐以一个班主任博大的胸怀主动找这位学生谈心，做耐心细致的思想工作，以后又时刻抓住该生的一个个细小的转变，及时鼓励，该生有很大进步。可是人的思想是活跃的，随时会有波折。不久他又冲动地早恋了，在感情上投入很大，甚至有火车也别想拉他回头的架势。向祐心力放在他身上，就从情感入题进行交谈，入情入理地启发引导，使这位学生醒悟了，割弃了早恋之情，全身心投入学习。后来高考，该生被一所本科院校录取。他在高校学习，在写给向老师的信上说："高中学习，我控制不住自己的情绪，像脱缰的野马。但我有幸，碰上你这位驯马人，是你拉住了我这匹马的缰绳。现在，我带着你给我的信念，对事业充满信心，离成功越来越近。"该生在高校学习认真刻苦，获得甲等奖学金。

人的塑造绝不同于机器的制造。青年学生的转折、成才有时是由一次点燃思想的火花决定的。向祐老师巧用妙方，抓住时机去点燃学生的思想火花。98 届学生尹曙光，因志愿填报失误而落选。他颓悔极深，丧失求学信心，去广东打工。向祐知情后，写信给他，劝其回校学习。一封信拨开了该生的迷雾，他回校学习后十分感激老师的点拨。第二年高考他认真填报志愿，被北京航空航天大学录取。

2001 年向祐当选为永顺一中副校长，主抓办公室和教研室工作。对教职工的管理，他大胆改革，实行分年级组、处室办公。年级设年级主任，年级主任主管本年级日常工作。进一步严格校纪校规，在全校实行挂牌上岗，并制定了永顺一中教职工上班"十规定"。对处室人员实行"满意不满意"考核评价制度，这样处室工作人员态度较以前好了，工作比以前认真了。他还组织成立了永顺一中学术委员会，具体指导各科教研工作。要求教师加强业务学习，规定每周星期一第一节晚自习为各教组教研活动，积极开展课题研究。之后三年里，在他的组织和领导下，永顺一中申请立项1个国家级课题，7个省级研究课题，其中两个省级课题已结题，其研究成果分别获得了省一等奖和二等奖；指导、推荐教师在省级以上刊物发表学术论文237篇。向祎本人参加编写2本教学辅导书，发表论文6篇，主持参与课题研究6项。

2002年8月向祎主管高三年级。高三年级历来是学校工作的重点。向祎上任伊始，进行了大胆的改革。一是人员改革，大胆使用新手，整个高三年级教师平均年龄在37岁左右。学校有的领导比较担心，向祎却说："给年轻人要压担子，给他们机会，让他们迅速成长，年轻人不缺乏知识、热情，缺乏的是经验，只要他们认真干，老教师多帮助，我想这不是问题，出了问题我负责。"在他的鼓励和带动下，这一届高三人干劲十足，许多年轻人主动放弃了节假日休息，有时甚至连吃饭也不回去，叫盒饭是经常的事。向祎的表率作用不可低估，他每天最早到校，最后一个离校，晚上与班主任查夜，就是出差在外，也忘不了打电话嘱咐班主任要管好学生。二是严格管理制度。一进入高三，他便约法三章，规定周日晚到周五晚，高三任何教师都不许喝酒，班主任不上餐馆，高三办公室内不许抽烟。为此，他还对违规抽烟的三位教师实行了经济处罚，这三位教师都心甘情愿地交了罚款。三是加强高三年级硬件建设。为了高三教学，他请学校为高三年级购置了一台进口的一体机、一台电脑，老师们工作方便了，效率提高了。5月以来，向祎便每天中午在办公室里值班，到学生寝室、教室检查，督促学生休息。四是加强信息交流，向祎主抓高三教学后，先后与州内龙山、凤凰、吉首、保靖等县一中，和长沙的长郡中学、明德中学、湖南师范大学附属中学以及湖北的黄冈中学建立起良好的协作关系，大家共同研究高考的命题趋势，互相交换统考的试卷，做到了资源共享。黄冈中学特级教师陈绍荣说："永顺一中的校长向祎有魄力，有眼光，有开拓精神，是一位将才。"这一年永顺一中又创造了一个高考的新辉煌。

三、在边远落后的民族地区，他奋力拼搏，用胆识和智慧填补着一个个教育历史的空白

2005年，花垣县面向全国招聘优秀校级领导和一线教师。向祎在全国70

多位校长竞聘者中脱颖而出，成为边城高级中学的首任校长。一个民族地区的教育重任落在他的肩上。

2008 年，湖南省教育厅一位官员在考察了该校的办学条件和成果后，感慨地说有三个没想到：一没想到在湘西有这么好的高级中学，二没想到在这么短的时间内学校办学取得这么好的成果，三没想到一所年轻的学校有这么规范的管理。

花垣县地处湘渝黔边陲，是个以苗族为主的少数民族聚居山区。2004 年4 月花垣县委县政府在"教育强县"思想指引下，启动"兴教工程"，举全县之力，投入 1.8 亿元，征地 300 亩开始筹建边城高级中学。当地企业家和广大干部群众纷纷慷慨解囊，捐资助学，有九家企业共捐资 2000 多万元，为学校兴建各种办公场所和场馆设施，其中，东锰集团捐建的体育馆投资达550 万元。2005 年 9 月 1 日学校竣工并顺利办学。

学校现有 60 个教学班，在校学生总数 3322 人，教职工 215 人。校园布局合理，教学区、运动区、生活区划分明确，实现了绿化、美化、净化和硬化。向祎把"关爱每个学生，发展个性特长；创办一流名校，提高整体素质"作为自己的办学宗旨，以队伍建设、制度建设为重点，制定了《边城高级中学办学章程》和《五年发展规划》，逐步建立起良好的教育教学秩序，在五年内实现"建校—兴校—强校—创名校"的发展目标。学校立足于办学思想与理念，落实管理措施，实现办学目标，带出了一支团结创业绩的班子和师资队伍。学校班子决策力、协调力及科研引领力强，科学地制定了《边城高级中学办学章程》《边城高级中学五年（2006—2010 年）发展规划》，每年详尽地拟定学年度工作计划及措施，他们从凝聚合力入手，把"思想同一、工作同轨、目标同向、行动同步"作为建设目标，遵循"互相尊重、互相谅解、互相补台"的准则，努力工作，争创一流。

学校组建了德育工作领导小组，校长、书记负总责，一名副校长主抓主管，聘任公安局副局长为法制副校长，成员包括政教处人员、各年级组长，组织全体教职工管德育抓德育，形成全员参与的格局。学生在校接受封闭式管理，学校时刻关心他们，教育他们，依照《学生一日常规》《学生学习常规》规范其行为方式，使之养成良好的文明习惯，已成为学校亮点。组织学生走出校门到民族地区参观走访，到对口扶贫学校民乐中学开展德育实践活动，援助民族贫困地区，资助民族贫困学生，学生从中受到极好的教育。后进生转化工作捆绑在党员教师身上，有效地转化了后进生，为全员育人做出了示范。建设良好的周围环境，组织学生开展校园文化活动，取得了环境育人的实效。三年来，学生思想品德评价合格率期期达99%以上，优秀率达88%以上，学生犯罪率为零。

学校从开办之日起，向祎就建立用人动态管理新机制，实施教职工竞聘上岗制、中层干部择优选拔制，做到了"能者上，平者让，庸者下"，实现了用人由固定制向合同制的转变，以及由身份管理向岗位管理的转变。变革分配制度，实行结构工资制，形成了重能力、重实绩、重贡献，报酬向关键岗位及优秀教师倾斜等一系列管理制度。2007年上学期开始，随着新一轮教改的全面铺开，学校高一采用了教改新教材，学校收集了相关的资料，重新研究学生，研究学生有效学习的过程，并根据学生有效学习的规律全面推行教学改革。面对良好的师资队伍，向祎凝聚合力，充分发挥他们的引领作用，支撑教改科研。"十一五"课题研究，学校承担了2个国家级课题，14个省级课题，2个州级课题以及12个校本课题。一所中学在"十一五"科研中获省级立项16个，这在湖南省内还是第一次。几年来，教师在省级以上报刊发表的论文有45篇，交流评审获奖论文171篇。学校教科室组织开展教学科研工作成效突出，2007年被湘西自治州教科院授予"全州优秀教科室"称号。

向祎严格依照国颁课程计划及湖南省教育厅相关文件要求，开齐课程，开足课时，开设选修课，配足配齐音、体、美、通用技术、信息技术和研究性学习等教师，保证其教材、场地、课时，并启动了具有民族特色的校本教材的教学，对学生进行全方位的素质教育工作。在学校管理中，坚持以教学工作为中心，在教学管理中，以常规为本，优化课堂教学结构，狠抓教学环节的落实，努力加强教学内容、方法、手段等方面的改革力度，做到"学生减负担，质量攀新高"，制定《教学质量评估方案》，以此促进教师树立正确的课堂教学理念，实现从"教会学生知识"向"教会学生学习"转化、从"学生被动接受知识"向"教会学生积极创新"转化，面向全体，抓两头，促中间，培养特长。2007年12月，该校教师制作的四件课件，在湖南省电教馆参评，两件获省一等奖，两件获省二等奖。两位教师运用信息技术辅助教学的两堂优质课在省参赛，均获省一等奖。三年来，学生体育成绩合格率达100%，达标率在98%以上，两次高考考生体检合格率为100%。

在2008年高考中，彭一波以648分的成绩荣居湘西自治州理科第一名，成为花垣县自恢复高考以来出现的首位州高考状元。2006 年，该校一学生考入北大，使该县实现了自恢复高考以来北大清华生零的突破。2007 年，两位学生考入北京大学。三年办学，教育教学改革成效卓著，三届高中毕业生会考颁证率均为 100%。2006 年、2007 年、2008 年三届高考，上线率分别为74.8%、77.5%、78.6%，重本上线人数分别为 33 人、58 人、61 人；600 分以上人数分别为 16 人、12 人、14 人，被高校录取总人数为 1800 余人。学校先后荣获"全国校园和谐之星""湖南省反邪教先进单位""湖南省园林式单位""湖南省安全文明校园""湘西自治州食品卫生 AAAA 级单位""湘西自治州示范性高级中学""县级文明学校""县五四红旗团委""县先进基层党组织"等称号。

（原载于《大地凯歌——中华大地之歌获奖作品选》，大众文艺出版社2009 年版）

微课资源开发，树起一座新的教改里程碑
——花垣县边城高级中学积极开拓教育信息化之路出实效

覃遵奎　吴寿星　覃远涛　石邦京　罗永龙

2016 年 4 月的一天，花垣县边城高级中学高一教学楼的一间教室里激情荡漾。在地理老师设置的微课"城市化与乡愁"环节中，一位留守孩子触景生情，在与老师互动过程中有感而发，失声流泪，在场师生无不被深深触动。这是边城高级中学"激情课堂暨电子白板运用大赛"现场，也是学校采用现代信息技术实行微课资源开发的其中一个动人场景。

边城高级中学的微课资源开发，走进了教育改革的新时代，树起了一座崭新的教改里程碑。以高中化学名师工作室为核心的化学教研组，在 2014 年圆满完成了省基础教育资源中心组织的高中化学微课资源开发工作。省基础教育资源中心已将该微课资源作为模板推送到中央电化教育馆，得到高度肯定，并委托学校研发高中化学微课资源。今年 4 月中旬，数学学科组又顺利

完成省教育厅下达的高中数学（必修）所有 116 个知识点的微课资源研发任务，其他各教研组在 2017 年底前完成相应学科的校本微课资源研发工作任务。

一、微课资源开发是对传统教学的一个重大变革，是新时代最有效的教改途径

新一轮教育改革大局正逐步在全国展开，教育信息化正在全国范围内实施。微课资源的开发是教改的具体内容，是教育信息化的重要形式之一。2012 年 3 月，国家出台了《教育信息化十年发展规划（2011—2020 年）》，进一步推进教育改革。随后出台了一系列推进教育信息化的政策和措施，在相关的文件中对教育信息化提出了明确的要求。湖南省正有序开展教育信息化试点工作。

花垣县位于湖南省的西部，与重庆市秀山县、贵州省松桃县接壤，是一个一脚踏三省的边陲小县，为湖南省的西大门和国家扶贫工作重点县。全县总人口 30.8 万，境内苗族人口占全县总人口 78% 以上。由于经济、文化和历史等方面的原因，高中教育远远滞后于全县经济社会发展水平，不能满足人民群众对优质教育的需求。

为改变花垣高中教育长期落后的现状，2004 年花垣县委、县政府顺应民意，举全县之力，投入 1.8 亿元征地建校。2005 年秋季，边城高级中学建成招生后，学校在教育教学方面进行了多方面的探索，取得了显著成效。仅用 5 年时间，学校就实现了"全国民族中学示范性学校""湖南省示范性普通高级中学"挂牌的双重目标。

在快速发展的新时代，如何增强学校核心竞争力，实现学校内涵式发展和形成鲜明的办学特色，是学校领导一直思考并着力寻求破解的重大问题。

花垣县是一个以苗族为主体的少数民族聚居县，边城高级中学苗族学生占全校学生总数的 80% 以上。苗语为许多学生的母语，很多学生连汉语都未能很好掌握，自然更是缺乏学习抽象陌生的数学、物理、化学和生物学科所需要的空间想象、逻辑思维和实践操作等方面能力。同时，由于区位因素，教师教育教学信息及资源的采集、整理、加工，相对于发达地区来说也受到一定的限制。

学校经过努力探索研究和多次实践证明，微课资源开发是新时代最有效

的教改途径。微课是一种新型的教学模式和学习方式，可以让学生开展自主学习和进行探究性学习。微课已成为学校教育改革主要内容之一，将革新传统的教学与教研方式，突破教师传统的听、评课模式，教师的电子备课、课堂教学和课后反思的资源应用将更具有针对性和实效性。微课资源库的校本研修、区域网络教研将大有作为，并成为教师专业成长的重要途径。对学生而言，微课能更好地满足学生对不同学科知识点的个性化学习、按需选择学习，既可查缺补漏又能强化巩固知识，是传统课堂学习的一种完善和拓展。特别是随着移动数码产品和无线网络的普及，微课的移动学习、远程学习、在线学习、泛在学习将会越来越普及。

学校信息化教学氛围浓厚，设备齐全。每个教室均配有多媒体教学设施设备和数字终端，建有多功能直播教室及制作微课等基础教育资源所需的相应设备。学校先后参与了州电教仪器站承担的省小学英语、初中数学、初中物理、高中历史的基础教育资源研发工作，积累了宝贵的教学资源开发经验，直接承担了湖南省高中政治必修四、高中化学、高中数学（必修）微课及中央电化教育馆高中化学实践社区的资源研发工作。现为湖南省中小学现代教育技术实验学校、湖南省基础教育资源研发基地、湖南省中小学教师培训基地学校。

二、微课资源开发作为一种教改的新模式，在建设实施中逐步凸显出特有的优越性

微课资源主要内容是数字化资源，资源的开发需要先进的现代信息技术及硬件作为支撑，成果的展示同样离不开现代电教设备。学校及时更新完善每间教室的现代信息技术软件、多媒体电教设备和数字终端，建有多功能直播教室及制作微课等基础教育资源所需的相应硬件与软件。为每位教师配备一台笔记本电脑，为教师进行微课资源的研发提供物质基础。通过"子贵校园"家校平台，实现学生、学校、家长、社会的联动。

学校成立专项工作领导小组，明确各个小组成员的职责，统筹规划，分工合作。成立信息技术中心，由信息技术专业教师为每位教师进行电教设备运用培训，为微课资源开发奠定技术基础。学校撤销了传统的教研组备课组学科结构，成立学术委员会。各学科按年级成立小组，小组选定带头人，群策群力，骨干教师提供经验指导，教材知识点解析，年轻教师负责课件、脚

本制作，声音录制，分工合力。同时利用湖南省首批高中化学名师工作室——陈秀坪名师工作室及湘西自治州高中数学黄宏清名师工作室的明星效应，借助特级教师指导，提升微课资源开发理论高度，打造精品微课，为各个学科微课资源开发提供示范与样板。每个经过专家委员会成员初步审核通过的微课资源，通过教室的多媒体设备展示，让学生直接体验开发成果，及时反馈微课资源的实效。

在微课资源开发过程中，他们根据教育教学实际及省资源开发指南要求，组织有关专家和一线骨干教师，编制各个学科资源开发脚本并由学术委员会审核。确定可行后，由相关教师和技术专家严格根据脚本将有关知识点分别制作成 flash 动画、视频、资源包和微课资源，再由学术委员会对制作成果进行审核、挑刺。最终将优质微课资源上传至湖南省基础教育资源网，供全国各地的教师免费下载交流使用。

将开发出来的资源成果应用于教学中，能帮助学生解决在学习过程中难以想象、难以理解和难以接受的重、难点问题和知识点。教师在教学过程中，将资源开发出来的成果，插入自己的课件或其他媒体，以辅助教学过程，帮助教师在教学中完成某些固定知识点的教学。教师在备课时也可以借鉴和参考这些资源，甚至可以直接在资源库中将自己所需的资源下载下来，插入自己的课件中加以应用，有效减轻劳动强度，减少备课时间，提高教学效率。

教师朱应文介绍：参与微课开发首先是要正确认识微课。微课是信息时代的产物，在以前的认识中，我一直认为微课是记录课堂活动的一小段视频，或是将 40 分钟的一节课分解成多个课堂碎片。在经过培训之后我才对微课有了较深入的了解。微课是以阐释某一知识点为目标，以短小精悍的微视频为载体，以学习或教学应用为目的的教学活动。虽然微课时间短，但设计和制作精良，讲解细致，知识点小而明确，学习效率高、效果佳。微课作为一种教和学的新模式，有传统教学不可比拟的优越性。接着，朱老师又介绍了微课资源开发过程的七个环节，即制作微课知识点地图和知识清单、写微课视频脚本、根据脚本制作多媒体 PPT 课件、录制微课音视频、制作进阶练习、编写学习任务单和后期加工制作以及视音频文件压缩发布要求。此项要求看起来条目繁多，但只要在过程中认真按要求去做——在硬件上学校的设备完全能满足需求——在教学上就会收到良好的效果。

三、上下一心，群策群力，积极参与微课资源开发与应用，取得了教育改革的显著成效

在湖南省电化教育馆、湖南省基础教育资源中心及湘西自治州电教仪器站的指导支持下，学校办学条件进一步优化。省州县电教部门为学校配置了高性能摄像机、移动电子白板，建设了直播教室，更新换代了班班通多媒体设施，升级了校园网络系统。学校的现代信息技术设备建设在全州首屈一指，在全省也名列前茅。学校上下一心、群策群力，积极参与微课资源开发与应用，取得了显著成效。

微课资源开发促进了教师的专业成长。通过微课资源的开发与应用，边高教师通过培训学习、合作探究，加深了对原有知识的理解，接触了新形式，开发了新内容，实现了教育理念的及时充电更新，提升了实践能力，迅速成长为地区乃至省级教学骨干。石泽金等老师被评为湘西自治州学科带头人，肖国刚等老师在湖南省教学创新大赛中荣获特等奖。在中央电化教育馆组织的"一师一优课、一课一名师"活动中，吴立明老师荣获部级"优课"表彰，关爱萍等6位老师荣获省级"优课"表彰。湖南省高中化学名师工作室由特级教师领衔，化学学科研究开发的高中化学七本教材231个资源全部通过了省专家的评审，其中69个微课资源被评定为"优秀"。中央电教馆从中遴选了101个微课资源向全国推广。该校还喜增两个名师工作室——州级黄宏清高中数学名师工作室和县级高中政治杨春华名师工作室。

微课资源的开发与应用极大地激发了学校师生的活力。微课将课堂知识点碎片化，切入点小，易于发力，教师上手容易；信息量不大，细节精细化，结合现代信息技术，直观明了，学生容易了解。随着微课资源的开发利用，陈秀坪老师介绍道："最大的感受就是老师课堂更容易开展了，底气更足了，上课学生的兴趣提升了，不在状态的学生变少了。"学生告诉我们："以前读书时总是感觉教材知识很难，不好记，现在感觉学习比以前容易多了。"

龙永霞老师在一次微课竞赛活动评课小结上写道：参加教师的个人素养都比较高，教态亲切自然，精神饱满，感情充沛，富有激情，基本功扎实，课堂驾驭能力比较强，教学设计都有独到之处。英语吴泠华老师在教授学生英语写作时，其中一个重点就是教学生避免在写作时使用汉语的思维方式，避免出现"汉语式的英语"即"Chinglish"。她不是简单地说教，而是用多

媒体展示了一些学生耳熟能详的汉语式的英文表达，如"Good good study，day day up"，这些令人忍俊不禁的句子，直接把学生引入了本堂主题，并让学生不由自主地产生想要去破解它的冲动。地理段慧园老师的《城市化》更是颠覆了课本，完全以花垣本地的城市化进程和现状让学生来感受城市化，结合花垣本地的相关数据、表格来分析城市化，结合精准扶贫、教育公平等时政热点来畅想城市化……非常具有现实意义，让人耳目一新，自然也是牢牢地抓住了学生的心，深深地打动了学生的心。数学老师陈鸣，将三个参数对正弦函数的影响，用几何画板在电子白板上实时调试了出来，使图像产生"平移""周期""振幅"三个变换，用李龙亚老师的话说就是"将图像由死变活，非常直观、生动"。化学老师陈春英充分发挥了化学作为一门实验科学的优势，在将学生分组实验带进课堂的教学环节中，用对比实验来探究影响化学反应速率的因素，活跃了课堂氛围，也活跃了学生思维，同时培养了学生的动手、观察、表述、归纳等能力。生物李冬冬老师的"性状分离比的模拟"一课，利用常见的乒乓球和小桶设计了性状分离比的模拟实验，从提出问题—作出假设—实验设计—实验操作，每一步都是师生共同参与、共同探讨，学生兴趣浓厚、积极性强、参与面广，是一堂注重学生体验、并从实验获取知识的成功课堂。

微课资源开发促进了教育教学质量的提升。在生源基础起点较低的客观条件下，学校省学业水平考试一次性合格率稳居全州前列，高考成绩一年跃上一个新台阶，学生德育考评合格率达100%，民族文化、艺体教育成为学校办学的又一特色。

如今，边城高级中学已成为新时代教育改革的排头兵，学校多门学科的微课资源开发正如火如荼地进行，向着更高更远更广阔的教改园地努力奋进。

（原载于《团结报》2016 年 4 月 25 日第 2 版）

艺体教育为学校内涵式发展插上腾飞的翅膀

——边城高级中学艺体特色办学之路纪实

吴寿星　覃远涛

　　这是师生尽情挥洒艺体特长的乐园。走进这里，你会发现她如诗如画、精致典雅，处处展现着独具匠心的气质；在这里，你能体会到老师们对孩子们满满的爱意；在这里，你能听到欢歌笑语，快乐的种子播撒在每个孩子的心田⋯⋯她就是被誉为"苗山人才的摇篮"、享誉湘黔渝边区教育的一颗璀璨明珠——边城高级中学。

　　边城高级中学自 2005 年建校来，坚持"以人为本，素质为宗"的办学理念，全面推行素质教育，矢志培养"世界中的边城人"，以"关爱每个学生，发展个性特长，创办一流名校，提高整体素质"为指导，积极探索推行"先行先试"的办学新举措，经过十年的探索与实践，形成了独具一格的艺体办学特色，实现了文化教育与艺术、体育教育的完美结合，为广大学子构筑了多元发展的成才之路。学校近十年来高考二本以上录取率以 20% 的速度递升。艺体生录取率连年攀升，产生了良好的社会效益。仅用 5 年时间，学校荣获了"湖南省非物质文化遗传（蚩尤拳）传承学校""湖南省体育传统项目学校""全国青少年足球特色学校"等艺体多项荣誉。

一、准确定位，精细管理

　　为了拓宽特色办学新路子，学校班子在校长向祎的带领下，弘扬艺体特色，突破文化教学，走出了一条特色鲜明的改革之路。实践中遵循"立足规范，注重实效，突出健康"的教育理念，努力培育"目标明确、情操高尚、基础扎实、学有所长、身体强壮、素质过硬"的艺体人才。按照"立足实际、分步实施、全面推行、凸显特色"的思路，以艺体课堂教学和课外训练相结合，以校园文化活动与社会实践活动相结合，逐步在全校各年级（班）开展以民族体育、民族音乐、民族舞蹈、民族表演项目等为内容的民族文化进校园工作，达到"三个普及"（普及民族知识、民族体育、民族歌舞），做到"五个一学会"（学生会唱一首苗歌、会跳一支苗族舞蹈、会打一套苗拳、会讲一个苗族故事、会制一件苗族艺术品）。确立了"以研促教，以教带研"的发展战略，形成了以学科建设为龙头，以队伍建设为根本，以教学研究为中心，以教学科研为支撑，以特色求发展的内涵式发展思路，致力打造一所独具特色的艺体特色学校，实现"低进高出"的育人目标。

准确的定位还需要精细的管理。学校将艺体教研组升级为艺体中心，全面负责音体美教师与特长生的教育管理，加大艺体工作管理力度和投入力度，实行精细化管理，落实高中艺体特长生三年培训方案，逐渐形成了校长亲自抓、分管校长和艺体中心具体抓的管理体系，提高了管理的针对性和有效性。

年级组全面负责选聘和管理专业教师，参照专业学生人数和各专业的不同特点确定专业教师的聘任人数。在班级编排上，单独编班与分层教学相结合，根据艺术教学的特殊性，将艺体特长生单独编班，选择优秀的老师担任班主任，有针对性地安排课表，使特长生的文化课与专业课的学习时间分配更加合理，内容安排更加科学。制定出教师目标管理责任制，全面落实组内建设和日常教育教学管理，进行教学目标的考核及奖惩等。

加强对艺体学生的管理。重视特长生的选拔，每年下乡到各初中学校摸底，通过全县特长生招生测试，招收有基础、有发展潜质的学生入校。高一年级，学校本着"广泛接触，培养兴趣"的思想，让每一个学生都了解学校所设专业，根据兴趣成立各种社团组织或活动小组，培养学生的专业兴趣。高二则根据在高一参与的情况，自愿报名自己所学专业，开始专业训练；高三，学校根据高考形势，进行专业强化训练。专业教师均担任专业班的副班主任，配合班主任对学生的思想、学习、训练情况进行全方位的跟踪，了解、掌握其动态，及时发现问题，及时解决问题。精细的管理，为特长生脱颖而出提供了有力的保障。

二、多元课程，彰显活力

按照"教育无差"的理论，立足艺体学生多元培养的需要，学校大力开展教育改革，形成了"文化课程＋选修课程＋德育课程"的课程体系。

德育课程："育人先育德、成人先成才。"学校建立了德育工作领导小组，校长负总责，一名副校长主管主抓，聘请县公安局相关领导为法制副校长，政教处、年级组协助，形成了全体教职工管德育、抓德育的全员参与新格局。全面实施"525"德育工程来提升学生素养，即5大节日（科技节、社团节、感恩节、艺术节、体育节）、2 大教育领域（学校、家庭、社会三位一体教育领域及社会实践活动领域）、5 大系列教育（法制安全教育系列、爱国主义教育系列、行为规范文明礼仪养成教育系列、励志教育系列、自我管理教育系列）。

文化课程：学校提出了"为学而教""学后再教"新理念，推行"471"学习策略，把课堂还给学生，实现生与生、师与生互动，教与学互补，自主学习、合作学习和探究学习相互渗透，让学生成为课堂和学习的主人。

选修课程是学生的最爱。学校严格按照教育部《普通高中课程方案（实验)》要求，构建起必修、选修、活动三位一体的课程体系，构建了"音乐+ 体育 + 美术"艺体特色课程。以"知识的传授、作品的欣赏、实践与创造、技能的掌握"为主要内容，探索出"参与—创造"的教学模式，建设有20 余门校本课程供不同学生分类选择。同时，学校遵从"文化奠基，特长发展"的办学模式，要求学生在音乐、美术和体育方面选择一门学科作为自己的特长发展。艺体课时与文化课时等同，从高一到高三，音乐、美术、体育周课时保证在 6—12 节。

依据教师特长、学生兴趣，利用课余时间开设特色文化课程。由各个学科组建设苗鼓、龙狮、苗族刺绣、蚩尤拳、影视欣赏、礼仪、名著赏析、经典诵读、戏剧表演、歌曲欣赏、苗族文化、模拟法庭、历史未解之谜、地理与生活等近 100 门校本特色课程供学生选修，全面丰富学生的文化学习生活，提升艺体类学生的文化素养，为学生的成才提供了充分的保障。

通过普及与提高相结合、课内与课外相结合、学习与实践相结合的方法，形成"常规 + 特色"的独特课程模式。凸显出以必修课为主体，强化基础；以选修课为延伸，培养能力；以活动课为提高，张扬个性；以艺体实践为平台，创造艺术美的新格局。

三、强化培训，固本提质

"要实现学校的快速发展必须有一支优秀的教师团队"，这是校长向祎常挂在嘴边的一句话。

为提高教师业务水平，学校立足校本培训，实施名师工程和青蓝工程。在湖南省化学网络名师工作室——陈秀坪化学名师工作室的引领和带动下，学校成立学术委员会，配合教科室，积极引导和指导全校的教科研工作，促进了教育科研与教师专业化发展。制定三年成长、五年骨干、七年成名师的成长规划，推行师徒制，充分发挥学科带头人和中青年骨干教师的"传、帮、带"作用；通过课题引领、网络（QQ群、微信群、博客群）教研、活动课堂，开展教师业务素质考试和教学比武活动，提高青年教师的业务水平与业务能力；借助全国民族中学示范学校和全国高中课改联盟校平台，广泛开展校外交流，积极输送教师到名校进修、观摩学习。"十一五"以来，教师共撰写论文获奖或发表550余篇，学校承担省级以上课题32个，其中20个已顺利结题并获奖。由艺体中心主持的研究课题《民族地区（苗族）中学生学业不良常见现象表现及教育对策的研究》《少数民族地区（苗族）中学体育学习评价对学生身体素质影响的研究》《经典诵读对苗族土家族高中生交流心理的促进研究》《少数民族地区（湘西）农村寄宿制学校中学生体质研究》《高中阶段的知与行对人一生成长的影响研究》《高中音体美特长生专业素质培养的研究》《民族地区学校传承民族文化的有效途径研究》等研究成果先后获得国家级和省级一、二等奖。青年教师龙世平在全国高中课改联盟体育同课异构竞赛活动中荣获一等奖。艺体教师近年来在省级以上期刊发表和评审交流获奖论文48篇。

四、搭建平台，张扬个性

为了让更多的学生尽情展示特长，学校多方搭建平台。学校开展艺体活动，坚持"四坚持"原则。一是坚持每年举办校园体育节和艺术节，举办形式丰富的学生竞赛活动，如篮球比赛、乒乓球比赛、足球联赛、广播操比赛、高脚马比赛、"红五月"歌手大赛、服装秀等，最后以田径运动会和文艺晚会为压轴戏检阅训练结果。二是坚持每年一次社团节和科技节，活动丰富多彩，如动漫社、街舞社、书画协会、摄影协会、边城风广播站、棋类协会、苗绣协会、科技作品展、形象大使评选等。三是坚持每天阳光晨跑，每天晨跑学生达90%以上。四是坚持做好课间操，把应急演练、苗族蚩尤拳融入课间操。千人操练，形成学校的一道靓丽的风景。

为了给学生搭建更多的平台，学校积极把苗族文化引进校园。启动了具有民族特色的校本教材的教学，聘请有经验的民间艺术家担任苗鼓协会顾问，聘请湖南师范大学龙狮教授亲授亲传舞龙、舞狮技术，聘请苗拳传人来校教授蚩尤拳。龙狮运动已经发展到学校代表队6条龙、8只狮子，各年级形成了梯队。有90%以上的学生会打苗鼓、会舞龙狮。

民族艺体文化的传承与开发，充分调动了参与热情，培养学生健康的审美情趣和艺术修养，展现学生的艺术才能，丰富学校的校园文化生活，巩固提升了学校体育艺术教育成果。

艺体教育让学生找到了充分发挥个性的舞台与天地。学生参加省州竞赛400多人次获州级以上奖励。参加 2014 年在边城举办的四省边区苗族赶秋节，学生表演的苗族服装秀惊艳全场。参加 2011 年北京"全国民族中学首届艺术节"，参演的民族舞蹈《桃花汛》喜获金奖。2014 年学校蹴球队代表花垣县参加全省少数民族运动会获一枚银牌、一个第四名、一个第五名的好成绩。参加湘西自治州中学生田径运动会，2012 年团体总分第四名、2014 年第三名。2016 年州 13 届全运会，学生板鞋竞速项目获金银铜牌各一枚，女子篮球银牌，男女足球分别摘取银牌和铜牌，团体总分位列全州第三。

一路风雨阳光，一路踏歌而行。边城高级中学在艺体教育方面特色凸显，呈现出跨越式发展的良好势头，让每一个学生成才已不是梦想，高中学业水平考试一次性合格率一直居全州前列，学校每年都有超过 70 名的艺体特长生考入高等院校，艺体生升学率逐年提高，2016 年高考，89 名艺体生被录取，苗族学生满兴林考上清华大学美术学院，成为花垣县考取清华大学美术学院的第一个人。"低进高出"已成为边城高级中学最明显的教育特色。

文化奠基，艺体发展，特色兴校。边城高级中学艺体教育一路走来，以累累硕果和满园芬芳回报桑梓，助无数苗家儿女踏上理想大学的坦途。艺体教育为学校内涵式、多元化发展插上了腾飞的翅膀。

（原载于《科教新报》2016 年 9 月 15 日第 9 版）